東方選書

周縁の三国志

——非漢族にとっての三国時代

関尾史郎 著

東方書店

目次

第二章　鮮卑と高句麗　69

第三章　諸葛亮の「隆中対」　131

凡　例――まえがきにかえて

本書は、烏桓（烏丸）、山越、鮮卑、高句麗（高句驪）、氐《てい》、および西南夷などおもに中国世界の周縁にあった非漢族、そしてクシャン朝と倭に焦点をあて、それぞれにとっての三国時代について考えたものです［図一］。

一　本書の叙述は、おもに中華書局点校本の『後漢書』と『三国志』によっています。そのうち『三国志』については、他の版本や翻訳も必要に応じて参照しました。これらの書誌データは以下のとおりです。

『後漢書』：中華書局点校本、一九六五年版（ただし、志については『続漢書』と表記）。

『三国志』：中華書局点校本、一九八二年版。

『宋本三国志』：国家図書館出版社影印本、二〇一八年。

『和刻本正史　三国志』：古典研究会／汲古書院影印本、一九七二年。

盧弼『三国志集解』：中華書局影印本、一九八二年。
今鷹真・井波律子・小南一郎訳『三国志』全三冊、筑摩書房・世界古典文学全集、一九七七〜一九八九年（改版：『正史 三国志』全八冊、筑摩書房・ちくま学芸文庫、一九九二〜一九九三年）。

二 一に掲げたうち、『三国志』からの引用については、原則として書名を略して巻数以下だけを記しました。また孫堅・孫策父子の伝である巻四六孫破虜討逆伝については、それぞれ孫堅伝、孫策伝と表記しました。章や節によって独自の略号を用いた場合もありますので、これについては当該の章や節を参照してください。

三 『後漢書』と『三国志』以外の正史ならびに『資治通鑑』についても、中華書局の点校本によっています。また一に掲げたものを除き、史料については、本書末尾の「引用史料」欄に掲げました。

四 本文に掲げた史料については、伝世史料と出土史料とを問わず、一部を除いて常用漢字を用いて示しました。またいずれについても原則として翻訳を掲げましたが、あえて原文の表記や用字をできるだけ活かすことにつとめたため、生硬な表現になっています。

五 翻訳にあたっては、適宜、原文にはない語句を補いました。また原文の語句の意味を併記した箇所もありますが、これらはいずれも小カッコ内に小字で示しました。

六 魏、呉、蜀三国の国名については、地名との混同を避けるため、それぞれ曹魏、孫呉、蜀漢と表記しました。

七　史料に見えた地名（おもに郡県名）の現在地への比定については、以下の成果を参照し、小カッコ内に小字で併記しました。ただし郡については、原則としてその治所（郡治）の現在地を示しました。

青山定雄編『読史方輿紀要索引 中国歴代地名要覧』省心書房、一九七四年（一九三三年初版）。

譚其驤主編『中国歴史地図集』第二冊（秦・西漢・東漢時期）、地図出版社、一九八二年。

譚其驤主編『中国歴史地図集』第三冊（三国・西晋時期）、地図出版社、一九八二年。

周振鶴・李暁傑・張　莉『中国行政区画通史 秦漢巻』復旦大学出版社、二〇一五年。

胡阿祥・孔祥軍・徐　成『中国行政区画通史 三国両晋南朝巻』全二冊、復旦大学出版社、二〇一四年。

八　本書の執筆にあたって参考にした文献や関連の文献については、前項に掲げたものを除き、本書末尾の「参考文献」欄に一括して書誌データを掲げました。またこれを本文に引用する際には、原則として表題のうち主題だけを掲げ、副題は省略しました。同じように編著者が複数に及ぶ場合は冒頭の編著者名だけを掲げ、「他」を附しました。

九　中国や台湾など国外における成果についても、編著者名や論著の表題をはじめとする書誌データは全て常用漢字による表記に統一しました。また国内の成果についても原則として常用漢字により表記し、歴史的仮名遣いは現代仮名遣いに改めました。

一〇　中国の刊行物の書誌データに使用されている二重山カッコについては、原則として、適宜鉤カッコや二重鉤カッコに改めました。

附　記

本書は、ＪＳＰＳ科研費(JP21K00904,JP16H05678,JP25244033)を受けて行なった研究の成果をふまえています。

［図二］本書で取り上げる非漢族と、本文に登場する主な郡（国）：
金文京『中国の歴史四　三国志の世界　後漢・三国時代』、巻頭「三国時代の中国」を元にトレース。

敦煌
酒泉
張掖
武威
西平
金城
安定
南安
広魏
新平
北地
隴西
天水
扶風
京兆（長安）
氐
武都
魏興
南郷
陰平
漢中
上庸
新城
広漢
蜀郡（成都）
蜀
漢嘉
犍為
巴郡
江陽
涪陵
越巂
朱提
西南夷
牂柯
永昌
益州
鬱林
合浦
交阯
九真
日南
300km

序章

「東アジア世界」と三国時代

中国を中心とした歴史的世界である「東アジア世界」の構造的特質を論じたのは、戦後の中国古代史研究を牽引した西嶋定生氏（一九一九～一九九八年）であった。一九七〇年のことである。* もちろんこの「東アジア世界」とは超歴史的に存在するのではなく、歴史的な所産として成立するのだが、西嶋氏は、中国世界が曹魏、孫呉、蜀漢に分裂した三国時代（二二〇～二八〇年）とそれに続く晋南北朝時代（二八〇～五八九年）を、「「東アジア世界」の存在が顕在化する」時代としてとらえた（同「序説」二〇頁）。三国時代に限って言えば、各国が「外民族を自己の勢力内に把握しようと」して、「魏は烏桓・鮮卑および高句麗・朝鮮に向い、呉は越人諸部族に向い、蜀は西南夷に向」かった。そしてこのような形勢のなかで、倭国の首長だった卑弥呼も親魏倭王に冊封（官職や爵位の授受を通じて名目的な君臣関係を結ぶこと）されたことに注意を促した。

西嶋氏は、「「東アジア世界」の存在が顕在化」した事情について、第一に、とくに四世紀以降、朝鮮半島に分立した諸国家（高句麗、百済、新羅）や、倭国の統一を実現した大和政権が「たがいに抗争し、自己の勢力を拡大するために、中国王朝に遣使朝貢してその庇護を求め」たこと、第二に、中国の諸王朝がそれぞれに「正統な中国の皇帝であることを主張し、そのために喜んでこれらの朝貢を受け、これらの諸国をそれぞれ冊封」したこと、この二つの点に求めている。これにより、「「東アジア世界」が政治的世界として完成」(「序説」二一頁)したというのである。

ようするに、中国世界の周縁にあった諸勢力にとっても、中国諸王朝にとっても、たとえ名目的な関係にとどまるにせよ、君臣関係(冊封関係)を結ぶことには意義があった。互恵的な関係である。このような西嶋氏の考えは、大筋においては誤りではないだろう。しかし、中国世界の政治的な分裂が不可避となった二世紀末の後漢末期から、分裂が現実のものとなった三国時代の初期に限って言えば、十分ではないような気がする。

三国時代は、前三世紀に秦の始皇帝が中国世界を統一して以来、初めて訪れた政治的な分裂期であった。曹魏、孫呉、蜀漢の三国ではいずれも君主が皇帝を称したが、理念的には皇帝が唯一無二の存在である以上、あらゆる方法を駆使してでも、政治的な統一は成し遂げられるべき目標であった(あるいは、目標と考えていることを示さねばならなかった)。少なくともこの時代にあっては、西嶋氏の言う「外民族」すなわち周縁の諸勢力に求められたのは、単なる朝貢だけではなかったはずである。

漢族と非漢族とを問わず、曹魏、孫呉、蜀漢の三国を取り囲むように存在していた諸勢力が有する政治的、軍事的な力量(時としては経済的な力量も)がにわかに注目を浴びることになり、その重要度が倍増したのではないだろうか。その諸力を統一事業に動員するためである。そしてそれは、西嶋氏がとくに注目した東方の諸勢力とて、例外ではない。

とすれば、周縁の諸勢力から見た場合、中国世界の政治的な分裂は必ずしも歓迎すべき事態というわけではなかったことになる。自らが保有する諸力の提供を求められることにもなりかねないからである。

西嶋氏は「外民族」として、烏桓、鮮卑、高句麗、朝鮮、越人諸部族、および西南夷をあげているが、このうち、烏桓、越人諸部族、西南夷は元来は非漢族でありながら、当時は中国王朝が施行した郡県制の枠内を主たる居住域としていたものであった。それに対して、鮮卑、高句麗、朝鮮はどちらかと言えば郡県制の枠外にあった[**]。したがって中国世界の政治的な分裂から受けた影響には、それぞれに大小強弱はもとより、正負の違いさえあったとすべきだろう。

本書は、その「大小強弱」や「正負」の違いを、曹魏、孫呉、蜀漢の三国すなわち中国王朝の側ではなく、周縁諸勢力の側から問い直すささやかな試みである。ただよく知られているように、これら周縁諸勢力はいずれも独自の文字を有しておらず、自らの手になる記録も著していない。したがって本書も、ごく一部の箇所をのぞけば、『後漢書』や『三国志』などの記述を主なよりどころとしている。それに加えて私自身の力不足もあり、右のような視座が揺らいでしまった箇所もあるだろう。そのことを最初にお断わりしておかなければならない。

なお本書は周縁の諸勢力のなかでも非漢族に視座を据えているが、非漢族が中国王朝に帰服することを史書は、「内属」とか「内附」とかいったことばで表現している。本書では「内属」に統一するが、その理解は小林聡「漢時代における中国周辺民族の内属について」に代表される先行研究とは必ずしも同じではない（関尾「『後漢書』『三国志』所見「内属」試論」）。そして帰服した非漢族は中国王朝が設けた直近の郡に「属」することになる。この「属」の解釈も複数あるようだが、このような非漢族の、郡との関係を本書では「統属（関係）」と呼ぶことにする（ただし、巻三〇東夷伝倭人条の「皆統属女王国」という一文とは無関係である）。さらにまた、非漢族間でも「臣属」とか「属」とか表現される関係のあったことが史書からわかる。このことばで表現される関係の内実も多様だったと考えられるが、本書では等しく「臣属（関係）」と呼び、非漢族の勢力を一つでも臣属させている側を「地域大国」と称することにしたい。

また本書で用いる「中国世界」、「種族」という概念は、それぞれ籾山明『漢帝国と辺境社会』、古畑徹『渤海国とは何か』／渡辺信一郎『中国の歴史① 中華の成立』に学んだ結果であることも、ここに記しておきたい。

＊西嶋定生「東アジア世界の形成Ⅰ 総説」『岩波講座 世界歴史』第四巻（古代四）、岩波書店、一九七〇年。なおこの論稿は史学史的に大きな意義をもっているため、「序説―東アジア世界の形成―」と改題され、西嶋定生『中国古代国家と東アジア世界』東京大学出版会、一九八三年や、同／李成市編『古代東アジア世界と日本』岩波書店・岩波現代文庫、二〇〇〇年などに収録されているが、本書では、最新の『古代東アジア世界と日本』によった。

＊＊ただし「朝鮮」については、具体的にいかなる勢力を指しているのかわからなかったので、本書では取り上げない。朝鮮半島の東岸にあった濊や沃沮などの総称とも思われるが、この両勢力については、第二章第二節「高句麗」で関説する。

第一章

三国鼎立と非漢族

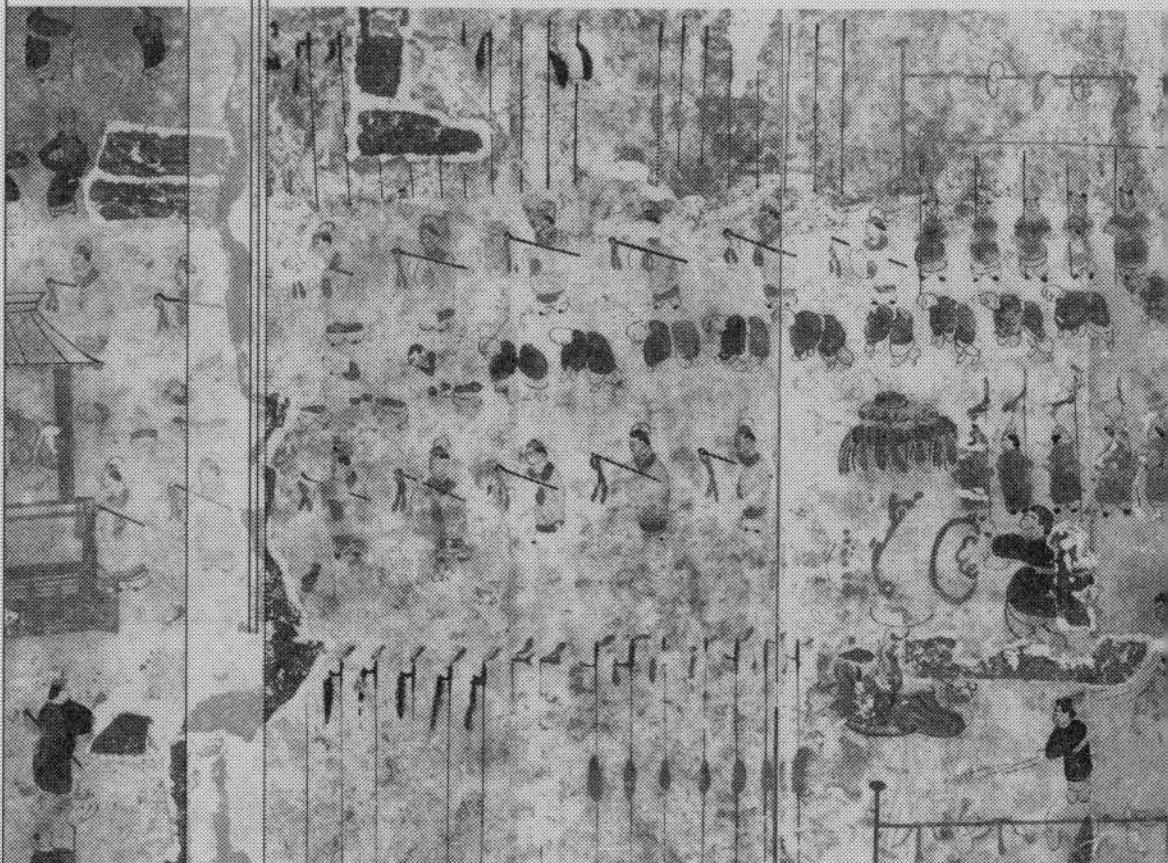

はじめに

本章では、西嶋氏があげている烏桓、鮮卑、高句麗、朝鮮、越人諸部族、および西南夷のうち、元来は非漢族でありながら、中国王朝が設けた州・郡・県という三層の行政区域の内側を居住域としていた烏桓と越人諸部族の動向を追ってみよう。烏桓にせよ越人諸部族にせよ、その居住域からして、三国鼎立という中国世界の政治的な分裂からもっとも早くかつ深刻な影響を受けたであろうことが容易に想像できるからである。

一――烏桓

◈『三国志』烏丸伝

烏丸鮮卑東夷伝は『三国志』魏書の最後、巻三〇におかれている（『後漢書』では「烏桓」と表記されており、本書も引用以外は「烏桓」で統一する）。表題からもわかるように、巻三〇は烏桓と鮮卑そして東夷の列伝であり、『三国志』では唯一の外国伝でもある。人口に膾炙している「魏志倭人伝」とは、このうち東夷伝の最後に配された倭人条のことである。烏桓と鮮卑はいずれも中国世界の北方から東北方にあった遊牧勢力すなわち北狄である。陳寿はなぜその北狄と東夷をそれぞれ独立させずに一つの列伝に編んだのか、またなぜ列伝のタイトルを北狄東夷伝（あるいは狄夷伝。六世紀に成立した『宋書』では、東南アジアの諸国や長江中流域の非漢族すなわち南蛮と倭国を含めた東夷とに関する記述が同じ巻九七の夷蛮伝に集められている）ではなく烏丸鮮卑東夷伝としたのか、など疑問は尽きないのだが、本節ではそのうちの烏桓の部分（以下、「烏丸伝」）と『後漢書』巻九〇烏桓鮮卑伝の烏桓の部分（以下、「烏桓伝」）を読み解きながら、烏桓の動向について述べてみたい。なお烏桓や次章で取り上げる鮮卑については、優れた研究成果に恵まれているが、本節の記述はおもに、内田吟風氏の「烏桓鮮卑の源流と初期社会構成」や吉本道雅氏の「烏桓史研究序説」など国内の成果によっている。

◈ホリンゴル漢墓の壁画

一九七一年、内モンゴル（蒙古）自治区ホリンゴル（和林格爾）県の新店子鎮で後漢時代の壁画墓が見つかった。ホリンゴル新店子一号漢墓（以下、「ホリンゴル漢墓」）である（内蒙古文物工作隊他「和林格爾発現一座重要的東漢壁画墓」）。区都であるフフホト（呼和浩特）市の南、黄河の支流である渾河に面したこの地には後漢時代、并州管下の定襄郡武成県が置かれており、ホリンゴル漢墓の墓主も生前、定襄郡から遠くない幽州上谷郡の寧県（河北省張家口市万全区）を治所とする護烏桓校尉だった人物と推定される（呉栄曽「和林格爾漢墓壁画中反映的東漢社会生活」）。墓主を公綦稠《こうきちゅう》、墓の築造を一八八（中平五）年前後と絞り込んだ解釈もあるが（金維諾「和林格爾東漢壁画墓年代的探索」）、ここではとりあえず二世紀後半に築造された、生前護烏桓校尉の任にあった人物の墓であることだけを確認しておきたい。この墓のことから書き出すのは、出土した壁画に烏桓の人びとが描かれていたからである。

ホリンゴル漢墓は前室（東）・中室・後室（西）の三室を中心に前室の南北と中室の南側に三つの耳室を有する、全長が二〇メートル近い大型墓である［図一］。そして各墓室を結ぶ甬道《ようどう》も含め、ほとんど全ての壁面に画像が描かれていたのである。画題は青龍や麒麟などの瑞獣、孔子やその弟子の顔淵など歴史上の人物、そして墓主の日常生活などとじつにさまざまなのだが、重要なのは墓主の生前の官歴が題銘入りで画像化されていることである。墓主が生前に護烏桓校尉を歴任したことも「使持節護烏桓校尉」や「護烏桓校尉莫（幕）府穀倉」、さらには「寧城南門／寧城東門／

[図一]
ホリンゴル漢墓平面図：
内蒙古自治区博物館文物工作隊編
『和林格爾漢墓壁画』三頁図三。

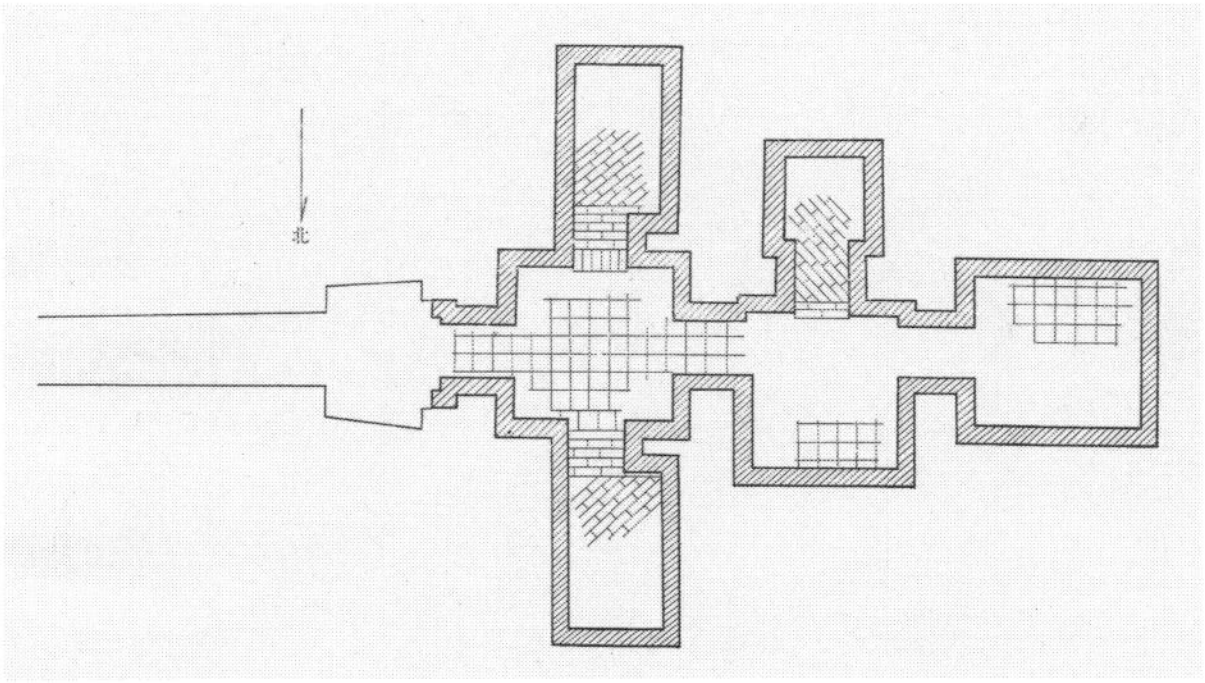

[図二]「寧城図（之一）」（模写）：同上、一三二頁以下。

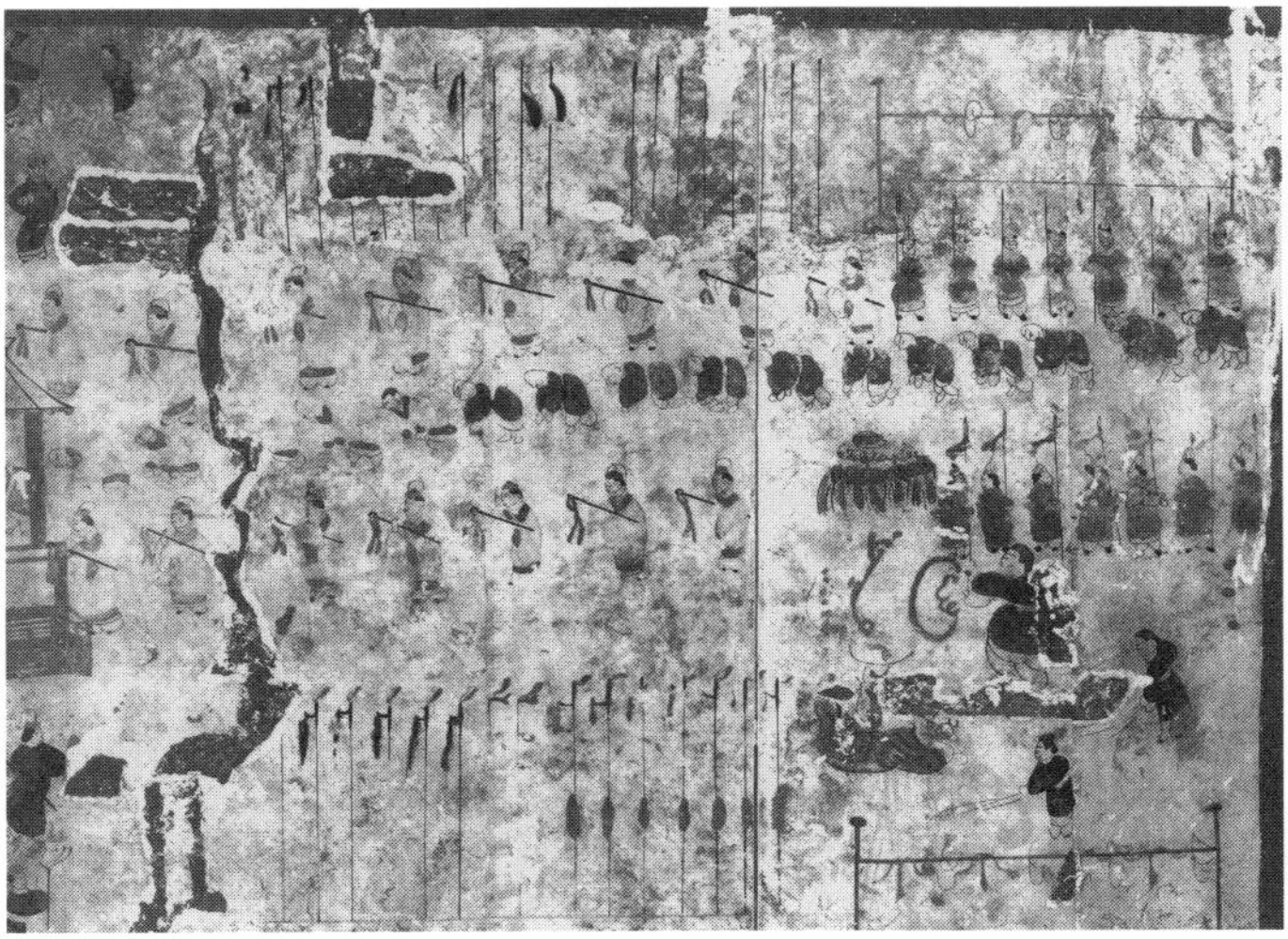

莫府南門」（寧城とは、護烏桓校尉の治所である寧県の県城のこと）などと題された複数の壁画から明らかになったのだが、ここでは図録である内蒙古自治区博物館文物工作隊編『和林格爾漢墓壁画』とこれを分析した佐原康夫氏の「漢代の官衙と属吏」などによりながら、壁画に描かれた烏桓の人びとの姿を見ておこう。

取り上げるのは「寧城南門／寧城東門／莫府南門」という題銘の入った、通称「寧城図」と呼ばれる壁画である。この壁画は甬道側に描かれた「寧城図（之一）」［図二］と中室東壁の「寧城図（之二）」［図三］［図四］からなっており、題銘が入っているのは後者のほうである。前者には、頭髪を剃って朱色の衣服をつけた人びとが身体を屈めて素足で一列縦隊になって行進するさまが描かれており（先頭の数名は異なった衣服を身につけている。先導役の吏員であろうか）、その左側に接続する後者には、同じような人びとが「寧城南門」とその先の「莫府南門」をくぐって護烏桓校尉とおぼしき人物が端座する堂の前の広場に入り、後方に座らされているさまが描かれている。広場の前方ではさまざまなパフォーマンスが演じられているが、その後方に座らされた人びとのなかには二人の吏員に押さえ込まれている人物もいる。あるいは定められた後方の席から進み出ようとでもしたのだろうか。この頭髪を剃って朱色の衣服に身をまとった一団こそ烏桓の人びとであったというのが先行研究の理解であり、私もそれに従いたい。佐原氏は、烏桓の一行が護烏丸校尉の治所に至ったのは互市（交易）と質子《ちし》（人質）のためだったと推定している。ただ互市に不可欠なはずの交易品などは描かれておらず、このあまりにも卑屈なさまを見ると、定期的な謁見だったと解

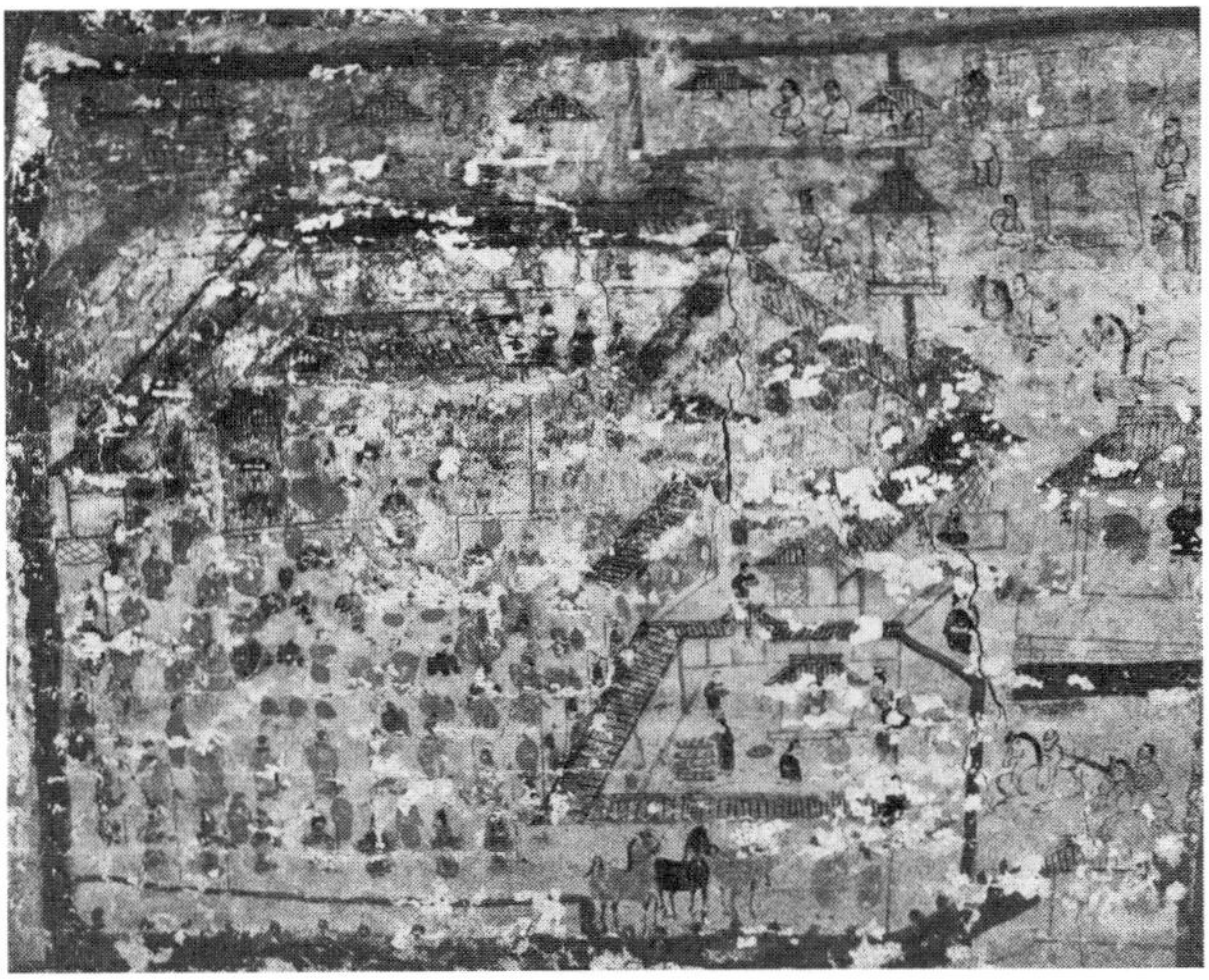

[図三]
「寧城図（之二）」：
内蒙古文物工作隊他
「和林格爾発現一座重要的東漢壁画墓」図版壹。

[図四]
「寧城図（之二）」（描き起こし図）：
同上、一六頁図八。

することもできるのではないだろうか。あるいは朱色の衣服は刑徒が纏うべき赭衣《しゃい》で、これを身につけることによって降伏ないしは帰順の意志を表現しているともとれるが、『漢名臣奏』（『翰苑』蕃夷部鮮卑条注引）に、烏桓と同じ東胡の鮮卑について「今、其の人は皆頭を髠《そ》り、赭（赤い衣服）を衣《き》ていて、手足には瘡腫《そうしゅ》（できもの）がある。此《これ》は徒人（刑徒）の状《すがた》（のよう）である（今其人皆髠頭、衣赭、手足瘡腫。此為徒人状也）」（湯浅幸孫『翰苑校釈』による）とあるので、これも烏桓本来の姿を描いたものと考えておきたい。

◈烏桓の動向と護烏桓校尉

ところで烏桓について、烏桓伝には「烏桓は、本は東胡である。（前）漢の初め、匈奴の冒頓《ぼくとつ》（単《ぜん》于《う》）がその国を滅ぼしたので、余《のこ》された同族は烏桓山に保《お》った。因って以て焉《これ》を号とした（烏桓者、本東胡也。漢初、匈奴冒頓滅其国、余類保烏桓山、因以為号焉）」とあり、続けてその風俗や社会、歴史などが記されている。ただ北魏時代のこととして「其《そ》の諸方の各種族で来降する者は、総じてこれを烏丸と謂った（其諸方雑人来附者、総謂之烏丸）」（『魏書』巻一一三官氏志）とあるので、種族の名称が山名に由来するというのは疑わしい。おそらくは大興安嶺に連なる山岳地帯がその故地だったのだろう（おおよそ内モンゴル自治区の東南部一帯）。遊牧を主たる生業として移動生活をおくっていたことは匈奴や鮮卑などに同じい。

前漢の頃より、烏桓は匈奴への臣属を余儀なくされて皮布税（『漢書』巻九四下匈奴伝下）の貢納を強いられていた。しかし、前漢に降ってきたその一部は上谷（河北省懐来県附近）、漁陽（北京市密雲県附近）、右北平（内モンゴル自治区寧城県附近）、遼西（遼寧省義県附近）、および遼東（同・遼陽市）など幽州管下の五郡近くに移されて［図五］、匈奴に対する障壁の役割を負わされたために、早くから中国世界との交渉を持っていた。もっともこのような関係が長きにわたって持続することはなく、叛服を繰り返していたようだが、匈奴の度重なる分裂と弱体化にともなってようやく一世紀半ば、後漢王朝の誘いを受けた遼西烏桓の郝旦《かくたん》（一説に郝且《かくそ》）以下の大人と呼ばれた部族長たちが朝貢するに至った。これを機に烏桓の主力は先の五郡（遼東だけは遼東属国。遼寧省義県）に加えて広陽（北京市西城区附近）、代郡（山西省陽高県。以上、幽州）、雁門（同・朔州市附近）、太原（同・太原市）、および朔方（内モンゴル自治区磴口県附近。以上、并州）の諸郡、すなわち長城以南の各地に移り住むようになった（もちろんそれは漢族の人びとと同じように、直接郡や県の支配を受けるようになったことを意味するものではない）。この時、後漢から侯王（王・侯）や君長（邑君・邑長）といった爵号を授けられた下位の部族長（渠帥《きょすい》）は八一人に上ったとのことなので、郝旦らが率いた勢力の大きさがうかがえる。護烏桓校尉はこうした烏桓の招致と監視を目的として一世紀半ばに設置された官である（久保靖彦「後漢初頭の烏桓について」）。互市（交易の促進と管理）や質子（人質の要求と管理）、さらには戸口の管理なども大切な任務だったが、非常時には内属した烏桓の騎兵を率いて出撃することもあったようだ。

また郝旦らが入朝した際に、都の洛陽に留まって皇帝を警護する宿衛に入ることを申し出た結果であろうか、『続漢書』第二七百官志四にある宿衛の兵士を率いる長水校尉の条によると、その属吏に通常の司馬とはべつに胡騎司馬がいて「烏桓の騎を主《つかさど》る（主烏桓騎）」とある。注に引かれた『漢官』は「烏桓胡騎」の定員が七三六人だったことを伝えており、屯騎校尉、越騎校尉、歩兵校尉、および射声校尉など他の校尉が率いる宿衛の兵士がいずれも七〇〇人だったの比べると、わずかだが多い。

さてこのように烏桓が大挙して内属した結果、かつてその勢力範囲だった一帯を手中におさめたのが烏桓と同じく東胡の末裔といわれる鮮卑である。内属した烏桓には後漢にとって新たな脅威となった鮮卑に対する防壁の役割も期待されたが、二世紀の中頃から後半にかけて檀石槐《だんせきかい》により統一に向かった鮮卑の勢力は伸長し、内属したはずの烏桓や南匈奴もこれに呼応すべく後漢王朝に叛旗をひるがえすようなことも少なくなかったのである。

鮮卑とは対照的に烏桓は一貫して大人と呼ばれる部族長に率いられた小規模な集団ごとに分散しており、ホリンゴル漢墓の壁画に描かれたのもこのような集団の一つだったと思われるが、鮮卑から影響を受けたためであろうか、やがて二世紀も最後の四半世紀に入る頃になると、有力な大人が何人か現れてくる。護烏桓校尉の治所があった上谷の難楼、遼西の丘力居、遼東属国の蘇僕延（峭王《しょうおう》）、および右北平の烏延（汗魯王《かんろおう》）らで、霊帝年間（一六七〜一八九年）にはそれぞれ王を自称するようになる。内田氏の試算によると、この四つの勢力だけで三二万を超える人口規模を誇ったようだが、彼らも二世紀末以降日ごとに深刻化する中国世界の混乱から自由でいることは

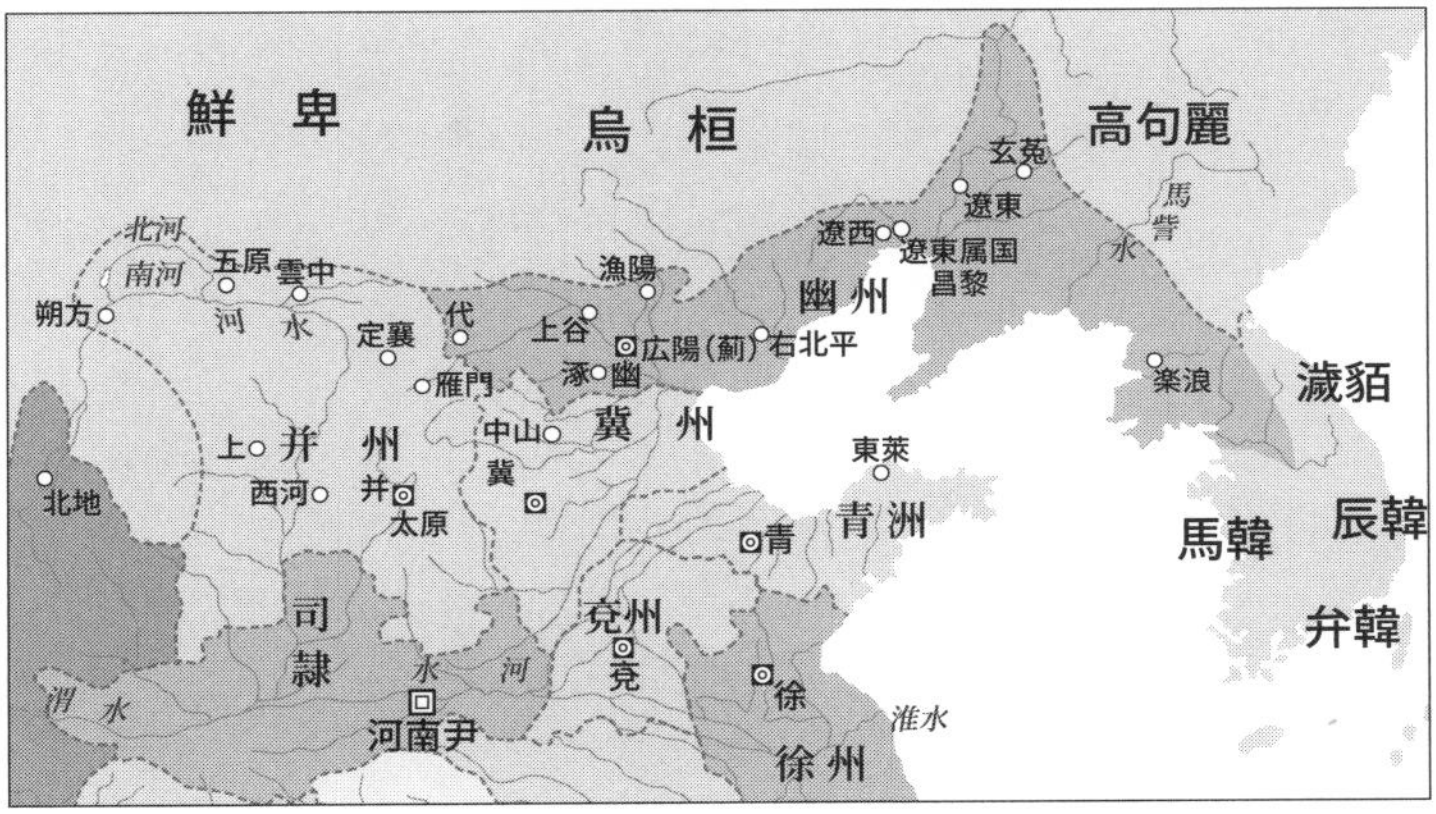

〔図五〕後漢北辺図：松田壽男他編『アジア歴史地図』六〇頁（一部）より作成。

できなかった。

◈後漢末の烏桓社会

烏桓に限ったことではないが、内属した非漢族は後漢王朝の対外遠征や叛乱鎮圧といった軍事行動に兵員や軍糧を供出する義務を負わされていた。二世紀初めに勃発し、長期にわたって後漢の中央政府を悩ませた羌の叛乱（「羌大叛乱」）は、そもそも一〇七（永初元）年、中央アジア遠征に駆り出された金城（甘粛省蘭州市附近）、隴西（同・臨洮市）、および漢陽（同・天水市）など諸郡の羌が、遠方に連行されたまま帰還できないのではないかという不安から、酒泉郡（同・酒泉市）まで進んだところで引き起こした小規模な反抗が発端であった（佐藤長「漢代における羌族の活動」／川勝守「西羌王国の興亡と漢帝国」）。これに内属後各地に分住していた羌の諸部族が呼応したために叛乱の影響は華北のほぼ全域に及ぶことになり、収束する気配を見出すことができないありさまだった。最終的に終結したのは勃発から半世紀以上経た一六九（建寧二）年のことである（この間、一二一（延光元）年には、羌が上郡（陝西省楡林市附近）の胡とともに蜂起すると、烏桓の騎兵も諸郡の兵士とともに度遼将軍の耿夔《こうき》に率いられて出撃している）。

この羌大叛乱の終結から一五年後の一八四（光和七／中平元）年に勃発したのが黄巾の乱である。叛乱の首謀者である張角らは年内に平定されたが、その残存勢力による活動は収束するどころか、年を追って範囲を拡げていった。中央政府の統制が回復しないなか、中国世界の西端に位置する涼州では湟中義従胡《こうちゅうぎじゅうこ》の北宮伯玉なる人物が羌などに擁立され、金城出身の辺章（元・新安令の辺允）や韓遂（元・新安従事の韓約）らを軍師に迎えて地方官府を制圧する状況が続いていた。隴右叛乱である（森本淳「後漢末の涼州の動向」／飯田祥子「後漢後期・末期の西北辺境漢族社会」）。叛乱勢力の侵寇を押しとどめることができなかった皇甫嵩《こうほすう》に替わって車騎将軍の地位についた張温のもと、烏桓の騎兵部隊である「幽州の烏丸、三千の突騎」（『後漢書』巻七三劉虞伝。以下、「烏桓突騎」）の投入が決定された。彼らは涿県（幽州涿郡の治所。河北省涿州市）の県令だった公孫瓚に率いられて涼州に向かうことになっていたようだが、集結場所だったと覚しき薊県《けいけん》（涿郡の東隣の広陽郡の治所で、広陽郡は幽州の州治。現在の北京市）で叛旗をひるがえす。一八七（中平四）年のことである。それまでの動員でも多くの犠牲者が出ていたことや俸給の遅配、欠配などに不満を抱いていた烏桓の兵衆を、公孫瓚に敵愾心を抱いていた前の中山太守で漁陽（中山郡は冀州管下で涿郡の西隣。河北省定州市。漁陽郡は広陽郡の東隣に位置する）出身の張純が誘引して引き起こしたというのが真相のようである（関尾「「張純の乱」始末」）。これ以前にも烏桓の騎兵は一六五（延熹八）年、荊州の最南端に位置する桂陽郡（湖南省郴州市）から零陵郡（同・零陵市）にかけての一帯で叛乱が起こった際、幽州、冀州、および黎陽県（冀州管下の魏郡の属県。河南省浚県）などから集められた歩兵たちとともに総勢二万六千人の兵力となり、中郎将の度尚《たくしょう》に率いられてその鎮圧にあたったことがあった（『後漢書』巻三八度尚伝／船木勝馬『古代遊牧騎馬民の国』「烏桓・鮮卑の動向」）。このような南方の地で烏桓の騎兵すなわち烏桓突騎がどの程度役に立ったのか、あるいは立てたのかは疑問だが、往復の行程も含めて烏桓の人びとにとっては苛酷な負担であったことだけは疑いない（この時従軍した烏桓の騎兵のなかにはそのまま集団で長沙郡（湖南省長沙市）にとどまった人びとがいたらしい。関尾「走馬楼呉簡にみえる烏桓について」）。今回の涼州への出動もこの二〇年前のそれと同じようなものであったろう。張純は自分と同じ漁陽郡の出身で前の泰山太守だった張挙を天子に擁立し、自身は弥天将軍・安定王を称して東方に向かい、右北平、遼西、および遼東属国などの諸郡に攻め込んだ（これらの諸郡は烏桓の人びとの主要な居住域でもあった）。「張純の乱」である。その傘下には遼西烏桓の丘力居をはじめ烏桓の人びとの姿が多数あった。張純率いる勢力はその後、幽州から冀、青、および徐の諸州に転戦するが、幽州牧として赴任した劉虞の策略が奏功し、一八九（中平六）年に首謀者の張純が殺害され、乱は終息をみた。これは、烏桓など非漢族に対する劉虞の融和策の勝利でもあった。しかしそれは公孫瓚の強圧策とは相容れないものであったため、今度は両者の対立が顕在化していくことになる。

◈劉虞と公孫瓚

劉虞と公孫瓚のどちらも『後漢書』巻七三に本伝があるが、劉虞は東海郡郯県《たんけん》（山東省郯城県）の人。注に引かれた『謝承書』（謝承『後漢書』）によると、後漢の初代光武帝の子である東海恭王劉彊（母は郭皇后）の末裔である。わかっているところでは、官歴を幽州刺史からスタートさせ、幽州牧の後は、幽州にありながら太尉、大司馬、太傅と昇進を重ねる。やがて「宗室の長者（宗室長者）」ということで、一九一（初平二）年には袁紹ら関東の群雄たちから尊号をたてまつられることにもなる。いっぽうの公孫瓚は、遼西郡令支県（河北省遷安市）の人。「郡の小吏（郡小吏）」から身を起こして幽州管下の諸県で長吏（郡や県の長官・次官クラスの官員）を歴任した。両者は出身と地位の双方において対照的な存在だが、公孫瓚伝には「（公孫）瓚は烏桓を掃滅することを志したが、劉虞は恩信を以て（烏桓を）招降することを欲していた。是《これ》に由り、（瓚は）虞と相《たが》いに忤《さから》うことになった（瓚志埽滅烏桓、而劉虞欲以恩信招降、由是与虞相忤）」と記されている。この両者の対立には、一九三（初平四）年の冬、劉虞の敗北と斬死によって終止符が打たれることになる（単敏捷「漢末幽州士人与烏桓的政治影響」）。

劉虞と公孫瓚という対照的ともいうべき二人だが、それまでの政治的な秩序が喪われつつあるなかで生き残ったのは本貫の幽州で下吏（小吏）からしだいに頭角を現した公孫瓚のほうだった。宗室の出身でいくさに習熟しているようには思えない劉虞は所詮生き残れなかったのかもしれない。袁紹らからの勧進に対してその使者を斬り捨てて応えたのも尊皇ではあるけれども、未曾有の状況に対処するための認識力や決断力に乏しかった証左と言えよう。ただしいっぽうの公孫瓚にも、烏桓社会に起きていた、有力な大人が出現してめいめいが王を自称するようになるという変化を適確に把握するだけの観察眼があったのか、疑問なしとはしない。烏桓突騎として徴発された烏桓の人びとの不満を察知できなかったわけだし、その後も遼西で丘力居の包囲にあって進退窮まるという苦い経験も味わわなければならなかったからである。最後は袁紹の猛攻の前に一九九（建安四）年、易県（河北省雄県）の県城が陥落して自害に追い込まれたのも必然であったのかもしれない。

さて一九三(初平四)年の劉虞の死によって公孫瓚はほぼ幽州全域に影響力を行使できるようになったのだが、それに満足せず、冀州管下の河間郡易県に拠点を移し、幽州から冀州をもうかがう姿勢を明確にした。こうなると、冀州牧袁紹との衝突も不可避になる。

これより前、公孫瓚は秘かに袁術と結ぶため、従弟の公孫越を使者に立てた。しかし越は袁紹傘下の部隊により殺害されてしまう。激怒した瓚は十箇条の罪を数え上げて袁紹を糾弾する上疏を行なってもいる。また瓚が袁紹を攻めると、冀州からも瓚に従う勢力が少なくなかったと本伝には記されている。宗室出身の劉虞や名族の出である袁紹らが相手であっても、公孫瓚には一向に臆するところがない。谷川道雄氏は公孫瓚に「曹操に代表される当時の新しい人間類型」を見て、劉虞や袁紹ら「名士型」に対して「英雄型」と呼んでいる(同「後漢末・魏晋時代の遼西と遼東」三八六頁)。

◈袁紹と烏桓

さて肝心な烏桓だが、劉虞とも交通があった遼西烏桓の丘力居は初平年間(一九〇~一九三年)に没したが、子の楼班はまだ幼なかったために従子の蹋頓《とうとん》がこれを嗣ぎ、「三王部(遼西、遼東属国、および右北平の三郡の烏桓のこと。郡名を冠した部族長はいずれも後漢から率衆王号を授けられていた)を総摂し、(部族の)人びとは皆その教令に従った(総摂三王部、衆皆従其教令)」(烏丸伝)という。丘力居は遼西烏桓を率いる大人だったので、それまでは非世襲だった大人の地位がようやく血縁関係にある近親者に継承されることになったということだろうか（松田壽男「大人考」／船木勝馬「匈奴・烏桓・鮮卑の大人について」）。

その蹋頓は建安年間（一九六〜二二〇年）に入って公孫瓚と袁紹の対立が深刻化すると、袁紹に使者を送り、袁紹の側に立って公孫瓚と戦う道を選ぶが、それまでの経緯を考えればこれは当然の選択であろう。袁紹はそれに対して詔勅を偽作して蹋頓、遼東属国烏桓の蘇僕延（峭王）、および右北平烏桓の烏延（汗魯王）らに単于の印綬を授与する。烏丸伝の裴注に引かれた『英雄記』には、この時袁紹が偽作した、つぎのような版文（任官書）が収録されている（一部語順を改め、語句を補った）。

①使持節・大将軍・督（冀）幽青并（四州諸軍事）・領冀州牧・阮郷侯である（袁）紹は制詔を承け、烏丸の遼西率衆王蹋頓・遼東属国率衆王（蘇僕延）・右北平率衆王汗盧（烏延）に（任官書を）頒下する。維乃《これなんじ》らの祖先は（中国王朝の）義を慕い善に遷《あらた》めんとして、塞を款《たた》いて内附して来た。（それ以来、）北では玁狁《けんいん》（匈奴のこと）を捍《ふせ》ぎ、東では濊貊（高句麗のことか）を拒んで、世々北辺を守り、人びとの保部となって来た。時には国の計略を侵犯し、将軍たちに命じて厥《そ》の罪を徂《ねら》い征《う》たせたこともあったが、率《おおむ》ね時を旋《めぐ》らさずして、愆《あやま》ちを悔いて（態度を）変え改めた。これを外の夷（非漢族）と方《くら》べれば、最も聡恵なる者（と言うことができる）。始《もと》より

(烏桓には)千夫の長や百夫の長が有り、それによって相《たが》いに統領し、用《もっ》て能く乃《そ》の心を悉《つ》くし、克《よ》く国家に勲功や尽力が有って、稍《ようや》く王侯の冊命を受けるまでになった。我が王室は多事ということで、公孫瓚は国難を作《お》こして厥《そ》の土地の主君(幽州牧劉虞のこと)を残夷《ころ》し、以て天を侮り国主を慢《あなど》った。このために四海の内、並《みな》干戈(武器)を執って社稷を衛《まも》らんとした。三人の王は気持ちを裔土(辺土)に奮い立たせ、姦《いつわ》りを忿《いか》り国を憂い、弦《ゆみ》を控《ひ》いて漢(朝の)兵士と表裏一体と為って(行動した)。(これは)誠に甚だ忠や孝(にかなった行動で)、王室から(みて)本朝の嘉《よみ》する所である。然るに虎兕《こじ》や長蛇が相《たが》いに引き続いて路を塞いでしまい、王室からの官職や爵位(を授与するため)の冊命は、否《ふさ》がれて知らされることがなかった。(思うに)勲功が有るのに褒賞を受けられなければ、俾(裨《たす》)け勤めている者も怠《なま》けてしまうだろう。今、行謁者の楊林を遣わして単于の璽綬と車服を賫《もたら》し、以て爾《なんじ》らの功労に対《こた》えたい。其れ各々(自分がひきいる)部落を綏《し》静《ず》め、教導は謹慎を以てし、凶慝(悪事)を作《な》させないようにせよ。世々爾らの祭祀と地位を(子孫たちが)復《かさ》ね、末長く百蛮(全ての非漢族)の長と為れ。厥《そ》れ咎《あやまち》が有ったり臧《よ》からぬ所が有ったりすれば、爾らの(俸)禄は泯《つ》き、(また)乃らの庸《てがら》は喪われよう。(だから)勉めなければならないのである。烏桓単于は部衆を都《す》べ護《まも》り、左単于と右単于は其の節度を受けよ。他事については、故事の如くせよ(使持節・大将軍・督幽青并領冀州牧・阮郷侯紹、承制詔遼東属国率衆王頒下・烏丸遼西率衆王蹋頓・右北平率衆王汗盧。維乃祖慕義遷善、款塞内附、北捍玁狁、東拒濊貊、世守北陲、為百姓保鄣。雖時侵犯王略、命将徂征厥罪。率不旋

時、悔愆変改。方之外夷、最又聡恵者也。始有千夫長・百夫長、以相統領、用能悉乃心、克有勲力於国家、稍受王侯之命。自我王室多故、公孫瓚作難、残夷厥土之君、以侮天慢主。是以四海之内、並執干戈以衛社稷。三王奮気裔土、忿姦憂国、控弦与漢兵為表裏。誠甚忠孝、朝所嘉焉。然而虎兕長蛇、相随塞路、王官爵命、否而無聞。夫有勲不賞、俾勤者怠。今遣行謁者楊林、齎単于璽綬車服、以対爾労。其各綏静部落、教以謹慎、無使作凶作慝。世復爾祀位、長為百蛮長。厥有咎有不臧者、泯於爾禄、而喪於乃庸、可不勉乎。烏桓単于都護部衆、左右単于受其節度、他如故事)。

ようするに、ここでは袁紹が皇帝から詔勅をうけ、その内容を烏桓の三人の王すなわち遼西率衆王蹋頓、遼東属国率衆王（蘇僕延）、および右北平率衆王汗盧（烏延。汗盧とは自称した汗魯王の誤記であろう）に向けて頒下するという形式をとって単于号を授与するのである。おそらくは遼西烏桓の蹋頓が烏桓単于、遼東属国烏桓の蘇僕延が左単于、そして右北平烏桓の烏延が右単于という配置だったのであろう。これはその勢力の大きさにもよるのだろうが、地理的に見ても遼西郡が三郡の中央に位置しているので、この点からも間違いないだろう。ただ単于が三人も立てられたのは、蹋頓の力がなお全烏桓社会に及ぶほどには突出しておらず、各郡それぞれの部族長（大人）たちの力も侮りがたいものだったことを示唆する。単于という称号は匈奴に固有のもので、一世紀中頃、南匈奴が後漢に内属してからも、その首長だけに認められていた称号だった。そのような称号をあえて詔勅を偽作してまで蹋頓以下の大人に授与したのは、袁紹の烏桓に対する厚遇と期待を示していよう。やがて楼班が長ずると、蘇僕延と上谷烏桓の難楼がこれを奉じて単于とし、蹋頓を王とした。この代替わりに袁紹が関わっていたかどうかは定かではないし、王号の詳細も不明だが、楼班を唯一の単于に推戴するとともに、蹋頓に王号を名乗らせて実権を委ねることにより、「三王部」(烏丸伝)の烏桓社会のさらなる統合が目指されたと考えることもできるかもしれない(小野響「烏桓における単于の導入」)。しかし、後述するように、これ以後も各地に分住していた烏桓では複数の単于が並立することがあったようだ。したがって楼班と蹋頓によるこの事例を、鮮卑における檀石槐の事例と同一に論じることはできないだろう。なおこの版文には、「千夫長」とか「百夫長」とかいう語がみえる。それぞれ千人の兵士からなる軍隊の長、百人の兵士からなる軍隊の長といった意味と思われる。おそらく烏桓の軍団(それは生活集団でもあった)の構成単位を表現したもので、遊牧勢力が擁する軍事力について示唆に富んだ一文である。烏桓伝によると、丘力居時代の遼西烏桓が五千落余、蘇僕延率いるところの遼東属国烏桓が千落余、そして烏延の右北平烏桓が八百落余である。内田氏は「一落は平均二十数口」とするが(同「烏桓鮮卑の源流と初期社会構成」五二頁)、うち兵士となる成年男子は三分の一程度であろうから、一落で七〜八人というところだろうか。したがって最大の遼西烏桓の場合だと、四万人程度の兵士がおり、四〇人ほどの「千夫長」が彼らを「相いに統領し」ていたことになる。こういった「千夫長」がとりもなおさず、渠帥と呼ばれた下位の部族長だったのではないだろうか。羅福頤主編『秦漢南北朝官印徴存』には、「魏／烏丸率／善邑長」、「魏／烏丸率／善仟長」、「魏／烏丸率／善佰長」(「／」は改行箇所。

以下、同じ）といった駝紐印の印影が多数収録されている。時代は降るが、後二者はそれぞれこの「千夫長」、「百夫長」に授与されたのであろう。

ところでこの時期、烏桓をめぐってはもう一つの動きがあった。劉虞の故吏すなわちかつての部下たちによる公孫瓚に対する復讐戦である。公孫瓚伝によると、幽州牧だった劉虞のもとで州の従事を務めていた漁陽出身の鮮于輔がその動きの中心だったようで、燕国（広陽郡のこと）出身の閻柔なる人物を誘って烏桓司馬とし、彼に烏桓や鮮卑を糾合させ、その兵力を以て瓚が任命した漁陽太守を攻め、その殺害に成功している。『続漢書』第二八百官志五護烏桓校尉条の注に引かれた『漢官』によると、護烏桓校尉の属吏として長史一人と司馬二人が置かれることになっており、閻柔に与えられたのはこの司馬であろう。遼東属国烏桓の蘇僕延がこれに合流すると、鮮卑も合わせたその勢力や劉虞の遺子である劉和、さらには袁紹からの援軍などを率いて瓚と戦い、一九五（興平二）年の「鮑丘《ほうきゅう》の戦」で勝利をおさめることができた。

◈公孫瓚後の幽州

このようにして、一八〇年代中頃以降、張純と公孫瓚、その公孫瓚と劉虞、次いで瓚と鮮于輔・閻柔、さらには瓚と袁紹というふうに、中国世界の東北端を舞台として続いた対立の構図の最後に位置することになるのが、ほかならぬ袁紹と曹操である。それはまた、烏桓の最期でもあった。それまでの対立の構図では、「烏桓を埽滅することを志した」公孫瓚が一方の極にあった。

そして当然のことながら、烏桓の部族長(大人)たちはほとんどの場合、公孫瓚の敵対勢力の側にあった。最後には袁紹から彼らに単于の印綬が与えられたことはすでに述べた。

ところで公孫瓚の没後、幽州を掌握したのは鮮于輔であった。建忠将軍に任じられて「幽州の六郡を督《ひき》い(督幽州六郡)」ることになったというので(巻八公孫瓚伝)、幽州全一一郡(涿郡、広陽、代郡、上谷、漁陽、右北平、遼西、遼東、玄菟、楽浪、遼東属国。『続漢書』第二三郡国志五)の過半が彼の影響下に入ったことになる。いっぽう、巻六袁紹伝によると、公孫瓚のもとにあった兵力を吸収したのは袁紹だったようだし、これを機に、長子の袁譚を青州刺史、甥の高幹を并州刺史に任じたほか、幽州にも中子の袁熙を刺史として送り込もうとした。さらに幽州の東端遼東郡では、同郡出身の公孫度が太守に擁立され、郡に接する高句麗や烏桓への攻撃を敢行していた(巻八公孫度伝)。したがって鮮于輔は、東(遼東郡)の公孫度と南(冀州)の袁紹・袁熙父子の両勢力から掣肘を受けざるをえない立場だったのである(西の并州は先述のように高幹が治めていた)。

このような各勢力の配置分布を考えれば、袁紹と曹操との対立が激化していくなかで、閻柔、そしてそれに次いで鮮于輔が曹操に降ることになるのも、けだし当然というべきだろう。その結果、閻柔は護烏桓校尉に、そして鮮于輔は左度遼将軍に任じられた。輔について「還って本州(幽州)を鎮撫させた(遣還鎮撫本州)」(巻八公孫瓚伝)とあるので、これは、既得の権限を追認されるにほぼ等しかったのではないか。二〇一(建安六)年、「官渡の戦」で曹操が袁紹に大勝するのはその直後のことであった(同前注引『魏略』)。

◈烏桓の最期

官渡での敗北の翌年、二〇二(建安七)年、袁紹は失意のなかで没する。その後継の地位をめぐり、家臣団を巻き込んで長子の袁譚と末子の袁尚が争った結果、尚が父を継いで冀州の州治でもある魏郡の鄴《ぎょう》(河北省臨漳県附近)に留まり、譚は車騎将軍を称して同じく魏郡の黎陽に拠点を定めた。もちろん、曹操がこのような袁氏の内紛を見逃すはずはなく、早速攻撃を仕掛けて尚を鄴から追い、一旦は降伏して来た譚を二〇五(同一〇)年には殺害し、冀州も曹操の手中に収まった。

その後、袁尚は兄で幽州にあった袁熙とともに、三郡烏桓に身を投じることになる。三郡とは、いままでもたびたび述べてきた遼西、遼東属国、および右北平のことだが(方北辰「三郡烏丸考」)、かつて父袁紹がその部族長(酋豪)たちに単于の印綬を授与した勢力である。『三国志』によると、紹は一族の女性を自分の養女とした上で、彼らに嫁がせていたが(巻一武帝紀建安十一(二〇六)年八月条)、このような関係が依然として生きていたのであろう。当時、三郡烏桓のもとには十万戸余に上る幽州の人びとが戦乱を避けて帰属していたようだが、そのなかでも遼西烏桓の蹋頓が依然として最強を誇っており、熙と尚の兄弟も彼のもとに身を寄せた。しかし曹操はその直後から壮大な征討計画を立て、翌二〇六(建安一一)年には、兵員や軍糧の輸送に水運を利用するために平虜渠、泉州渠、新河などを開鑿させた。鄴から濁漳水を下り、平虜渠を経て滹沱《こだが》河に入った上で、その下流から泉州渠と新河を経て海に達する経路である(佐久間吉也「曹魏時代の漕運路形成」)[図六]。そしていよいよ二〇七(同一二)年には軍を起こし、海上ルートに替えて田疇の誘導によって陸路を進み、遼西郡の柳城（遼寧省朝陽市）の手前で、煕と尚の兄弟以下、蹋頓、遼西単于楼班、および右北平単于能臣抵之らに率いられた数万騎と激戦（王綿厚「曹操北征三郡烏桓之始末」）。周知のように結果は曹操側の大勝利に終わり、烏桓は蹋頓と王侯（名王）らが斬殺され、漢族と非漢族合わせて二十万以上が降伏した。ただ煕と尚の兄弟や遼東（属国）単于速僕丸をはじめ、遼西烏桓や（右）北平烏桓の部族長（諸豪）らは東方、遼東太守の公孫康のもとに奔った。康は父の公孫度を継いだ人物である。曹操は深追いせず、柳城から軍を引き返したが、操が予期した通り、康は煕と尚の兄弟や速僕丸を斬ってその首を送って来た。曹操は公孫康が袁尚を畏れていると読んでいたようである。巻八の本伝によれば、父公孫度の頃からすでに遼東公・平州牧を自称して自立の意志を内外に示していたので、煕と尚の兄弟を受け容れてこれを保護することは自己の利益にならないだけではなく、むしろ曹操との関係を悪化させるだけであることを感じ取っていたのであろう。

なお烏丸伝の裴注に引かれた『魏略』には、二三七（景初元）年に、当時曹魏の幽州刺史だった毌《ぶ》丘倹《きゅうけん》が公孫康の子公孫淵を攻撃した際、右北平烏桓単于の寇婁敦《こうろうとん》と遼西烏桓都督・率衆王の護留《ごりゅう》葉《よう》が五千人余を率いて降って来たことや、寇婁敦が弟の阿羅槃《あらばん》に朝貢させた結果、烏桓の部族長（渠帥）三十余人に王号が授与されたことなどが記されている。彼らが三〇年もの間、遼東でどのような環境にあったのかは知ることができないが、いずれにせよこれをもって、一時は強勢を誇った三郡烏桓はいよいよ政治勢力としての地位を喪うことになるのである。

また煕と尚の兄弟や速僕丸らが殺されたことを知ったからであろう、代郡烏桓の行単于（仮単于とでも訳せようか）である普富盧《ふふうろ》と上郡烏桓の同じく行単于である那楼の二人も、王侯（名王）を伴って曹操の勝利を祝うために駆けつけて来た（巻一武帝紀建安十二（二〇七）年十一月条）。このうち

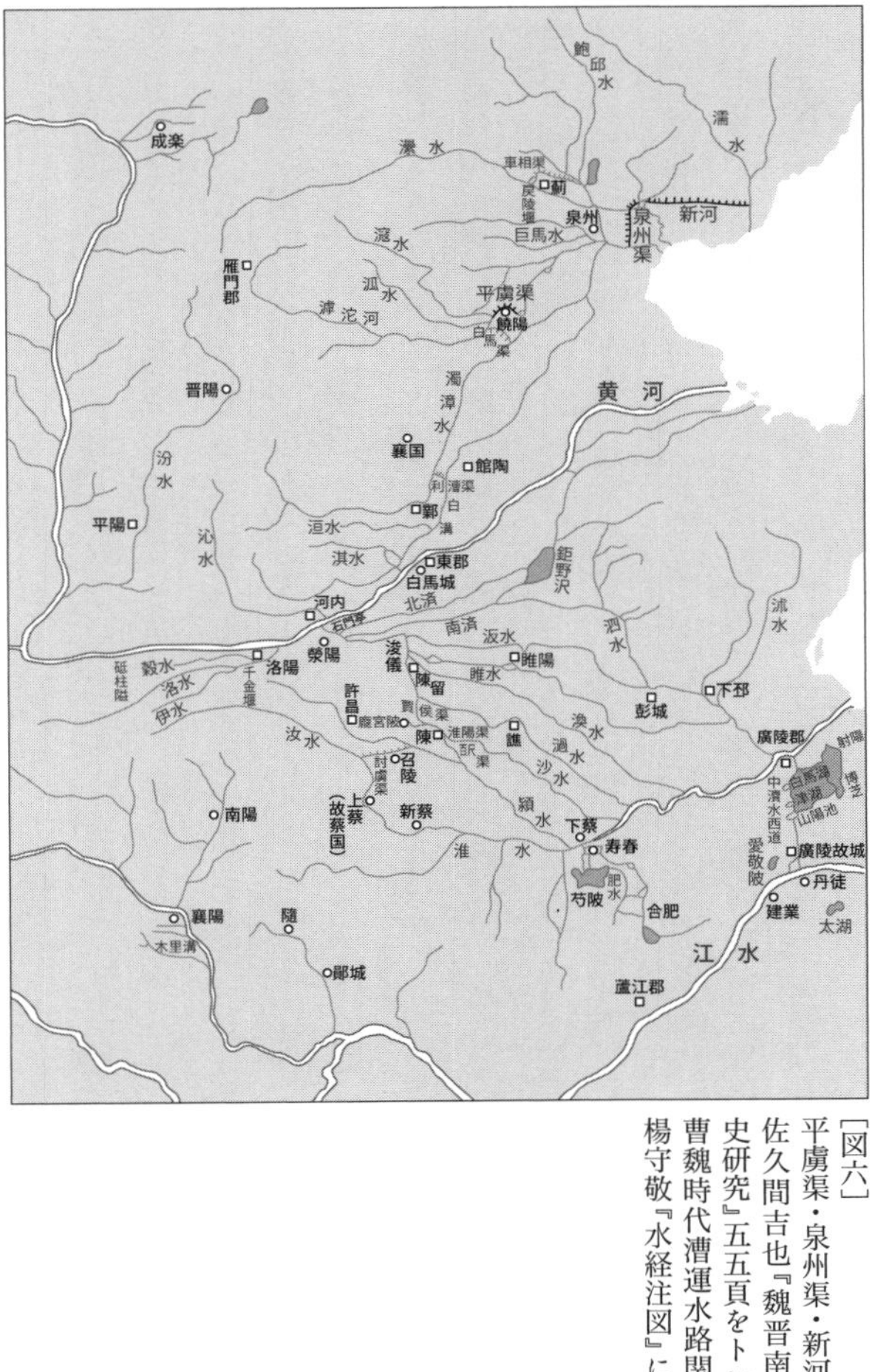

〔図六〕平虜渠・泉州渠・新河位置図：佐久間吉也『魏晋南北朝水利史研究』五五頁をトレース。曹魏時代漕運水路関係要図楊守敬『水経注図』による。

普富盧は曹操が魏王に封じられた二一六(建安二一)年にも祝賀のためであろう、王侯(侯王)とともに来朝しているので、幽州西部から并州にかけて分住していた烏桓も、曹操に完全に服従したかに見える。ただしその翌々年の二一八(同二三)年には、代郡と上谷の烏桓が叛乱を引き起こし、曹彰が出撃する事態になっている。巻二三裴潜伝によると、代郡では烏桓王とその大人の三人が単于を自称して「郡事を専制(専制郡事)」していたという。「代郡大乱」(同伝)と呼ばれる事態だが、太守となった裴潜は単于らと結託していた郡の吏員を誅殺して懸案を一旦は解決した。が、潜の任期が終わると、再び状況が悪化したようである。

その後、護烏桓校尉の閻柔の管轄下、幽州、并州の両州近くにあった烏桓の残存勢力は全て長城以南の地に移されるとともに、その王侯(侯王)や部族長(大人)らに率いられて軍事行動に動員され、三郡烏桓は「天下の名騎(天下名騎)」(烏丸伝)として称えられたという。三﨑良章氏が追跡しているように(同「三燕と烏桓」/「北魏政権下的烏桓」)、烏桓は四世紀以降も政治勢力としての足跡を残してはいるが、〈五胡十六国〉時代に前燕、後燕、南燕、西秦、南涼、および代(北魏)など多くの政権を打ち立てた鮮卑とは対照的に、もはやいかなる政治権力も立ち上げることはできなかったのである。

一世紀中頃、後漢王朝に内属し、幽州や并州の各地に分住させられた烏桓は、その軍事的な能力ゆえに、烏桓突騎の名で重用されて二世紀末期を迎えることになった。しかしその軍事的な能力がわざわいして大小さまざまな群雄に利用されたり、また逆に排撃されたりすることになる。幽州出身で、地方官府の長吏の経験を有する公孫瓚や公孫度・康父子などには、非漢族の象徴的な存在だった烏桓に対する差別意識や被害者意識がなかったとは言いきれない（巻一一の本伝によると、曹操を誘導した右北平出身の田疇にも烏桓に対する怨《うら》みがあったという。誘導役を買って出たのもそれが一因だったのかもしれない）。加えて、各郡に分住させられたこともあって、全烏桓社会が統合されず、大人といわれる部族長に率いられた集団ごとに分散していたことも、烏桓にとっては不運にして不利であった。

渡邉義浩「後漢の匈奴・烏桓政策と袁紹」は、このような烏桓について、後漢の儒教イデオロギーによって（南）匈奴とともに「体制内異民族」として位置づけられた結果、「最後まで自らの保護者であった後漢と袁紹を守ろうとした」という（五〇頁。なおその前段では「烏桓は、袁紹の二子を助けて、曹操との戦いを続けていく」というが、「助けた」のか「助けさせられた」のかはわからない。同じように、「守ろうとした」のか「守らされた」のかもわからない）。しかし少なくとも烏桓にとっては、そのような単純な話ですまないことは本節で見てきたとおりである。現実の歴史過程ははるかに複雑で、その複雑な過程を時としては甘受しながら、時としては抗《あらが》いながら、やがては表舞台から姿を消していくのである。それが烏桓であった。

二――山越

◈山越のルーツ

西嶋氏の越人諸部族を代表するのが山越である。越人諸部族とはわかりにくい表現だが、秦の始皇帝による統一以前、長江以南は百越（以下、「越族」）と総称される非漢族の居住域であった。春秋五覇の一人に数えられることもある勾践が王だった越も彼らによって建国されたが、この越が楚によって滅ぼされると（前四世紀後期）、その越族は一部南遷し、先住の越族とともに浙江省南部から福建省にかけての一帯に東甌《とうおう》（～前一三八年）や閩越《びんえつ》（～前一一〇年）といった王国をたてたと考えられている（工藤元男「東アジア世界の形成と百越世界」）。越の国都は会稽（浙江省紹興市）にあったが、こうしてその故地である浙江省北部のみならず、その南部、そして福建省、さらには広東省以南も含めた広大な範囲に、沿海部を中心として越族が分住することになったと推察される。百越という名称から、単一の種族だったのか否かは判断がむつかしいが、大小さまざまな集団に分かれていたことは確実なので、「越人諸部族」とはそういう実態を念頭に置いた表現なのだろう（馬植傑氏は孫呉と関係があった非漢族として、山越・武陵蛮・南越の三種をあげる。同『三国史』第二二章「呉国的少数民族」）。このうち山越とは、越の滅亡後も現在の浙江省北部から安徽省南部や江西省東部にまたがる山間部、すなわち孫呉時代の揚州（楊州と表記されることもあるが、以下、引用以外は揚州で統一）に属するごく限られた一帯に小さな集団ごとに分かれて居住していた越族の末裔たちに対し、彼らと接触した漢族の人びと（とくに後漢や孫呉の為政者たち）が与えた名称、それが私の理解である（関尾「山越とその居住域」）。しかしどうやらこのような理解は少数派のようで、内外の先行研究が掲げる「山越分布図」［図七］は、孫呉時代の揚州のほぼ全域に山越が分布（居住）していたとする

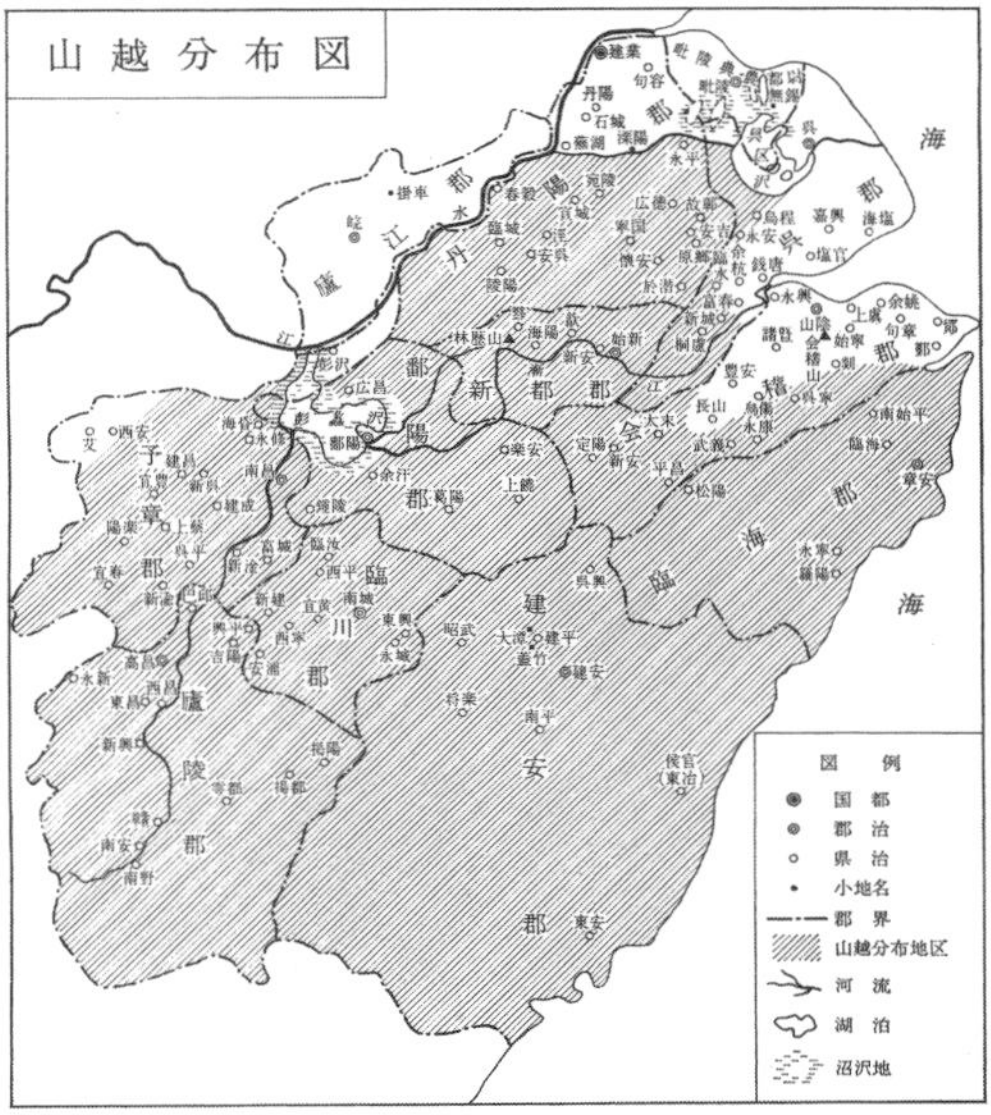

［図七］
先行研究の「山越分布図」：
川勝義雄『六朝貴族制社会の研究』一四九頁
（なお原図は、陳可畏「東越・山越的来源和発展」一七五頁）。

（居住していないのは長江以北、太湖周辺、および杭州湾沿岸などごく一部）。つまりかつて東甌や閩越の支配下にあった浙江省南部から福建省にかけての沿海部、さらには江西省を南北に貫く贛江《かんこう》流域をはじめとする内陸部などにも山越が居住していたと解釈するのである。三国時代、これらの地域に越族系の先住民が居住していたことまでは否定できないが、漢族の人びとが彼らを一括して山越という名称で呼んでいたかどうかは全くべつの問題なのである。

いずれにせよ、この山越はまことに厄介な存在である。陳寿も「**山越**は好んで叛乱を為すため、（これを）安定させるのは難しく、騒動を起こさせるのは容易であった。それゆえ孫権は外敵（の攻撃に対する）防禦に専念する遑《いとま》がなく、魏氏（曹魏）に対しても卑《へりくだ》った態度をとらなければならなかった（**山越**好為叛乱、難安易動、是以孫権不遑外禦、卑詞魏氏）」（巻六〇賀全呂周鍾離伝の評曰条）と書いている。これはやや大げさにすぎるきらいがあるけれども、政権側にとってはそれこそ獅子身中の虫であった。しかし後世の歴史研究者にとっても厄介なことこの上ない存在なのである。もちろんそのなかには私も含まれる。なぜならば、『後漢書』や『三国志』といった正史の記述からだけでは、その実像をなかなか捕捉できないからである（右に述べたような「山越分布図」が示されてしまうことからも、それはわかるだろう）。もちろん山越伝という名の列伝などない。加えて、基礎史料である『三国志』呉書（以下、「呉書」）には、山越とあるかと思えば、山賊・山寇とか山民とかあったりするのである。山越はともかく、山賊・山寇や山民といった表現は、彼らが漢族か、漢族に同化してしまった越族という主張の根拠にもなっている（唐長孺「孫呉建国及漢末江南的宗部与山越」。もっとも両者を区別する見方もある。胡守為「山越与宗部」／施光明「山越非山民・宗部解」）。漢族との交流がしだいに深まった結果、山越のなかにも漢族と利害を共有するような人びとが現れたことは否定できないだろう（川本芳昭「六朝における蛮の理解についての一考察」）。本節では、山越を含む越族の実像に接近を試みた上で、山越と呼ばれた勢力と孫呉との関係について探っていきたい。まずは、研究史を簡単にふりかえっておこう。

◈山越をめぐる研究史

国内に限ると、岡崎文夫氏が『魏晋南北朝通史』で「山越とは南方蛮族の総称であって、好んで深山中に伏処し、かつて城市に入らざる為めに山越の名が附され」、「此山越或は山寇とも称せらるる蛮族は往々地方の豪族と相付して内部禍乱の源をなすのである」（五七頁）と述べたのが最初であろう。「好んで深山中に伏処し」ていたかは疑わしいところだが、簡にして要を得た説明ではある。この「南方蛮族の総称」という岡崎氏の理解は、近年の金文京氏の「山越とは南方のおもに山岳地帯に居住していた異民族で、今日、雲南、貴州などの南方の辺境から東南アジアに住むさまざまな少数民族の祖先である」（同『三国志の世界』八三頁）という説明にも影響を与えたようだが、これは明らかに拡大解釈である。

その後、川勝義雄氏は内外の研究成果を総覧した上で、山越をインディアンや蝦夷に匹敵する程度に未開の越族であるとした（同「孫呉政権と江南の開発領主制」）。このような比喩が的確かどうかは疑問が残るところだが、山越を漢族ないしは漢族に同化してしまった越族とする唐長孺氏（同「孫呉建国及漢末江南的宗部与山越」）ら中国の主要な研究者の所説に対する批判としては妥当であると思う。そのため私もかつて江南の地域社会について検討した際、この川勝氏の山越理解を下敷きにしたことがある（関尾「六朝期江南の社会」）。しかし川本芳昭氏が、蛮（非漢族）か漢（漢族）かという二元論的あるいは二者択一的なそれまでの山越に対する見方について厳しい批判を加え、山越は非漢族ながら、三国時代にはすでに「相当文明化（あるいは漢化）」（同「六朝における蛮の理解についての一考察」四五三頁）していた、という独自の見解を提示するに至った。

それに対して私は、「相当文明化（あるいは漢化）」していたという川本説の根拠となった呉書の記述がそのようには解釈できないことを指摘したが（関尾「山越の「漢化」についての覚書」）、これにはさらに川本氏から厳しい反批判があった（同「山越再論」）。結果として、『三国志』のような正史の記述をほとんど唯一の頼りにしてこの問題に明快な答えを出すことはできないというのが私の結論というか、悟りのようなものである。

いっぽう中国でも、種族（民族）の問題はすぐれて政治的な事柄であることもてつだってか、議論だけは活発なようだが（田明偉「建国以来山越研究綜述」／程凌雷「建国以来山越研究述評」）、やはり膠着状態にあると言ってよいだろう。ではどうすればよいのだろうか。

◈山越の実像

山越の実像に関して、正史の記述からだけでは明らかにならないと書いたが、手がかりを提供してくれそうな出土史料があるわけでもない。しかし、越族とか山越とか明記されてはいないけれども、越族ないしは山越らしき非漢族のことを記した史書ならば、散逸してしまったものが少ないながらある。じつはそれらはすでに川勝氏が検討、分析していたものなのである。自説を述べるのに急なあまり、私には川勝氏の成果が充分に視野に入っていなかった(入れなかったというべきかもしれない)。反省と自戒の念をこめて、これらの史書の記述をあらためて検討することを通じて、越族や山越の実像に少しでも近づいてみよう。

散佚してしまった史書の第一は、周処の『陽羨風土記』である。陽羨は呉郡管下の県で、現在の江蘇省宜興市。孫呉から西晋を生きた著者周処の本籍地でもある。処は、後述する大司馬曹休率いるところの曹魏軍を退けた鄱陽《はよう》太守周訪の遺児で、『晋書』巻五八には本伝もある。川勝氏が言及している佚文を、守屋美都雄氏の『中国古歳時記の研究』資料篇から引いておこう(守屋著には周処の略伝もある。また彼の墓も見つかっている。羅宗真「江蘇宜興晋墓発掘報告」)。

①**越の習俗**では、交誼を定《な》す場合は儀礼を行なうが、(その際には)皆大樹の下に封《もりつち》して壇(を築き)、白犬を以て祭る(**越俗**、定交有礼、皆於大樹下封壇、祭以白犬)。

②**越の習俗**では、酒宴の時には、即ち盤を鼓《たた》いて音楽を奏でる。大きくて素《しろ》い、幅が一尺六

寸の円盤を（手に）取り、（これを）抱え持って（身につけている）衣服にくっ著《つ》け、右手の五（本の）指でかわるがわる之を弾いて節をとり、舞う者は（その）節に応じて挙措する（**越俗**、飲宴、即鼓盤以為楽。取大素圜盤広尺六者、抱以著服、以右手五指、更弾之以為節、舞者応節而挙）。

舞台となった陽羨は太湖の西岸に位置しており、国都の建業からもそれほど遠くはない。そのような一帯でもなお三国時代、漢族の眼には奇異に映る習俗である「越俗」が行なわれていたのであって、その担い手として先住の越族系の非漢族を想定することは許されるだろう。

第二は沈瑩《しんえい》の『臨海水土異物志』、略して『臨海水土志』である。書名の臨海とは孫呉によって二五七（太平二）年に新設された郡で、その範囲はほぼ現在の浙江省南部に相当する。引用文中に出てくる安陽（羅陽）と羅江はともにその管下の県で、同省瑞安市から福建省連江県にかけての一帯にあたる。したがってこれも山越というより、かつての東甌の支配下にあった越族（とその末裔）について述べたものと思われるが、参考までに引いておこう。なお著者の沈瑩は呉興郡武康県（浙江省徳清県）の名族沈氏の出身で、丹楊太守（丹楊は丹陽と表記されることもあるが、以下、引用以外は丹楊で統一）として孫呉の滅亡と運命を共にした人物である（大川富士夫「六朝前期の呉興郡の豪族」）。川勝氏が翻訳を試みた佚文を張崇根『臨海水土異物志輯校』から引いておこう。

③**安家の民**は悉く深山に依《たの》み、住家を桟格（木材を縦横に組んだもの）の上に架けわたして組み

立てるさまは、（高い）楼閣に似ている。居処、飲食、衣服、被飾（身につけるもの）は、夷州（台湾か）の民とよく似ている。父母が死亡すると、犬を殺してこれを祭り、四角い函を作って屍を盛る。（死者を弔うための）飲酒や歌舞が畢《お》わると、仍《すなわ》ち（その函を）高山の大きな岩の間に引っ懸け、（屍を）土の中に埋めて塚墓を作るようなことはない。男女とも悉く履き物をつけない。今の安陽、羅江両県の民は、その子孫である。人びとは皆《みな》好んで猨《さる》の頭の羹《あつもの》を啖《くら》う。（青）菜を以て（羹を）中和して酒（の酔い）を醒ます。五（畜の）肉を雑ぜた臛《あつもの》はこれに及ばない（とされる）。其《そ》の俗言は、人のために猨頭の羹臛《あつもの》を負《うしな》うくらいなら、人のために千石の粟を負うほうがまだましだ、と（**安家之民**、悉依深山、架立屋舎於桟格上、似楼状。居処・飲食・衣服・被飾、与夷州民相似。父母死亡、殺犬祭之、作四方函以盛屍。飲酒歌舞畢、仍懸着高山巌石之間、不埋土中作塚槨也。男女悉無履。今安陽・羅江県民、是其子孫也。民皆好啖猨頭羹、以菜和中以醒酒、雑五肉臛不及之。其俗言、寧自負人千石之粟、不願負人猨頭羹臛）。

浙江省瑞安市から福建省連江県にかけての一帯は東シナ海（東中国海）沿岸だが、海岸線と平行して一千メートルクラスの雁蕩山や太姥山といった山系が走っており、深山というのはこういった山系のことであろう。

沈瑩が生きた孫呉の時代、安陽、羅江両県の一帯には、漢族とは明らかに異なる風俗や習慣をもつ「安家之民」の末裔たちが住み着いていたこと、彼らの風俗習慣は夷州（夷洲）すなわち台湾に住む人びとのそれと類似していたことなどを読み取ることができる。ただそれにしても夷洲も含めて記述が詳細に及んでおり（夷洲に関する部分については、福本雅一「臨海水土志訳注稿」がある）、瑩には丹楊太守に就く以前に、台湾海峡をはさんで夷洲の対岸に位置しているこの一帯の郡か県の長吏を務めた経験があったのではないかと思わせるほどである。

川勝氏は、『陽羨風土記』と『臨海水土志』はいずれも祭祀で犬を犠牲として用いていること、前者の円盤が後者で言及されている夷洲の木鼓と類似していることなどを指摘している。前者の「越俗」の担い手と後者の「安家之民」の末裔は、同じルーツを持っていたと考えることができよう。

◈漢族と非漢族・山越

『陽羨風土記』には「越俗」とはあるものの、山越という名称は出てこない。ただ『臨海水土志』の記述と合わせると、先住非漢族のものと覚しき習俗が三国時代になってもかなり広範囲にわたって行なわれていたことがうかがえよう。それはまた非漢族と漢族との間に接触があり、前者に関する情報を後者が入手していたことの証左でもあるが、そのことは『後漢書』の記事からもうかがい知ることができる。

④又た三度《たび》（職位を）遷って会稽太守を拝《さず》けられた。（この地の）**山民**は純朴で、老人になるまで

県城に入ったことがない者もいたが、(そういった者たちは)官吏のために(平穏な生活を)頗る擾《みだ》される所となっていた。(劉)寵は煩雑で苛酷な法制を簡略なものにし、非法(な行為)を禁止して取り締まったために、郡中には大いに教化が行なわれるようになった(又三遷拝会稽太守。**山民**愿朴、乃有白首不入市井者、頗為官吏所擾。寵簡除煩苛、禁察非法、郡中大化)。

『後漢書』巻七六循吏・劉寵伝の一節だが、会稽郡にはほとんど外部との接触を持たない「山民」なる存在があったことが知られる。そういった人びとの社会にも郡府からの徴発が及んでいたことが理解されるが、寵の官歴から判断して一六〇年前後のことと考えられる。ただここにも山越という語はない。それは次の⑤も同じである。

⑤当時、抗徐が(度)尚と倶に名将として(知られており)、数功績《しばしば》が有った。徐は字を伯徐といい、丹陽(郡)の人で、郷里では、其《そ》の豪胆で智恵深いことを称《たた》えられていた。初め、宣城(県)長に仮任用されると、深遠な林藪の中に住む椎髻《ついけつ》(さいづちのような髷)を結って鳥が鳴くように言葉を話す人を悉く移して県城に置いた。是《こ》れに由って(宣城県の)境内には復た盗賊が(出没するようなことは)なくなった(時抗徐与尚倶為名将、数有功。徐字伯徐、丹陽人、郷邦称其胆智。初試守宣城長、悉移深林遠藪椎髻鳥語之人置於県下、由是境内無復盗賊)。

『後漢書』巻三八度尚《たくしょう》伝の記事だが、抗徐は延熹年間（一五八〜一六七年）に太山都尉や長沙太守として事績を残していることがわかるので、それより以前、一五〇年代中頃のことと思われる。「深林遠藪椎髻鳥語之人」と表現されるような人びとが、宣城県（安徽省宣城市・南陵県附近）の山岳地帯に居住していたのである。しかしここにも山越とはない。山越という語が現れるのは次の⑥である。

⑥丹陽（郡の）**山越**の賊が太守の陳夤《ちんいん》を包囲したが、夤はこれを撃破した（丹陽**山越**賊囲太守陳夤、夤撃破之）。

『後漢書』巻八霊帝紀建寧二（一六九）年九月条のこの記事は④や⑤にやや遅れるが、初めて山越なる語が現れる。おそらくこれは次の記事と無関係ではないだろう。

⑦会稽の人である許生が**越王**を自称して（近隣の）郡県に侵寇した。楊州刺史の臧旻《ぞうびん》と丹陽太守の陳夤をしてこれを討ち破らせた（会稽人許生自称**越王**、寇郡県。遣楊州刺史臧旻・丹陽太守陳夤討破之）。

同じく霊帝紀熹平元（一七二）年一一月条の記事で、⑥の三年後のことである。実績を買われたのであろうか、やはり陳夤がその平定に出動することになった。許生が漢族だったのか非漢族だったのかはわからない。ただ春秋・戦国時代にこの地にあった越の王を称することで勢力の拡大を図ったのだとすれば（あるいは図れると思ったのだとすれば）、越族の系譜を引く人びとが会稽から⑤や⑥の丹楊、さらには①や②の呉郡にかけての山間部を中心に広く分住していたと考えざるをえないだろう。二世紀後半には、それまで地方官府とは交渉を持っていなかった彼らも徴発（と徴税）の対象に組み込まれるようになり、⑤や⑥のように、それに対する抵抗という意味もあったのだろう、彼らによる盗賊ないしは略奪に類する行為も見られるようになる。

いずれにせよ、数少ない史書の記述からわかることには限りがある。そこで、呉栄曽氏が「《後漢書》中的越方」で紹介している石刻史料もあわせて見ておきたい。ともに南宋の洪适《こうかつ》が編んだ『隷釈《れいしやく》』に収録されているものである。行論に関係する部分だけを掲げておく。

⑧「費鳳別碑」（『隷釈』巻九、所収）

丹陽（郡）が越の侵寇を受け、□□□□が（越に）没した。（そこで朝廷は）君（費鳳）に命じてこれを討理《おさ》めさせるべく、（丹楊郡）故鄣《こしよう》（県の県）長に仮任用した（丹陽有越寇、没□□□□。命君討理之、試守故鄣長）。

『隷釈』には、「堂邑令費鳳碑」という費鳳を碑主とするべつの碑刻も収録されており、それによると、凰は故鄣長から堂邑令に転じた後、一七七（熹平六）年に六六歳で没している（こちらには、「鄣土（故鄣の地）は庭《おさ》まらず、黔民《けんみん》（人びと）は仛虐（だったため）、君（費鳳）に□□を命じると、政化が□行なわれるようになった（鄣土不庭、黔民仛虐、命君□□、政化□行）」とある）。したがって、丹楊が越（族）による侵寇の被害を受けたのは一六〇年代から七〇年代初めにかけてのことと思われ、⑥や⑦と重なりあう可能性が高い。

⑨「漢成陽令唐扶頌」（『隷釈』巻五、所収）

（霊）帝は其の徳を嘉《よみ》して、特別に郎中を拝けた。（扶は人の）能力を見極めたり困難な地を治めたり（することにたけていたため）、予章（郡）鄡陽《きょうよう》（県の県）長を除《さず》けられた。（この地には）**夷粤**《いえつ》が跋扈しており、（その力は）忮強《つよ》く、（これを）教化することは困難だった。（しかし）君（唐扶）は権威を奮わせ武力を颺《あ》げ、愛憎を㠯《もっ》て視《しめ》したので、**蛮貊**《ばんばく》は（抵抗を）振《や》め畳《たた》んで、稽顙《けいそう》（長く頭を地につける礼を）して陏《したが》い服した。……（こうして）盗賊（の力）は衰え息《や》み、（鄡陽県の）域内は晏《やす》らかになった（帝嘉其徳、特拝郎中、察能治劇、除予章鄡陽長。**夷粤**掄掩、忮強難化。君奮威颺武、視㠯好悪、**蛮貊**振畳、稽顙陏服。……盗賊衰息、境界晏然）。

この碑が建立されたのは、碑主の唐扶が成陽令を退いた後の一八三（光和六）年とされているので、成陽令の前に鄡陽長だった時期は、一七〇年代になろうか。費鳳が故鄣長だった時期か、それよりも若干あとのことと考えられる。夷粤は夷越と同じである。故鄣は浙江省安吉県附近、鄱陽は江西省鄱陽県附近に位置しており、大分離れてはいるが、一六〇年代から一七〇年代にかけての時期、等しく越(族)の侵寇や夷粤の跋扈に悩まされており、それを碑主である費鳳や唐扶らが県の長吏として平定したという構図である。政権側からすれば、それは侵寇や跋扈ということになるのだろうが、越(粤)と呼ばれた人びとからすれば侵寇でも跋扈でもなく、跋扈は日常、侵寇はその日常を維持するための行動だったと解するべきであろう。故鄣、鄱陽両県の位置から判断して、この越や夷粤が越族一般ではなく、『後漢書』⑥や呉書の山越と内実を同じくしていたというのが私の推考である。

ここまで述べてきたことをまとめておこう。

二世紀後半の後漢時代、長江以南ではその下流域を中心として、広範囲にわたって先住の越族系の非漢族が居住していた。なかでも浙江省北部から安徽省南部や江西省東部にまたがる山間部に居住していた集団は、平野部に展開しつつあった漢族から、山越や山民などと呼ばれるようになっていった。彼らは独自の習俗や文化を保持していたが(①・②・⑤)、しだいに漢族(後漢王朝)の支配が彼らに対しても及ぶようになったため(④)、盗賊や略奪に類する行為を働いたり(⑤・⑨)、蜂起さえ起こすようになっていた(⑥〜⑧)。これが、三国時代の幕開け前夜の山越をとりまく状況だったのである。

ただ山越（山間部に居る越族）という呼称はけっして古いものではなかった。彼らの盗賊や略奪に類する行為により被害を受けた漢族の側からすれば、なによりも山賊であり山寇であった。また税役を賦課するために彼らを誘《おび》き出し、漢族と同じように戸籍に著録して編戸化せんとした地方官府からすれば、山民であった。そして強固な族的結合に着目すれば宗部ということにもなる（堀敏一「異民族支配からみた三国時代の位置」一一四頁は、宗部を「漢人の土着豪族たち」とする。漢族か山越かという二者択一的な見方は正しくないかもしれない）。やがて漢族との接触が深化するのにつれてその独自の習俗や文化（①・②・⑤）にも関心が向けられ、山越という呼称が定着していったのではないだろうか。したがって山越とは、前節で見た烏桓のような種族の名称というよりも、漢族とは異質な集団（または集団群）に附された名称だったと言うべきかもしれない。平時の彼らはそれぞれの首長に率いられた小さな単位集団で生活していたのだろう。また漢族との接触の度合いもその単位集団ごとにまちまちであったと考えられ、ここにも山越理解の困難さが横たわっているように思われる。

いずれにせよ、彼らについて呉書ではじつにさまざまな表記が用いられているが、それは陳寿が用語を意図的に使い分けたわけではなく、彼が依拠した韋昭の『呉書』など先行の史書でも多様な表記が行なわれていたのであろう。このような理解のもと、以下の行論では山越について見ていくことにしたい。

◈山越と反孫策勢力

前置きが長くなってしまったが、冒頭に掲げた巻六〇評曰条にあるように、孫権が対山越対策に苦慮したということは、山越の側からすれば、自分たちを取り巻く環境の変化を座視できず、敢然とこれに立ち向かった（立ち向かわざるをえなかった）ことを示していよう。

さきの⑦に附された李賢注は『東観記』（『東観漢記』）の「会稽の許昭は衆を聚めて自ら大将軍を称し、父の（許）生を立てて越王と為し、郡県を攻め破った（会稽許昭聚衆自称大将軍、立父生為越王、攻破郡県）」という一文を引く。この時の戦役で、臧旻や陳夤らの指揮下で大きな戦果をあげたのが、当時、本籍の呉郡富春県（浙江省杭州市富陽区）の仮尉（尉は県の長官である県令・県長のもとで盗賊の取締りなどを掌るポスト。仮は非正規で臨時の任用を示す）だった孫堅である（巻四六孫堅伝によると、会稽の許昌が陽明皇帝を自称して、子の許韶と起兵したことになっている）。活躍が評価され、臧旻の推薦により塩瀆《えんとく》県丞の地位を得た堅は官員としての履歴をスタートさせることになるが、前節でもふれた隴右叛乱が起きると、車騎将軍の張温に求められてその属僚となり、董卓とも渡り合う。こうして頭角を現した孫堅はやがて袁術の傘下に入るが、術の意向をうけて劉表を攻撃中、表の武将である黄祖の手勢により不慮の死を遂げた（一九二年頃）のは周知の通りである。堅を継いだ孫策は父と同じように当初は袁術に従うが、やがて術のもとから自立して江南一帯に勢力を拡大していくことになる。これも周知のことだろう。しかし策の急速な勢力拡大に危機感を募らせた人士は少なくなかった。徐州牧の陶謙は早くから策を忌み嫌っていたようだし（巻四六孫策伝）、袁術から揚州牧に任じられた陳瑀もその一人だった。そして袁術自身も、丹楊太守だった従弟の袁胤が策に放逐されたこともあり、策を深く怨むようになったようである。そして彼らが孫策に打撃を与えるために手を結ぼうとしたのが、ほかならぬ山越の首長たちだったのである。その様子についてはすでに詳述したことがあるので（関尾「曹魏政権与山越」／「曹魏政権と山越」）、以下ではこれを要約して見ていこう［表二］。

このような事例は三例（No.1～3）ほど確認できるが、孫策が会稽に入り、長江以南を制圧した一九六（建安元）年以降に集中している。順番に見ていくと、No.1の陳瑀は袁術から揚州牧に任じられたが、策のために揚州には入れず、江北の徐州に留まっていた。No.2の袁術は翌一九七（同二）年（一説に一九八年）に寿春で天子を自称したが、策はそれに反対して術と絶縁している。またNo.3、瑀の仇を討とうとした陳登は徐州の広陵太守として江北にあった。いずれも策の勢力範囲である長江以南に向けて直接軍事行動に出るのではなく、密かに山越と通じてその首長らに印綬を与えて内応させようという計画だったようだ。詳細は不明だが、印綬は何らかの政治的な地位を保障するものだったに違いない。「（厳白）虎らは群盗で、大志などあるわけがない。このような輩は禽《とりこ》にするだけだ（虎等羣盗、非有大志、此成禽耳）」（巻四六孫策伝）という策の言葉が残されているが、もし彼らが盗賊たちの寄り合い所帯にすぎなかったならば、このような印綬で内通の呼びかけに応じることはなかっただろう。むしろ首長をいただく山越の集団が政治勢力としての本質を持っていたことがこれらの事例からわかる。しかしながら、これらの計略は全て発覚してしまい、失敗に終わったようである。陳瑀や陳登は策の逆襲を受け、袁術の時は、捕縛された祖郎の謝罪を受け容れた策が郎を門下賊曹に任用することになった。先の厳白虎もこの祖郎も山越とは明記されていないが、裴松之の「時に**彊宗**（強力な宗族）の**驍帥**《ぎょうすい》である祖郎や厳（白）虎といった徒《やから》は禽《とら》えられたり滅ぼされたりして已《すで》に尽きてしまった。余《のこ》った所の**山越**は、蓋《おも》うにどうして慮《うれ》うるに足りようか（于時**彊宗驍帥**祖郎・厳虎之徒、禽滅已尽。所余**山越**、蓋何足慮）」（巻四六孫策伝裴注）というコメントから、山越と考えてよいだろう（門下賊曹というのが肩書きだけの名誉職でなかったのであれば、すでに祖郎は漢語のリテラシーを会得していたことになる）。少なくとも裴松之はそう考えていたようだ。そしてこのコメントによると、祖郎や厳白虎といった強力な首長を失った山越の勢力は弱体化したかのように受けとれる。少なくとも、一旦はそのような事態に追い込まれたのだろう。

やがて袁術が進退窮まりつつ死去すると（一九九年）、その翌年には孫策も非業の死を遂げた。策の後を襲った孫権は、いよいよ曹操と直接対峙することになるが、「官渡の戦」で敗北した袁紹も世を去り（二〇二年）、後漢末期の政治情勢は新しい局面を迎える。

［表二］反孫策勢力と山越との連携：著者作成。

№.	首謀者	相手側（山越勢力）	年代	出典
1	陳瑀	丹楊の険阻な諸県の大帥である祖郎・焦已／呉郡烏程の厳白虎ら	一九七年	四六 孫策伝引江表伝
2	袁術	丹楊の宗帥である陵陽の祖郎ら	一九八年頃	五一 孫輔伝引江表伝
3	陳登（瑀の従兄子）	厳白虎の残党	二〇〇年頃	四六 孫策伝引江表伝

◈山越と曹操

それでは曹操は、長江以南を制圧して勢力を伸張させていた孫権に対してどのような対応をとったのだろうか。「赤壁の戦」(二〇八年)以降、劉備を加えた鼎立状況の固定化が進行していくなかで曹操が採用したのも、じつは山越の首長たちに内応を促すという方策だった[表二]。

そのような事例はやはり三例(№1〜3)確認できる。いずれも二一〇年代中頃以降のことだが、このうち№2と3は、印綬の授与を通じて内応を呼びかけるものである。1だけには印綬のことが記されていないが、前項で述べた反孫策勢力の例からしても、この1でも印綬の授与が行なわれた可能性がきわめて高い。また3の丹楊郡には山越が居り、早くから反孫策勢力が内応を呼びかけていたことは先に見たとおりで、ここでも費桟には山越を内応させる役割が期待されていた。しかし1と2では新たに丹楊郡の西南に位置する鄱陽郡が対象とされている。鄱陽郡とは二一〇(建安一五)年に予章郡のうち、会稽、丹楊の両郡に接するその東部を以て新設された郡である。文中に山越とはないが、「(韓当は)劉勲征伐に従軍して黄祖を破り、還た鄱陽を討った。楽安長を領したので、**山越**は畏れて服従した(従征劉勲、破黄祖、還討鄱陽。領楽安長、**山越**畏服)」(巻五五韓当伝)という記事もあることから(楽安は鄱陽郡管下の県)、鄱陽郡の域内にあった越族が山越と呼ばれていたことは明らかである(⑨に「夷粤が跋扈して」いたとされる鄡陽県も当時は鄱陽郡に移管されていた)。曹操から印綬を授与された尤突《ゆうとつ》は、隣接する丹楊郡管下の三県(この三県はかつて祖郎の勢力圏だったが、なかでも陵陽はその拠点であった)にも働きかけたふしがあるので、郡域を越える大きな影響力を持っていたのであろう。かつては、会稽、呉の両郡から丹楊郡にかけての山越（厳白虎や祖郎ら）の動きが史書に多く記されていたが、この時期になると丹楊郡から鄱陽郡にかけての山越が曹操の連携相手となっていく。孫権の支配が会稽、呉の両郡から長江に沿って丹楊、さらには鄱陽郡へとしだいに浸透していった結果であろう。

しかしながらその顚末は山越にとっては全く芳しいものではなかった。これも前項で述べた反孫策勢力の時と同じである。No.1では江北にあった曹操の盧江太守朱光が、呂蒙率いる孫権軍に急襲されて潰えることになった。それに対して2では、尤突の直属勢力が陸遜と賀斉に撃破され、突に呼応した丹楊郡管下の三県（の山越）は降伏したので、その中から選抜して精兵八千人を得たという（「尤《もっと》も軍事を好くした（尤好軍事）」（巻六〇本伝）という賀斉は、若くして会稽郡剡県《えんけん》（浙江省嵊州《じょうしゅう》市附近）の県長に仮任用されると、山越と結託していた豪族で県の属吏でもある斯従を斬って山越に恐怖を与えたり、東甌の故地である会稽郡南部（のちの臨海郡）で越族（越人）と戦ったりした経験もある）。同じよ

［表二］曹操と山越との連携：著者作成。

No.	相手側（山越勢力）	具体的な方策	結果	年代	出典
1	鄱陽の賊帥	賊帥を招誘して内応させる。	曹操の盧江太守朱光を皖で撃破。	二一四年	五四呂蒙伝
2	鄱陽の民尤突	印綬を突に与えて民を化して賊とさせる。	陵陽・始安・涇県は降伏し、精兵八千人を獲得。	二一六年	六〇賀斉伝
3	丹楊の賊帥費桟	印綬を桟に与えて山越を扇動して内応させる。	三郡（丹楊・呉・鄱陽?）から兵と戸を補し、精卒数万人を獲得。	二一七年頃	五八陸遜伝

うに3でも、陸遜は費桟率いる勢力を討ち破り、続いて強壮な者を兵士に、劣る者は編戸にそれぞれ組織した。遜は2の前にも「会稽の**山賊の大帥**である潘臨（会稽**山賊大帥**潘臨）」（巻五八本伝）を討ち、そのもとにあった者たちを兵士として自己の軍団に組み入れていた。したがって、降服した山越の人びとを兵士と農民とに選別しつつ、自己の影響下に置くというのが遜の一貫した方針であり、方策だったのではないだろうか。

いっぽうの曹操だが、性懲りもなく繰り返し同じような対山越政策（それは対孫権政策でもあるのだが）を推進したのにはわけがある。「赤壁の戦」から四年経った二一二（建安一七）年、曹操は江南遠征に乗り出し、翌年正月には長江沿岸まで達する。二一四（同一九）年にも合肥（安徽省合肥市附近）まで軍を進めた。曹操と孫権の攻防戦は断続的ながら二一七（同二二）年まで続けられる。曹操が山越の首長に内応を呼びかけ、彼らがこぞってそれに呼応したのは、この期間のできごとであった。眼前に曹操が直々指揮する大軍が展開していたからこそ、両者の接触も比較的容易だったと同時に、曹操側では山越に即戦力の期待をかけたのであろうし、彼らもその誘いに応じたということであろう。

もう一点指摘しておくべきことは、この時期、曹操はもう一つの戦いを同時並行で進めていたことである。周知のように、その相手は張魯率いるところの五斗米道（天師道）教団である。二一五（建安二〇）年、曹操自身が三月に陳倉（陝西省宝鶏市陳倉区）まで達し、七月にはその軍が教団の拠点である南鄭（同・漢中市南鄭区）を陥れることに成功するのだが、同時に二方面に大軍を投入せざるをえない状況のなかで、兵力の損耗はできるだけ避けたかったはずである。そのような曹操にとって山越はまたとない存在だったのであろう。ただ曹操がこのような計略にどの程度成算を見込んでいたのか、となるとむつかしい。言葉は悪いが、曹操にとってはダメモトの作戦だった可能性も充分に考えられるのではないだろうか。

このように、反孫策勢力や曹操から印綬の授与を通じて内応を呼びかけられた山越だったが、その計略はことごとく失敗に終わった。かくして名実ともに三国時代の幕が開くのだが、孫呉と曹魏との長江を挟んでの攻防が続くなかで、山越は引き続き重要な役回りを演じることになるのである。

◈孫呉と曹魏

曹操を嗣いだ曹丕、魏の文帝も孫権、呉の大帝支配下の江南に対して軍事行動を継続した。二二二(魏・黄初三/呉・黄武元)年秋に始められた南征が、撤兵に向かったのは二二五(黄初六/黄武四)年一〇月のことだった。この時も撤兵直後に鄱陽の彭綺が「義」兵を挙げたという記事があるので(巻一四劉放伝注引『(孫)資別伝』)、記述はないが、曹魏から彭綺側に何らかの働きかけがあった可能性が高い。そして、二二八(太和二/黄武七)年には新しい局面が訪れた。巻四七呉主伝同年五月条の一節である。

⑩鄱陽太守の周魴が偽って叛《そむ》き、魏の大将である曹休を誘った（鄱陽太守周魴偽叛、誘魏将曹休）。

鄱陽太守の周魴は『陽羨風土記』の撰者周処の父で、先の彭綺の叛乱を平定したのも魴である。その周魴が、孫呉に叛いたと偽って曹休に降るふりをし、これを誘《おび》き出そうというのである。この一件の始終については巻六〇の本伝に詳述されているが、それによると、彭綺の叛乱に懲りた孫呉側が再発防止のために、周魴に対して「山中の**旧族**で名のある帥《かしら》で、かつ北敵（曹魏）に知られている者を密かに求《さが》し出し、譎《いつわ》って魏の大司馬・揚州牧曹休を挑《さそ》い出させろ（密求山中**旧族**名帥為北敵所聞知者、令譎挑魏大司馬・揚州牧曹休）」という命令を下した。「山中旧族名帥」という表現はほぼ山越を意味していると考えてよいだろう。しかしこのような命令に対して魴は、「民間の帥は小者ばかりで仗《たの》み任せるには足りません、ひょっとすると事が漏泄《も》れ、休を致《まね》くことができないことを恐れるものです（恐民帥小醜不足仗任、事或漏泄、不能致休）」と反対し、代替案として「自分に親《ちか》い人間に七通の牋《てがみ》を齎《も》って行かせ、曹休を誘い出す（遣親人齎牋七条以誘休）」ことを提案した。七通の文面も本伝に収められているが、最後の第七には、具体的な手だてが述べられている。長いが、掲げておこう。

⑪今、大事をなそうとしておりますので、官爵（の授与）がなければこれに勧めることができません。**将軍印**と**侯印**は各五十紐、**郎将印**は百紐、**校尉印**と**都尉印**は各二百紐ほどいただ

き、**魁帥**たちに仮授し、その志を奨め厲《はげ》ましたいと思います。并せて幢麾《とうき》(軍隊を指揮するための旗)を数十ほどいただき、(これを)表幟(目印となるのぼり)としたいと思います。(そうすれば)**山兵**や吏・民たちが目を上げてこれをみれば、去就は已に決まったことを知り、(魏軍が自分たちを)救援してくれるという計画が定まっていることを知るでしょう。又《また》彼此双方での降服や叛乱は日ごと月ごとに必ず誰かが企てるので(絶えません)。(ですから)ちょっとでも隙があれば、たちどころに知られるところとなってしまいます。今回の大事は、とりわけ極秘を宜《よし》としております。若し私魴めの牋をご覧になりましたら、(その後は)隠秘を加えるようにお願い致します。伏して申し上げます。(曹休殿は)智恵と度量が申し分なく、思慮も必ずや深いであろうことを存じ上げているつもりですが、私魴は(この計略が露見しないかと)心配で震え(ちょっとしたことにも)灼《おどろ》く始末です。啓《もう》し上げる事柄が蒸《おお》くかつ仍《かさ》なってしまいましたが、どうか罪《とが》めたり怪しんだりなさいませんように乞いねがうしだいです(今挙大事、自非爵号無以勸之、乞請**将軍・侯印**各五十紐、**郎将印**百紐、**校尉・都尉印**各二百紐、得以仮授**諸魁帥**、奨厲其志、并乞請幢麾数十、以為表幟、使**山兵**・吏民、目瞻見之、知去就之分已決、承引所救画定。又彼此降叛、日月有人。闊狭之間、輒得聞知。今之大事、事宜神密、若省魴牋、乞加隠秘。伏知智度有常、防慮必深、魴懐憂震灼、啓事蒸仍、乞未罪怪)。

周魴は周到な準備を行なった上で孫権の諒解を得て、計画を実行に移した。魴の予期した通り、曹休はこれを信じ込んでしまったようで、三か月後の同年八月、陸遜(陸議)軍に大敗を喫してしまう。それがもとで発病した休は翌九月、この世を去る。

さて⑪として右に掲げた第七では、鄱陽の勢力を動員するために、その「魁帥」に授与する各種の印と、彼らに指揮される「山兵」や吏・民を納得させるための幢麾を要求しているのである。印の種類と数量から単純に見積もれば、周魴が動員できる勢力は侯爵を有する将軍五〇人の下に郎将一〇〇人、さらにその下に校尉と都尉が各二〇〇人という、まことに大規模な軍団ということになる。またその軍事力には「山兵」が含まれていたのだから、「魁帥」自体にも山越の出身者があったと考えるのが自然であろう。

これに接した曹休は信じ込んで大軍を率いて深入りしたために逆襲を受けてしまったのだから、これは現実味を帯びた説得力豊かな内容だったものと思われる。少なくとも曹休の側には、印の授与を通じて山越を懐柔することに違和感はなかったはずで、そのことを周魴の側でも冷静に認識していたのではないだろうか。周魴の計略が見事に成功したのもかかる背景があってのことと考えられるのである。したがってこの第七は、二二〇年代に入っても曹魏が山越と印綬の授与を媒介として接触を図っていたと考えることができる有力な根拠となろう。それればかりか、魴によるこのような策略がひとたび成功し、曹魏側の手の内が孫呉側に見破られてしまうと、もはや曹魏としては山越と接触してその内応に期待するようなことは断念せざるをえなくなったものと思われる。これ以後いよいよ曹魏と山越との間にいかなる交渉の形跡も見出せなくなる。

こうして大司馬の曹休が孫呉軍に大敗を喫してしまった二二八年は、諸葛亮の「北伐」が開始された年でもある。こちらには大将軍の曹真が対応に追われ、明帝も長安まで駆けつけるなど、曹魏にとっては慌ただしい一年ではあった。

◈諸葛恪とその後の山越

翌二二九(黄龍元)年、帝位についた孫権は国都を武昌から建業(建鄴)に遷し、新たな体制の構築に乗り出す。外交に関していえば、衛温と諸葛直に夷洲ならびに亶洲を探らせたことや、遼東の公孫淵との関係を深化させようとしたことなどが指摘できる。国家としての体裁づくりだが、このような孫呉の動きに曹魏は直ちに反応する。翌二三〇(魏・太和四/黄龍二)年には合肥で新城の造成を始めて孫呉を牽制するのである。二三三(嘉禾二)年には孫権自らその合肥新城に挑んだが、勝利をおさめることはできなかった。この間、孫呉の側では二三一(黄龍三)年に、中郎将の孫布が周魴のように、曹魏の揚州刺史として合肥を治めていた王淩に偽って降り、これを誘《おび》き出そうとしたが発覚して不首尾に終わるという一件もあった。二匹目のドジョウはいなかったのだが、山越が口実にされたかどうかは不明である。ただ孫呉にとってみれば、このような曹魏の動きは、長江中流の武昌に国都を置いていた時よりも脅威だったはずで、建業を中心とした首都圏一帯の治安強化が強く意識されたものと思われる。諸葛恪の対山越政策もそのような状況のなかで生み出されたのであろう。

二三四(嘉禾三)年、丹楊太守に新任された諸葛恪は山越を討った(巻四七呉主伝同年八月条)。呉主伝には「**山越**を討つ(討**山越**)」とあるだけだが、作戦実行に至る一部始終については、巻六四諸葛恪伝に詳しく述べられている。正確に言うと、恪は対山越政策を実行するために丹楊太守への就任を希望したのである。なお恪は諸葛瑾の長子である。

⑫ⓐ(諸葛)恪は、丹楊は山が険しく、(そこに住む)民の多くは果断にして勁《つよ》い。(そのために)以前、(彼らを)兵士として徴発しようとしたけれども、徒《いたずら》に周辺の県の編戸から兵士を得ることができただけで、それ以外の深遠な地については、民を完全には確保できていないと考えた。(そこで)自分から地方官となってこの地に出たいと屢《しばしば》求《もと》め、三年もあれば、四万人の武装兵を得ることができる(とも言った)(恪以丹楊山険、民多果勁、雖前発兵、徒得外県平民而已、其余深遠、莫能禽尽、屢自求乞為官出之、三年可得甲士四万)。

ⓑ(朝廷では恪の上申について論議をしたが、そこで)咸《みな》は(以下のような意見だった)。丹楊の地勢は険阻で、呉郡、会稽、新都、鄱陽の四郡と隣接しており、周囲は数千里(にわたり)、山と谷が幾重(にも及び)、其《そ》の幽邃《ゆうすい》な地の民(のなかに)は、未だ嘗て城邑に至って長吏に対面したことがない(者もいる)。皆武器を仗《たの》んで山野に逸《かく》れ、森林や草むら(の中)で老齢を迎える。税役を納めずに亡《に》げた者や悪事を積み重ねた者たちが、咸いずれも(彼らの中に)逃げ竄《かく》れている。(またその)山からは銅や鉄が産出され、自ら甲冑や兵器を鋳造できる。(そ

の）習俗は武を好み戦いに習熟しており、辛抱強さが高尚《たっと》ばれる。（そして）彼らが山を升り険阻の地に向かい、棘《いばら》の叢《しげ》みを抵《お》しのけて突きすすむのは、あたかも魚が淵の中を泳ぎ回ったり、猨狖《さる》が木に騰《のぼ》ったりするかのようである。時々、間隙を観はからい、（山から）出て来て略奪を働くが、兵士をして征伐しようと、其の蔵《かく》れていそうな場所を尋《さが》すのである。（しかし彼らは）戦いになると蠭《はち》のように（集まって）来て、敗れると鳥の（飛ぶ）ように竄《に》げてしまう（ので、いつも不首尾に終わった）。（そのため）前代以来、（これを）羈《つな》ぐことができなかったのである、と。（結局のところ、）皆は（恪の言うことは実現が）困難であるとした（衆議咸以丹楊地勢険阻、与呉郡・会稽・新都・鄱陽四郡鄰接、周旋数千里、山谷万重、其幽邃民人、未嘗入城邑、対長吏、皆仗兵野逸、白首於林莽。逋亡宿悪、咸共逃竄。山出銅鉄、自鋳甲兵。俗好武習戦、高尚気力、其升山赴険、抵突叢棘、若魚之走淵、猨狖之騰木也。時観間隙、出為寇盗、毎致兵征伐、尋其窟蔵。其戦則蠭至、敗則鳥竄、自前世以来、不能羈也。皆以為難）。

ⓐが恪の主張、ⓑがそれに対する朝議の反論である。まだ存命だった恪の父諸葛瑾も恪の主張には呆れ果て、「恪めは吾が一族を大いに興《さか》んにするどころか、吾が一族を大《み》な赤《ほろぼ》しかねない（恪不大興吾家、将大赤吾族也）」と歎いたが、恪が盛んに勝算を力説したので、孫権は恪を撫越将軍・領丹楊太守としてことに当たらせた。恪の主張への反論には誇張も含まれているだろうが、「未だ嘗て城邑に至って長吏に対面したことがない（者もいる）」というくだりなどは、後漢時代の④に

ある「老人になるまで県城に入ったことがない者もいた」という一文を彷彿させるものがある。④からはすでに半世紀以上が経過していたはずだが、孫策と孫権の二代にわたって勢力を伸張させていった政権に対して表立って抵抗しない限り、山越の社会は比較的平穏で古来の習俗が保持されていたと考えることも可能であろう。しかし諸葛恪の対山越戦略はそれを一変させてしまうような要素を含んでいたのである。恪の具体的な施策は次のようなものであった。

⑬恪は(丹楊郡)府に到ると、四郡管下の県(城)の長吏に書状を送り、各自それぞれの疆界(管轄区域)を保《まも》り、部伍(兵士の隊伍)を整備し、其の教化に従う人びとは悉く集住させるように(命じた)。そして武将たちを域内に分遣し、兵士を深遠で険阻な地に羅《つら》ね、ただ屯所の防壁を修繕し、(敵と)交戦してはならぬとした。(また)田畑の穀物が熟《みの》るのを見計らい、兵士を縦《はな》って芟《か》刈り取らせ、落ち穂も遺《のこ》らないようにさせた。前年の穀物は既に尽きてしまい、当年の田畑からの収穫(物)も入手できず、人びとは集住しており、略奪しようにも何も手に入れることはできない(ありさまであった)。是《ここ》に於いて**山民**は飢えに窮《くる》しみ、漸《ようや》く(山から)出て来て降服した。恪はそこで復《ま》た敕を下して曰うには、「**山民**で、悪事をやめて教化に従いたい(という者は)、皆当に慰撫し、徙《うつ》して他の県(外県)に出すべきであり、嫌疑をかけて、執《と》拘《ら》えるようなことがあってはならない」と。臼陽(県の県)長である胡伉が降伏してきた民、周遺を確保した。遺は旧《もと》より悪事を働いていたが、困迫してとりあえず出

頭して来たものの、内心では叛逆を企図していた。(そこで)伉は(これを)縛りあげて(恪のいる郡)府に送って来たのであった。(しかし)恪は伉が教(太守の命令)に違反したとして、遂に斬罪に処し、(このことを)徇《あまね》く知らしめ、(その上で)委細を孫権に上表した。**山民**たちは伉が人(周遺のこと)を執えた罪を問われて戮《ころ》されたことを聞き、役所(官)は惟だ自分たちの出頭だけを(望んでいると)知った。是に於いて、老いも幼《わか》きも相携えて出頭して来たので、三年のうちに、(獲得できた武装兵の)人数を合わせると事前の規画(本規)の通りとなった。恪は自らは一万人を領し、余《のこ》りは諸将に分け給《あた》えた(恪到府、乃移書四郡属城長吏、令各保其疆界、明立部伍、其従化平民、悉令屯居。乃分内諸将、羅兵幽阻、但繕藩籬、不与交鋒、候其穀稼将熟、輒縦兵芟刈、使無遺種。旧穀既尽、新田不収、平民屯居、略無所入、於是**山民**飢窮、漸出降首。恪乃復勅下曰、**山民**去悪従化、皆当撫慰、徙出外県、不得嫌疑、有所執拘。臼陽長胡伉得降民周遺、遺旧悪民、困迫暫出、内図叛逆、伉縛送諸府。恪以伉違教、遂斬以徇、以状表上。民聞伉坐執人被戮、知官惟出之而已、於是老幼相携而出、歳期、人数皆如本規。恪自領万人、余分給諸将)。

丹楊太守となった諸葛恪は撫軍将軍として自郡のみならず、隣接する郡(呉郡、会稽、新都、鄱陽。ただし丹楊を合わせると五郡になり、文中の四郡と一致しない。なお新都郡は丹楊郡南部を以て後漢末期に孫権が興した郡)をも対象として自らが立てた計略を実行に移した。このことは広範囲にわたって山民すなわち山越が生活していたことを示すと同時に、恪の計略が大がかりなものであったことを教えてくれる。これによると、山越はそれまでも平民（漢族やすでに編戸化した山越のことか）の田畑から穀物を鈔略して生活の糧にしていたようだが、三年間のうちに四万人の兵員を獲得したというのが事実であれば、その家族を合わせれば十万人以上の山越が編戸として新たに戸籍に附されたことになる。後漢時代の丹楊郡（新都郡を合わせた範囲）の人口が約六三万人なので（『続漢書』第二二郡国志四揚州条）、その四分の一前後にはなるだろう。孫権は恪の功績を嘉してわざわざ尚書僕射の薛綜を恪のもとに遣わしてその労をねぎらった。綜は前もって恪らに書状を送ったが、以下はその一節である。

⑭**山越**は険阻を恃《たの》み、歴代賓《したが》おうとしませんでした。（手綱を）緩めれば則《すなわ》ち鼠が首を出して様子を伺《うかが》うような態度をとり、急《きび》しくすれば則ち臆病な狼が後ろを顧《かえり》みるような態度をとってきました。（しかし）我が皇帝陛下のご威光は光り輝き、将軍たちに西征を命じられました。内々に優れた策略が授けられ、外に向けては軍隊が威武を震わせました。兵器は鍔《は》を血に染めることなく、甲冑は汗に沾《ぬ》れることもありませんでした。元凶は既に（首を）梟《さら》され、その仲間たちは（我が国に）帰属しました。山藪は掃《は》滌らい清められ、十万の戎《えびす》どもを献上できました。野に盗賊は遺《のこ》っておらず、邑《むらざと》にも姦者（悪人）はいなくなりました。既に兇慝《きょうとく》（な山越の民）を掃《は》らい去り、さらに（彼らを）軍用に充てたので、藜蓧稂莠《れいじょうろうゆう》（役に立たない雑草や毒草）も化して役に立つ草となり、魑魅魍魎《ちみもうりょう》（得体の知れない化け物）も変じて虎のよ

うな勇士に成りました（山越恃阻、不賓歴世、緩則首鼠、急則狼顧。皇帝赫然、命将西征。神策内授、武師外震。兵不染鍔、甲不沾汗。元悪既梟、種党帰義。掃滌山藪、献戎十万。野無遺寇、邑罔残姦。既埽兇慝、又充軍用、藜蓧稂莠、化為善草、魑魅魍魎、更成虎士）。

山越の人びとに対する薛綜の侮蔑意識が露骨に現れており、第三章で紹介する綜の越族に対する意識と共通するものがある。それはともかく、諸葛恪の軍事行動が大規模で周到だったことはここからもうかがい知ることができよう。それこそ国家挙げての大事だったごとくである。

ところで、孫策以来、政権側がとった対山越対策はどちらかと言えば受動的な対処措置と評すべきものだった。反孫策勢力や曹操と内通した勢力とその首長が攻撃の標的となったのが好例である。この点において、従来の「山越討伐は直接には植民地獲得戦争ではなく、平俗な言葉を使えば、人狩り戦争であり、極端な表現を使えば、奴隷獲得戦争であった」という川勝義雄氏の説（同「孫呉政権と江南の開発領主制」一六〇頁）や、「「兵」を得る事が、山越討伐の大きな目的の一つであった」と考える村田哲也氏の説（同「孫呉政権の軍事力形成と山越討伐の一考察」六八頁）は、誤りとまでは言えないが、一面的にすぎよう。山越を兵糧攻めにして帰服を促すという能動的な予防措置とも言える諸葛恪の対山越政策も、「人狩り戦争」や「「兵」を得る」ためだけだったとは言いがたい。建業への遷都、そしてそれを威嚇するかのような曹魏軍の南下といった情勢のなかで、首都圏一帯の治安強化、ならびに山越と曹魏との連携阻止も恪の脳裏にあったというのが私の推定である。

このような対山越政策が、呉書を見るかぎり、先にも後にもないことも傍証にはなるだろう。

もちろんだからと言って、山間部に分住する越族、山越の勢力が諸葛恪の計略によって根絶されてしまったわけではない。二四二(赤烏五)年には、鍾離牧が建安、鄱陽、および新都の三郡の山民による叛乱を平定し、叛乱勢力の構成員だった人びとを兵役に充てているし(巻六〇本伝)、二五七(太平二)年には会稽南部の人びとが叛き、その地を管轄していた会稽南部都尉を殺害している。これが山越の人びとの所業か否かは不明だが、それとほぼ同時に、鄱陽、新都両郡の人びと(民)も叛乱を起こし、この時も鍾離牧らがその征討にあたっている(巻四八孫亮伝同年八月条)。その位置から考えて、この人びとも山越ないしは山越の後裔だった可能性がすこぶる高い。しかし二二〇年代までと比較すると、山越の動きが低調化したことは否めない(胡阿祥「孫呉疆域的開拓与保持」)。諸葛恪による編戸化の成果なのだろうか。孫呉の滅亡から半世紀も経ずして同じ丹楊郡の建康(建業)に都を置いて東晋王朝が成立するが、もはや山越なる勢力が歴史の表舞台に登場することはなかった。

孫策と孫権が二代にわたり江南に勢力を伸張させていくなかで、これに敵対する勢力は山越に印綬を与えて内応するように教唆した。こうして山越は三国鼎立の政治舞台のなかで、欠かせない、しかし不名誉な脇役を演じさせられることになってしまったのだが、やがてその脇役の座も奪われることになったと言えようか。

おわりに

以上、本章では烏桓と山越にとっての三国時代を振りかえった。厳密に言うと、烏桓の中心勢力だった三郡烏桓は三国時代の幕開けを俟たずして姿を消すことになったし、山越が『三国志』やその裴注に頻繁に登場するのも三国時代の幕開け前のことであった。もちろん烏桓が絶滅に追い込まれたわけではないし、山越の人びとも全てが編戸化されてしまったわけではないだろう。しかし二世紀末期に始まる政治的な混乱から、この二つの種族（ないしは勢力）がその存在自体を左右する影響をこうむらざるをえなかったことだけは疑いのないところなのであり、烏桓は「天下名騎」として謳われ、また山越も孫呉の「甲士」として記録にとどめられることになったのである。

第二章

鮮卑と高句麗

はじめに

烏桓が曹操の猛攻撃によって壊滅的な打撃をこうむった後、中国世界の北辺から東北辺にかけての一帯では鮮卑と高句麗が曹操ついで曹魏と直接対峙することになった。鮮卑は、『三国志』巻三〇が烏丸鮮卑東夷伝と命名されているように、烏桓（烏丸）と同じ巻に、烏桓に次いで記載され、高句麗は東夷伝に、夫餘に次いで二番目に記されている。鮮卑も高句麗も西嶋氏が、曹魏が「自己の勢力内に把握しようと」した「外民族」にあげた勢力である。烏桓の中心勢力が史上から姿を消してしまった以上、この両勢力が中国世界、具体的には曹魏と接するようになることは不可避であった。またそのために、鮮卑は蜀漢から、高句麗は孫呉から連携の相手と目されることにもなった。こうして鮮卑と高句麗にとっての三国時代が始まることになる。本章では、その鮮卑と高句麗について見ていきたい。

一――鮮卑

本節では鮮卑について取り上げるが、後漢から三国時代にかけての鮮卑の動向については、国内でも船木勝馬氏の先駆的な研究があるので（同「鮮卑史序説」／「後漢後期の鮮卑について」／「三国時代の鮮卑について」／『古代遊牧騎馬民の国』）、本書でもこの船木氏の成果によりつつ、一部私見を交えながら筆を進めたい。なお中心となる史料は『後漢書』巻九〇鮮卑伝（以下、「『後漢書』鮮卑伝」）と『三国志』巻三〇鮮卑伝（以下、「鮮卑伝」）だが、煩雑になるので、一部については注記を省略した。

◈後漢時代の鮮卑

鮮卑は烏桓と同じように、紀元前三世紀に匈奴の冒頓単于に逐われた東胡の末裔と言われているが、鮮卑の名称で中国の史書に登場するのは、後一世紀、後漢時代のことである。強勢を誇っていた匈奴が分裂を繰り返し、南匈奴が後漢に降ってきたのは一世紀半ばのことだが、それにより空白が生じた北方で覇を唱えたのが鮮卑である。『後漢書』鮮卑伝によると、後漢に対しては叛服を繰り返していたが、二世紀も二〇年代になると、遼西鮮卑（遼西郡は遼寧省義県附近）の部族長（大人）だった其至鞬《きしけん》が連年にわたって侵寇を繰り広げるようになる。主な侵寇先は漁陽（北京市密雲県附近）、上谷（河北省懐来県附近）、および代郡（山西省陽高県）など幽州西部の諸郡と、雁門（同・朔州市附近）、定襄（同・右玉県附近）、雲中（内モンゴル自治区トクト県附近）、五原（同・ボグト市附近）、および朔方（同・磴口県附近）など并州北辺の諸郡である。これと前後して遼東鮮卑も遼東（遼寧省遼陽市）や玄菟（同・撫順市）といった幽州東部の諸郡への侵寇を敢行している［図一］。こうした鮮卑の相次ぐ侵寇に対抗するために動員されたのが、先に後漢に内属していた烏桓であった。鮮卑と同じ東胡の末裔と言われている彼らは、度遼将軍や護烏桓校尉らの指揮のもと、鮮卑と戦わざるをえなかったのである。其至鞬の死によって鮮卑の侵寇は減ったようなので、彼の組織力や軍事的な才覚には見るべきものがあったということだろう。しかし遼西鮮卑以外に遼東鮮卑や代郡鮮卑といった呼称も見えるので、当時の鮮卑はいくつかの部族勢力に分かれていたようである。其至鞬の侵寇先は遼西郡以西、代郡を中心とした諸郡に集中しているので、その権威や権限が及ぶ範囲は遼西鮮卑を基盤とし、これに代郡鮮卑を加えた程度の規模だったものと思われる。ただこのような其至鞬の存在と実績は、鮮卑社会統一に向けた序曲であったと言うことができる。

二世紀中頃、後漢では桓帝の治世（一四六～一六七年）に出現した檀石槐は、各地の鮮卑諸部族から推挙されて大人の地位についた。東部や西部の大人たちも彼に従ったので、ここに初めて鮮卑社会は統一されることになったのである。『後漢書』鮮卑伝は、庭と呼ばれた彼の拠点が高柳県（山西省陰高県）の北方三百里余に位置する弾汗山歠仇水《せつきゅうすい》のほとりにあり、「因って南は縁辺を抄《かすめと》り、北は丁零を拒《ふせ》ぎ、東は夫餘を卻《しりぞ》け、西は烏孫を撃ち、尽く匈奴の故地に拠った（因南抄縁辺、北拒丁

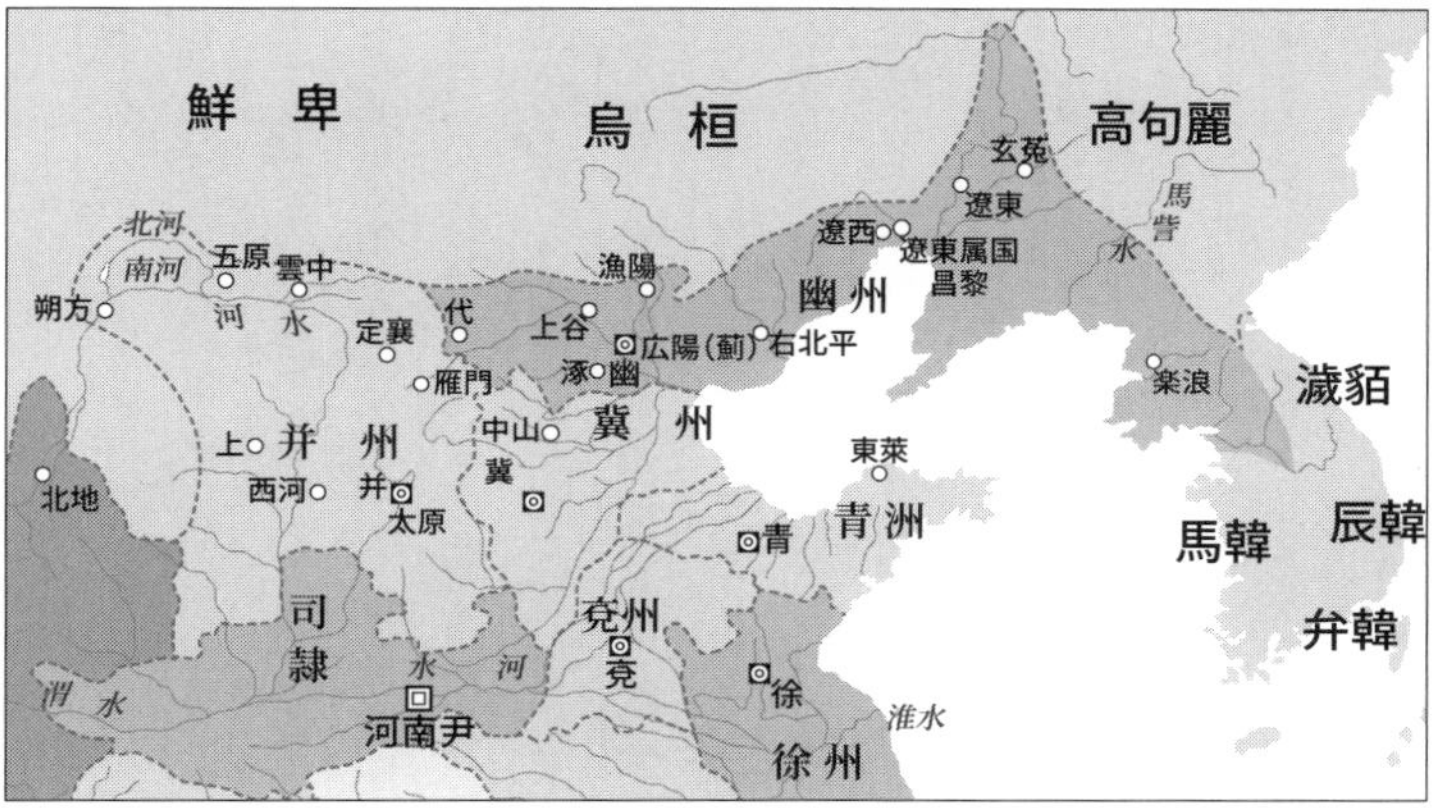

〔図二〕後漢北辺図：松田壽男他編『アジア歴史地図』六〇頁（一部）より作成。

零、東卻夫餘、西撃烏孫、尽拠匈奴故地）」と記しており、かつて匈奴が誇った勢力圏にも匹敵する広大な勢力圏を築き上げたという（したがって船木氏が『古代遊牧騎馬民の国』「烏桓・鮮卑の動向」で節のタイトルを「中国の盾になった烏桓」と「匈奴に代った鮮卑」としているのは言い得て妙だと思う）。彼はまたその勢力圏を東部（右北平以東、遼東まで。河北省唐山市一帯以東、遼寧省遼陽市一帯まで）、中部（右北平以西、上谷まで。河北省懐来県一帯まで）、および西部（上谷以西、敦煌・烏孫まで。甘粛省敦煌市・キルギス？まで）の三つに分割し、それぞれに大人を置いて管理させたともいう。ただこれをそのまま解すると、西部だけがあまりにも広大に過ぎ、中央アジア方面にもその勢いが及ぶことになるので、にわかには信じがたい。たしかに同伝には、「霊帝が立つと（一六七年）、幽、并、涼三州の縁辺諸郡は鮮卑の侵入と鈔略を被《こうむ》らない歳はなく、殺害されたり略奪された人は勝《あ》げて数えることができない（霊帝立、幽・并・涼三州縁辺諸郡無歳不被鮮卑寇抄、殺略不可勝数）」とあり、一七八（光和元）年の冬には酒泉郡（甘粛省酒泉市）に侵寇したという記事もあるので、西北地方でも影響力を行使したことは疑いないものの、烏孫というのはいくらなんでも誇張ないしは錯誤だろう。「西は烏孫を撃」ったとあるので、烏孫と戦火を交えることはあったのかもしれないが、それと勢力圏とはべつの問題である（石黒富男「鮮卑遊牧国家の領域」／余太山「匈奴・鮮卑与西域関係述考」）。檀石槐により統合された鮮卑を、かつての匈奴の姿と重ね合わせた中国王朝側の恐怖心や警戒心の現れなのだろうか。渡邉義浩氏は「涼州の羌族や漢人」は「久しく続いた鮮卑との戦いに疲弊した」（同「後漢の羌・鮮卑政策と董卓」七二頁）とするが、それさえも疑わしいところである。

かつての其至鞬と同じように、いやそれ以上に檀石槐は中国世界への侵寇を激化させた。ただそれはやはり幽州と并州を主たる対象とすることが多かった。すでに船木氏や林俊雄氏らが侵寇の記録を整理しているが（船木「後漢後期の鮮卑について」／林「鮮卑・柔然における農耕と城塞」）、前者によると、侵寇は一七一（建寧四）年以降は毎年のように繰り返され、季節的には一〇月以降の冬期が圧倒的に多かったという。遊牧社会では冬期になると食糧不足に悩まされたからというのがその理由である。激しい侵寇に苦慮した後漢の朝廷では、檀石槐に王号を授与して和親を結ぼうと画策したが、彼はこれを拒絶して侵寇をさらに激化させるありさまであった。檀石槐の側からすればこれは当然すぎる対応である。彼の権力がなお不安定な状態にあれば、中国王朝から官爵を得て、それによって権威を高め、さらに贈与されるであろう威信財を有効に分配することを通じて地位の安定化を図るという選択肢もあっただろう。しかしそのような配慮はもはや不要であった。それどころか、官爵を授与されれば、それまでと同じように侵寇を繰り返すわけにはいくまい。この点についても船木氏が看破しているように、檀石槐は鮮卑社会の慢性的な食糧不足を解消するために侵寇を続けなければならなかったからである。それが大人の責任であり役割であったと言うべきだろう。成年に達する以前から「勇猛にして智略があった（勇健有智略）」と評されていたことも彼の大人就任を導いた一因だったと思われるので、侵寇を企画して実行し、成果（多数の捕虜や略奪品の獲得）をあげることのできる軍事的な才覚こそが、彼をして大人たらしめていたことも考え合わせれば、侵寇が否定されるような環境を受け容れることはもとよりできない話であった。後漢側では、破鮮卑中郎将（「護」ではなく「破」であることに注意）という官職を設けてこれに対処するしかなかったのである（三﨑良章「後漢の破鮮卑中郎将」）。

その檀石槐もやがて光和年間（一七八〜一八四年）には没し、全鮮卑社会を統合する大人の地位は子や孫が襲い、鮮卑でもかつての匈奴の単于のように、族長の地位が世襲される方向にいったんは進んだように見える。しかし、そもそも檀石槐が大人に推挙されたのは、「乃ち法禁を施して曲直を公平にしたので、敢えて犯そうとする者はいなかった（乃施法禁、平曲直、無敢犯者）」という姿勢を貫いたからである（「平曲直」というのは、侵寇の成果を公平に分配したことも含むのだろう）。したがって「性格は貪欲で淫乱、法による処断は公平さを欠いた（性貪淫、断法不平）」と言われた子の和連に全鮮卑社会を統合するだけの力量はなく、その子騫曼《けんまん》と、和連の兄の子魁頭との大人位をめぐる争いなどもあり、魁頭の弟の歩度根が兄を嗣いだ三世紀の初め頃には鮮卑社会は再び分裂の方向に向かっていた。したがって鮮卑伝も、後漢末期から三国時代にかけての全鮮卑の動向を時系列で叙述するのではなく、歩度根、新興勢力の軻比能《かひのう》、およびその他（東部鮮卑）の三つの勢力ごとにそれぞれ時系列で叙述するという方法をとっているのだが、それが三国時代前夜の鮮卑社会だったのである。

◈歩度根と軻比能

曹操が幽州を平定すると、歩度根は軻比能らとともに、早速護烏桓校尉の閻柔を通じて曹操に貢献した(二〇七年のことか)。ホリンゴル漢墓の壁画に描かれたような護烏桓校尉府に二人そろって出頭したのであろうか。烏桓衰亡後の新たな政治状況に敏速に対処したと言うべきだろう。しかし歩度根の中兄扶羅韓が軻比能に殺害されるという事件が起き、両者の関係はしだいに悪化していったようだ。

曹魏王朝が成立すると、歩度根も軻比能も貢献して文帝から王号を授与されたようだが(歩度根についてはたんに王とあるだけで詳細は不明。伊藤光成「魏文帝の国際秩序構想」はこれを「国王」に相当し、附義王や帰義王より高位とする。いっぽう軻比能は附義王で、王朝成立直前だった可能性もある)、扶羅韓の遺子泄帰泥《せっきでい》が合流しても歩度根は勢力を挽回できず、并州の太原(山西省太原市)、雁門の両郡で率いる部族とともに護烏桓校尉の監視そして保護のもとに置かれていたようである。大人としての資質に欠けるところがあったとすれば、定期的な貢献を怠らず(曹魏の護烏桓校尉府は上谷郡の寧県から燕国の昌平県(北京市昌平区)に移っていた)、それによって賞賜を受けるという選択肢にすがるしかなかったのかもしれない。しかし二三三(魏・青龍元)年には、軻比能から和親を働きかけられると一転してこれと結び、并州に侵寇して居民を殺略するという挙に出ている。軻比能が歩度根を誘い出した理由や、それに歩度根が応じた理由については不明と言うほかないが、あげくの果てにその軻比能に殺害されて生涯を終える。これと前後して、泄帰泥だけは曹魏に帰服して帰義王号を授けられ、それまでと同じように并州への居住を認められる。巻三明帝紀は泄帰泥を戴胡阿狼泥と書き、これを青龍元(二三三)年十月条につないでいるが、事実上これによって檀石槐の末裔は後を絶つことになったようだ。

いっぽうの軻比能だが、鮮卑伝は「軻比能はもともと鮮卑の小部族（の出身）だったにもかかわらず、勇猛で、法を断《さだ》めて公平で端《ただ》しく、財物を貪るようなこともなかったので、人びとから推されて大人となった（軻比能本小種鮮卑、以勇健、断法平端、不貪財物、衆推以為大人）」と記す。先に紹介した檀石槐に対する評価を思い出す読者もおられるだろう。中国史書の大人観はこのようなステレオタイプだったと考えたほうがよさそうだ。また鮮卑伝はこうも記している。「略奪して財物を得るたびごとに、均平（均等・平等）に分け付《あた》え、一《すべ》て（人びとの）目の前で判断を下し、終《つい》に私する所はなかった。故に人びとの死力を得ることができたのであって、余《ほか》の部族の大人たちは皆軻比能を敬い憚ったが、それでも猶まだ檀石槐（の威望）には及ぶことはできなかったのである（毎鈔略得財物、均平分付、一決目前、終無所私。故得衆死力、余部大人皆敬憚之、然猶未能及檀石槐也）」と。これも檀石槐に相当する大人の条件だが、歩度根の勢力以外にも、遼西、右北平、および漁陽の三郡（このうち前の二郡にはかつて三郡烏桓が居住していた）の縁辺には東部鮮卑と呼ばれた素利、彌加、厥機らの大人がおり、とくに素利は軻比能としばしば戦いを繰り広げていた。さらに護烏桓校尉田豫の配下には西部鮮卑（巻二六牽招伝にある、招が通じた河西鮮卑と同じだろう）なる存在もあったというから、檀石槐時代の東部、中部、西部という三部の大枠が維持されていたのであろうか。それはともかく、素利以下の三人の大人に率いられた東部鮮卑の勢力を合わせると軻比能の勢力よりも大きかったということなので、軻比能の勢力範囲は、この東部鮮卑と歩度根の勢力圏に挟まれた一帯、すなわち代と上谷の両郡あたりだったと考えられる。代郡烏丸が何度か軻比能と行動を共にしていることからもそれは明らかだが、軻比能の勢力圏は必ずしも広くはなく、かつ東と西に東部鮮卑と歩度根の勢力が控えており、勢力を伸張させることは容易ではなかったものと思われる。したがって、烏丸鮮卑伝の序文、「(その)後、鮮卑の大人である軻比能は復た多くの北族(群狄)を制御して、かつて匈奴が支配していた一帯を尽く(手中に)収めた。雲中、五原(の両郡)以東、遼水に抵《いた》るまで、皆鮮卑の勢力圏(庭)と為った(後鮮卑大人軻比能復制御羣狄、尽収匈奴故地。自雲中・五原以東抵遼水、皆為鮮卑庭)」という一文は誇張が拭えない。檀石槐とは対照的に、曹丕からいち早く附義王を授与されたのも、そのような状況に由来するのであろう。ただ彼の場合、つぎのような利点があった。

①(軻比能が率いる)部族の集落は長城に近かったので、袁紹が河北に覇を唱えると、多くの漢族(中国人)がその支配から亡《に》げ叛いて軻比能のもとに帰属してきた。(彼らは)武器、鎧や楯の作り方を教え、また少しだけだが(彼らを通じて)文字を学んだ。そのために(軻比能が)兵衆を統御する(やり方)は、中国をまねて手本とし、(軍の)出入や狩猟の際には、旗麾《はた》を建て、進退は太鼓で調子をとって(行なった)(部落近塞、自袁紹拠河北、中国人多亡叛帰之。教作兵器鎧楯、頗学文字。故其勒御部衆、擬則中国、出入弋猟、建立旌麾、以鼓節為進退)」。

鮮卑伝に書かれているうち、どこまでが真の利点だったのかは判断がむつかしいが、多くの漢族が帰属したとすれば、彼らを通じて中国国内の現状を早急かつ正確に把握できたであろうこと、そして(原材料が入手できるという前提だが)強靭で鋭利な兵器を調達できたこと、中国国内に割拠する群雄たちと書信を用いての交渉が容易だったであろうこと、少なくともこの三点は確実だろう。大人の資質に加え、このような利点を活かしたのだろう、時には護烏桓校尉府に至って互市を求めることもあったようだが、歩度根とは異なって侵寇を繰り返したり、その行動は自在だったように見える。しかしその最期はあっけないものだった。歩度根を誘い込んで并州への侵寇を企てたものの、驍騎将軍秦朗や并州刺史畢軌らの攻撃を受け、さらに幽州刺史・領護烏桓校尉王雄の放った刺客により暗殺されてしまうのである。二三五(青龍三)年のことである。歩度根を殺害してから二年と経っておらず、ようやく築けた一強体制もたちまちにして瓦解してしまった。次項でふれるように、蜀漢は軻比能との連携を図ったことがあり、張本人の諸葛亮は病没してしまったが、同じようなことが再び起こらないという保証はない。軻比能暗殺はそれを阻止するために企図されたと考えることができるかもしれない。歩度根に先んじて、東部鮮卑の大人のうち最有力だった素利も二二八(太和二)年に死去していたので、曹魏にしてみれば、残る軻比能を抹殺できれば、幽、并両州の北辺は遊牧勢力の侵寇を免れることができる。大げさに言えば、これは未曾有のことである。鮮卑伝は、その後に軻比能の弟が立てられたというが、その動向は伝わらない。これは東部鮮卑についても同じで、素利の没後、弟の成律帰が王号を襲ったことを記すが、そこで鮮卑伝の記述は閉じられている。二三七(魏・景初元／燕・紹漢元)年、燕王を自称した公孫淵が「鮮卑単于璽」で鮮卑の部族長を誘い出したというが(巻八公孫淵伝)、その名はもはや伝わらない。こうして鮮卑にとって新しい時代が始まるのだが、それをたどるのは後に回して、二三〇年代の鮮卑について、もう二点ほど補足しておく必要がある。

◈諸葛亮と軻比能

鮮卑伝には記されていないが、軻比能にまつわる見過ごせない記述が、巻三五諸葛亮伝に裴松之が引いた『漢晋春秋』にある。それは諸葛亮が軻比能との連携を企図したという一件である。

まずは『漢晋春秋』の記事を掲げておこう。

②(諸葛)亮が祁山を包囲し、鮮卑の軻比能を招いたので、比能らは旧《もと》の北地(郡)の石城までやって来て、亮(の軍)に呼応しようとした。ちょうど是の時、(西方の雍州を統轄していた)魏の大司馬曹真が病を発したので、司馬宣王(司馬懿)は(駐屯していた)荊州から(呼び戻されて)入朝することになった。魏の明帝が曰うには、西方の事案は重要なので、貴君以外に付《たの》むことができる者はいない、と。そこで(明帝は司馬懿を)西の方《かた》長安に駐屯させて、張郃、費曜、戴陵、郭淮らを督《す》べさせた(亮囲祁山、招鮮卑軻比能、比能等至故北地石城以応亮。於是魏大司馬曹真有疾、司馬宣王自荊州入朝、魏明帝曰、西方事重、非君莫可付者。乃使西屯長安、督張郃・

費曜・戴陵・郭淮等)。

じつはこのことは、『三国志』の本文、すなわち巻二六牽招伝にも述べられている。

③(牽)招は蜀虜の諸葛亮が数軍《しばしば》を出動させているが、(軻)比能は狡猾なので、(亮と)相《たが》いに通じるようになるのではないかと懸念して、防備(を整えること)を上表した。しかし朝議は、諸葛亮と軻比能は遠く隔たっているとして、(このような事態を)信じようとしなかった。しかし会《たまたま》、亮が祁山まで出張ると、果たして使者を軻比能に遣《や》って連携せんとした。軻比能は故の北地郡の石城までやって来て、(亮と)相いに呼応せんとした。(そこで明)帝は招に詔を発し、適宜を判断して之を討つように命じた。(しかし招が詔を受けた時には)軻比能は已に漠南に帰還していた(招以蜀虜諸葛亮数出、而比能狡猾、能相交通、表為防備。議者以為県遠、未之信也。会亮時在祁山、果遣使連結比能。比能至故北地石城、与相首尾。帝乃詔招、使従便宜討之。時比能已還漠南)。

二三一(蜀・建興九/魏・太和五)年二月に始められた第四次(数え方によっては第五次)の「北伐」は、第一次と同じく諸葛亮が祁山(甘粛省礼県。祁山堡については、柿沼陽平氏が『劉備と諸葛亮』で「実地踏査」の結果を紹介している。二二三頁)まで進撃したが、軍糧が底を突いたため、六月に撤退している。軻比能は一旦はかつての北地郡石城まで軍を出動させたようだが、結局蜀漢軍と連携することはできなかったようだ。問題は「故北地石城」がどこにあったのか、ということである。この謎を解かないと、ことの真相はわからずじまいで終わってしまう。

「故北地石城」といっても、北地郡自体は曹魏時代にも設けられていた。ただしその管轄区域(陝西省銅川市一帯)は渭河を挟んで長安の北側に面した狭小な範囲にすぎない。軻比能が鮮卑の大軍を率いて進撃できるようなロケーションではないので、「故」とあるからには、漢代の北地郡のことであろう(〔図二〕を参照)。漢代の北地郡は、曹魏時代の北地郡よりも西北に位置する広大な区域(寧夏回族自治区銀川市〜甘粛省慶陽市一帯)を管轄していたからである。その北部を黄河が南から北に向かって流れていた。しかしこの「故北地石城」の解釈については諸説入り乱れている。最近の成果を確認しておこう。

金文京氏は、「諸葛亮はこの度の北伐である秘策を用いた。それは当時、北方で勢力を拡大しつつあった鮮卑族の首長、軻比能に使者を送り、魏を挟撃するよう提案したことである。軻比能はこれに応じて長安の北の北地郡石城にまで兵を出したが、蜀軍が退却したため挟撃作戦は不発におわった」と述べる(同『三国志の世界』一七一頁以下。傍点は引用者)。どうも金氏は「故」を解釈していないようだ。そもそも諸葛亮は最初から両軍が司馬懿率いる曹魏軍を挟撃する、あるいは挟撃できると考えていたのだろうか、それさえも疑わしい。また最新の渡邉義浩他編『全訳三国志』第六冊は、『漢晋春秋』の当該箇所を「軻比能たちは故の北地郡石城県(新疆維吾爾自治区温宿の北西)

に至って諸葛亮に呼応した」(二〇七頁。傍点は引用者)と訳している。温宿県はキルギス共和国に接する国境に近い街で、理解に苦しむとしか言いようがない。石城が県だったという証拠もない。

これに対して野中敬氏は先行研究をふまえ、後漢時代に北地郡の管下にあった霊州県(寧夏回族自治区呉州市附近)は、南の長安、東の太原(并州)、そして西の河西地域にも通じる要衝であったことを説いている。後年、蜀漢の姜維が武都(甘粛省成県附近)と陰平(同・文県附近)の両郡から狄道(隴西郡。甘粛省臨洮県)や金城郡(同・蘭州市附近)を経て霊州に至るルートを掌握して「北伐」を行なおうとしたのは、太原(并州)への進出をにらんでのことだったというのが野中氏の主張だが、維の念頭には、この諸葛亮と軻比能の提携があったと推定している(同「鄧艾伐蜀の背景をめぐって」)。しかし、霊州は祁山から直線距離にして四〇〇キロ以上も離れており、あまりにも遠すぎる。問題は石城である。清の顧祖禹『読史方輿紀要』巻五八陝西七平凉府、固原州条に「石城は(固原)州の西北一五〇里(に位置する)。乱山の山中に在って甚だ峭険《けわ》しい。其の西山の山頂は平坦で、数千人を収容できる(石城、州西北百五十里。在乱山中、甚峭険。其西山頂平、可容数千人)」とある石城がこれにあたる可能性がある。寧夏回族自治区固原市の西北八〇キロ余というので、現在では海原県域に相当しよう。右の記事によると、数千人規模の大軍を駐留させることもできる地形のようだ。それでも祁山とはまだ二五〇キロ程度の距離があるし、後漢時代は北地郡ではなく、安定郡の管下にあったようで(曹魏時代には霊州と同じように郡県制の枠外に放置された)、これが難点である。したがって本書では断定を控えたいが、霊州にせよ石城にせよ、諸葛亮が拠った祁山とは距離があり、蜀漢と鮮卑の両軍が出撃して来た曹魏軍を挟撃するという戦法が現実的だったとは思えない(金氏が考えた曹魏時代の北地郡も祁山とは三五〇キロ余の距離がある)。では、諸葛亮は軻比能にどのような行動を期待したのであろうか。以下は推測である。

③にあるように、曹魏から警戒されていた軻比能がとにかくも出動しさえすれば、曹魏はこれへの対策も講じなければならず、蜀漢軍に対して全力を集中することができなくなるわけで、諸葛亮の狙いもそこにあったのではないだろうか。陽動作戦とでも言えようか。ただ軻比能が諸葛亮の誘いに応じた理由はわからない。軻比能にしても、以前から歩度根や東部鮮卑との三つどもえの対立や抗争があり、加えて女婿である鬱築鞬が護烏桓校尉だった田豫と事を構えたりしていたことを考えると、曹魏側に脅威を与えることができる規模の兵力を率いて長期にわたり拠点を離れることは必ずしも得策とは言えなかったはずで、どこまで真剣に諸葛亮の期待に応えようとしたのか、疑問も残る。

ところで③にその本伝を引いた牽招は当時雁門(鴈門)太守であった。軻比能が幽州の代郡から上谷郡一帯を勢力範囲としていたらしいことは先述した。鮮卑伝によると、田豫に代わって護烏桓校尉となった幽州刺史の王雄は、「恩信」を以て軻比能らに接したため、一時は軻比能も貢献したようだ(ただこの「恩信」は万能ではなかったようで、軻比能は一転して叛旗をひるがえし、刺客の手にかかって最期を遂げたことは先述のとおりである)。しかし雁門郡は代郡の西に位置しており、軻比能の勢力範囲とはややズレがある。ただ索招は曹操の時代に護烏桓校尉に任じられたのを皮切りに、文帝曹丕からは護鮮卑校尉、次いで雁門太守に任じられた、いわば烏桓・鮮卑対策のプロのような存在だった。したがって軻比能の動向にも当然注意を払っていたはずである。実際に彼がそれまでも軻比能とたびたび戦火を交えていたこと、その弟苴羅侯《しょらこう》を死に追い込んだことなどが本伝からもわかる。そんな彼だからこそ、軻比能が諸葛亮と連携する危険性もいち早く察知できたに違いない。しかし彼の上表は省みられることはなかったのである。

いっぽうの諸葛亮だが、曹魏と直接対峙することになった鮮卑のなかでも軻比能が最も有力かつ有望な大人であるという情報をすでにつかんでいたということになる。③は祁山に至ってから亮が軻比能と接触したかのような書き方だが、牽招が両者の連携を危惧していたとすれば、両者の間には以前からなんらかの接触があった可能性も否定できないだろう。

本伝によると、牽招は一二年の長きにわたって雁門太守の任にあり、在官中に病死したが、逆算するとそれは二三〇年代の前半だった可能性が高い。歩度根がそれまでの態度を一変させて軻比能と結んで并州に侵寇したのも、最後はその軻比能に殺害されてしまったのも、あるいは牽招の不在が招いた悲劇だったのかもしれない。

◈「晋使持節監并州諸軍事冠軍将軍碑」

ところで最近、山西省の定襄県(太原市と朔州市に挟まれた忻州市の管下)南王郷の居士山に遺された磨崖碑(以下、「本碑」)に、三国時代の鮮卑に関する記述があることが殷憲氏によって明らかにされた（同「山西定襄居士山曹魏監并州諸軍事冠軍将軍碑考略」）。これが補足すべき二点目である。

この碑は、牛誠修輯『定襄金石攷』（壬申、一九三二年の自叙あり）の巻一「元魏（北魏のこと）」に「居士山磨崖碑」として著録されており、国家文物局主編『中国文物地図集 山西分冊』にも「居士山摩崖題刻」として収録されているので（中冊、五七三頁）、存在そのものは早くから知られていた。ただ『定襄金石攷』も『中国文物地図集』も、その年代を五世紀前半ないしは六世紀前半の北魏時代としていたので、その誤りを正したのは殷氏の功績である。しかし殷氏が三世紀前半、曹魏時代のものと判断したのに対し、その後の精査によって碑自体は三世紀後半、西晋時代のものであることが明らかになった（忻州市文物管理処他「山西定襄居士山摩崖碑為西晋胡奮重陽登高紀功碑」）。それは、題額が「晉使持節監并州諸／軍事冠軍将軍□□□□□□□□□」と釈読されたためである。また本文に「□□安定□奮字玄〇威」（〇は刻字なし）とあることから、碑主が『晋書』巻五七に本伝がある安定郡臨涇県（甘粛省鎮原県）の人、胡奮、字は玄威その人であることが判明した。本伝には彼が監并州諸軍事や冠軍将軍に任じられたという記載はないが、同巻三武帝紀咸寧二（二七六）年二月条に、「并州の虜が塞を犯したので、監并州諸軍事の胡奮がこれを撃破した（并州虜犯塞、監并州諸軍事胡奮撃破之）」とあるので問題はない。なお碑文の下方に刻されているこの建碑事業（磨崖碑なので、「建碑」という表現は妥当ではないかもしれない）に参画した人士のなかに多くの部曲督や部曲将が含まれている。部隊長を意味するこの語は『後漢書』、『三国志』、および『晋書』などには頻出し（浜口重圀「晋書武帝紀に見えたる部曲将・部曲督と質任」）、董卓没後の長安で一時期権力を握った李傕や郭汜らも『後漢書』では部曲将とされている(巻九献帝紀初平三(一九二)年五月条/巻六六王允伝。ただし『三国志』巻六董卓伝では二人とも校尉とされる)。しかし北魏時代の正史である『魏書』にはこれらの語は一例もなく(魏書研究会編『魏書語彙索引』による)、南北朝時代には用例が激減するようなので、このことからも、本碑が五～六世紀に刻されたという所説はほとんど成立の余地がない。

本碑は、崖の巨石に高さ二・九メートル幅一・二八メートルのスペースを使って刻されたものである[図二]。一九二三(民国一二)年に初めて壁面を清掃して採拓が行なわれたが、その時点ですでに隷書体の刻字は多くが釈読できなくなっていた。ただ本文中に「鮮卑□須鞬泥□□大檀□□之曾孫也」とあったので、「大檀」の二字が五世紀前半に柔然の族長だった(郁久閭)大檀などと解釈されてきたのである。当該部分に関する最新の釈読を引いておこう。

④鮮卑の後代(?)である須鞬泥は……大(大人のこと)だった檀石槐(?)の曾孫である。……万四千家を率い、他の部族に先んじて膝を屈し(降服すること)内属して官の奴隷となった。(これにより)北方の辺境では(鮮卑の)侵寇を警戒する(必要も)なくなり、人びとも安堵することができた(鮮卑息須鞬泥系□□大檀石?槐?之曾孫也率□□万四千家以先衆夷屈膝内附為官奴朔辺無風塵之警黔首晏然)。

三国時代の歩度根は檀石槐の孫にあたるが、先述したように、その兄扶羅韓の子に泄帰泥という人物がいた。彼ならば檀石槐の曾孫に当たるので、本碑の須鞬泥は鮮卑伝の泄帰泥と同一人物であるというのが殷氏や忻州市文物管理処の主張である。須鞬泥と泄帰泥は漢語の中古音で同音とは言いがたく、問題が残されているが（もっとも明帝紀では阿狼泥だった）、彼がいち早く降服して来たというのは、泄帰泥が曹魏に帰服して帰義王号を授けられ、并州への居住を認められたという鮮卑伝の記述と一致する。それではなぜこの一件があえて西晋時代に刻された本碑に記述されたのであろうか。

本碑の碑主を胡奮と確定させた忻州市文物管理処などは、胡奮が平定した匈奴の中部帥劉猛に

［図二］居士山磨崖碑：忻州市文物管理処他「山西定襄居士山摩崖碑為西晋胡奮重陽登高紀功碑」八五頁図一。

よる叛乱の隠喩として引かれたと解釈している。しかしどうだろうか。泄帰泥は軻比能に誘われた歩度根に従って一旦は曹魏に叛きながら、最後は歩度根と別行動をとって曹魏に降服した。一旦は中国王朝に叛いたところまでは劉猛も同じだが、猛の場合はその部将である李恪が猛を殺害して胡奮に降っており、結末は対照的である。本伝によると、奮は司馬懿の公孫淵征討に白衣すなわち無位無官のまま従軍したのが履歴の始まりのようだが、これは二三八(景初二)年のことなので、泄帰泥の一件の五年後のことである。本伝にはないが、あるいは軻比能・歩度根の連合軍への応酬が彼の初戦だったのかもしれない。はたまた、その父胡遵の事績の一部として刻されたのであろうか。次章第二節「氐」でも名前が出てくる涼州刺史の張既に見出されて各地に転戦した胡遵だが、巻三明帝紀青龍元(二三三)年九月条に、「秋九月、安定(郡)の帰順していた匈奴の大人胡《こ》薄《はく》居《きょ》姿《し》職《しょく》らが叛いたので、司馬宣王(司馬懿)は将軍の胡遵らを派遣して追討させ、これを破って降した(秋九月、安定保塞匈奴大人胡薄居姿職等叛、司馬宣王遣将軍胡遵等追討、破降之)」とある。泄帰泥(明帝紀では阿狼泥)が帰順する一か月前のできごとである。本碑の建立は二七〇年代と推定されているので、陳寿が『三国志』を執筆する以前に属する。したがって碑文の刻者が胡遵のこの事績と翌月の泄帰泥の帰順を取り違えたという解釈は荒唐無稽なのだが、そのような想像を抱かせる程度に謎めいているのである。残念ながら④の前段には釈読できない文字が連なっているので、この謎は解けそうもない。後考に俟つしかなさそうである。

◈鮮卑のそれから

船木勝馬氏は、三国時代の鮮卑について、「塞外の地に広く分布した鮮卑諸部は、諸部族集団に分裂してそれぞれ自立の傾向が強くなり、五胡王朝時代を現出させる素地が形成されてきたことがうかがえ、魏では部族相互の対立抗争を利用してその離間策をはかり、一方では牽制するとともに巧みな懐柔政策により羈縻せしめることを企図していた」(同「三国時代の鮮卑について」七八頁)と総括する。

大人のような部族長の地位は、累代にわたってその資質を持つ者(あるいは資質を持つと装うことができる者)が現れないかぎり、世襲化が促進されることはないだろう。これは鮮卑も烏桓も同じである。檀石槐の没後、大人位の世襲化が一挙に進まず、檀石槐時代の統一が瓦解してしまったのは、べつに曹魏の分断政策が奏功したからではないだろう。幽州東部には東部鮮卑、幽州西部には軻比能、并州には歩度根、さらにその西方には西部鮮卑(河西鮮卑)という三国時代の布局は、檀石槐時代の東部、中部、西部にほぼ対応するもので(歩度根と軻比能の対立は中部内におけるそれと言えるかもしれない)、曹魏はこれを各個撃破さえすればよかったのである。

三世紀中期から後期にかけて、慕容部(前燕・後燕・南燕・西燕・吐谷渾)、拓跋部(代(北魏))、禿髪部(南涼)、そして乞伏部(西秦)といった〈五胡十六国〉時代に政権を打ち立てた諸部族はもとより、段部や宇文部などもしだいに曹魏そして西晋の両王朝と接触を持つようになっていく。鮮卑は新しい時代に入っていくのである。

二――高句麗

◈高句麗への視座

朝鮮半島の北部一帯を勢力範囲としていた高句麗（『後漢書』巻九五東夷伝では「高句驪」と表記されているが、本書では引用以外は「高句麗」で統一する）も、三郡烏桓が平定されると、鮮卑と同じように曹操の勢力圏と直接に境を接することになるはずだったが、事情は鮮卑よりも複雑であった。なぜならば、遼東半島の付け根に位置する遼東郡（郡治は襄平県。遼寧省遼陽市文聖区）を拠点にして、この地を本籍とする公孫氏が度、その子康、弟の恭、康の子淵の四代にわたり遼東太守を自称して半独立的な勢力を誇っていたからである。公孫氏政権である。最後は、淵が燕王を自称して紹漢（「漢を紹（継）ぐ」の意）という元号を定めて独立の姿勢を鮮明にしたため、司馬懿率いる曹魏の大軍の総攻撃を受け、平定されることになる。二三八（魏・景初二／燕・紹漢二）年八月のことである。倭王卑弥呼の使者難升米らが、新たに曹魏の支配下に入った帯方郡に至ったのは翌二三九（景初三）年六月のことと考えられている、高句麗も、公孫度が遼東太守となった一八〇年代後半から約半世紀の間、まずはこの公孫氏政権と、そしてその滅亡後は曹魏と直接相対することになった。しかしそれから一〇年も経たない二四六（正始七）年二月には、曹魏の幽州刺史毌丘倹《ぶきゅうけん》の執拗な攻撃により、大きな打撃をこうむることになるのである（巻四斉王紀正始七年二月条。つぎの巻三〇東夷伝高句麗条や巻二八毋丘倹伝とは繋年が一致しないが、これについては後述）。

高句麗については、巻三〇東夷伝に夫餘に次ぎ二番目に記述されているが、その文字数は一三五一字で、七一五字が費やされた夫餘の二倍近くに上り、東夷伝では一九八三字の倭人条に次ぐ（金子修一「『魏志』倭人伝の字数」）。高句麗条は倭人条と同じように、社会組織や風俗に関する記事が冒頭に配され、新、後漢両王朝との関係が時系列で綴られた上で三国時代に及ぶが、「正始三（二四二）年、（高句麗王の位）宮が西安平（県。遼寧省丹東市附近）に侵寇し、其の五（二四四）年、幽州刺史である毋丘倹の破る所となった。（この）件については倹の伝にある（正始三年、宮寇西安平、其五年、為幽州刺史毋丘倹所破。語在倹伝）」と最後はとても素っ気ない。ただ高句麗については、公孫氏政権とともに卑弥呼の入貢にも関わりが深いので、その重要性から先行研究も少なくない。なかでも歴史地理的な研究は前世紀の前半までさかのぼる長い研究史を誇っている。ただひとえに私自身の貧困な語学力と紙幅のため、本節の記述はおもに武田幸男氏や田中俊明氏らによる、国内における近年の成果にもとづいていることを最初にお断わりしておかなければならない。また高句麗の政治過程については、韓国の東北亜歴史財団編『고구려의 정치와 사회』があり、翻訳もあるが（篠原啓方訳『高句麗の政治と社会』）、その叙述は一二世紀中頃に刊行された『三国史記』に依拠している。『三国史記』の記述を尊重しているという点では、高句麗の側に視座をすえて東アジア地域の動向を俯瞰した余昊奎「三世紀前半の東アジアの国際情勢と高句麗の対外政策」も同じで

ある。しかし『三国史記』の記述は『後漢書』巻九五東夷伝高句驪条（以下、「（東夷伝）高句驪条」）や『三国志』巻三〇東夷伝高句麗条（以下、「（東夷伝）高句麗条」）といった中国側の史書との異同が小さくなく、本節の行論は基本的に中国史書の記述を主とし、『三国史記』を従とする。

◈後漢時代の高句麗

周知のように、朝鮮半島の一部が中国王朝の版図に組み込まれるのは、前漢時代の紀元前一〇八（元封三）年のことである。武帝はその翌年にかけて楽浪、真番、臨屯、および玄菟の四郡を置いたが、そのうち玄菟郡の属県の一つとして高句麗県の名がある（『漢書』巻二八下地理志下）。この高句麗県を現在地に比定することはむつかしいようだが、吉林省集安市の集安県城土城（『中国文物地図集 吉林分冊』の国内城。一一七頁）と推定されている（田中俊明「高句麗の興起と玄菟郡」。以下、同じ）。県自体が先住種族である高句麗に対する支配を大きな目的として置かれたと考えられるが、この玄菟郡はほどなくして移転を余儀なくされる。そして前八二（始元五）年に改めて置かれた玄菟郡でも、新たな高句麗県が設けられて治所となったが、こちらは遼寧省新賓満族自治県の永陵鎮古城（『中国文物地図集 遼寧分冊』の永陵南城址。下冊、一三三頁）がその城址と考えられている。この改置された玄菟郡の領域は遼東郡の東側に拡がる一帯だが、後漢時代の二世紀初頭までには、玄菟郡はさらに西方への移動を強いられ、今度は遼東郡の北東側に管轄領域を与えられた。引き続き治所は高句麗県と命名されたが、その位置については、同・撫順市新撫区にある永安台古城

（同じく労働公園城址）がこれにあたると考えられている。永陵鎮古城から直線距離にしておよそ七〇〜八〇キロ西方に移動したことになる。

こうして三国時代を迎えることになるのだが、右に述べた後漢時代の玄菟郡の移動については、強まった高句麗の力に抗しきれなかったためと考えられている。東夷伝高句驪条には、「建武八（三二）年、高句驪が使節を派遣して朝貢して来たので、光武帝は其の王号を復活させた（建武八年、高句驪遣使朝貢、光武復其王号）」とあるので、すでに高句麗の君長は前漢から高句麗王という王号を名乗ることを認められていた可能性もある。しかし新王朝を開いた王莽は非漢族の君長に与えられていた王爵を一律に侯爵に下し、とくに高句麗に対しては、匈奴征討への協力を得られなかったことから、君長だった騶を殺害した上に、その名称も高句驪から下句驪に改められた。それが後漢王朝の成立によってようやく旧に復されたのである。しかし光武末年には幽州から并州にかけての北辺に大規模な侵寇を行なったのをはじめ（『後漢書』巻一下武帝紀下建武二十五（四九）年正月条には高句麗ではなく、「遼東徼外《きょうがい》貊人」とあり、この点については後述。徼外とは境外の意）、侵寇と帰服を繰り返して、二世紀末期を迎えることになる。『後漢書』の本紀によると、高句麗の侵寇の対象とされたのはおもに玄菟、遼東の両郡だった。高句驪条によれば、侵寇は濊貊と連携して行なわれることが多く、時には鮮卑や馬韓と連合することもあったようだが、吉本道雅氏は、濊貊とは高句驪のことであるとし、高句驪条の誤りを指摘している（同「濊貊考」）。鮮卑については、前節でも述べたように、二世紀中頃に檀石槐が現れると毎年のように幽、并両州の北辺に侵寇を繰り返していたので、あるいはこれに高句麗が加担することがあったのかもしれない。また統属については、楽浪郡(北朝鮮平壌市)や遼東郡に「属」したこともあったようだが、ほぼ一貫して玄菟郡に「属」することを高句麗側が求めている。これは元来、玄菟郡が高句麗の居住域に重なるように設けられ、移動後も高句麗の居住域にもっとも近接していたという理由からであろうが、郡府との往還にかかる負担も小さくてすんだはずである。

◈高句麗と公孫氏政権・孫呉

高句麗条によると、高句麗ではこの時期、君長(高句麗王号も)の地位はほぼ世襲されていたようだが、公孫氏政権が誕生してからも、中国世界への侵寇と帰服が繰り返されていた。その高句麗に変化が見えるのは、二世紀と三世紀の交である。王である伯固の死後、長子の抜奇は「不肖」ということで、弟の伊夷模が王に擁立されたのである。抜奇はこれを怨んで有力部族の一つである涓奴部(高句驪条の「消奴部」)とともに公孫康に降り、最後は康の根拠地である遼東に身を寄せた。いっぽうの伊夷模は一時は劣勢に立たされたこともあったようだが、高句麗条には、あらためて「新国」を作ったとある。これこそが、集安にある国内城であり、伊夷模はこの地を新たな王都としたのである。抜奇も自分の子である駮位居を沸流水すなわち卒本(遼寧省桓仁満族自治県桓仁鎮、五女山山城)に留まらせたので、高句麗は二つに分裂したことになる。田中俊明氏は「高句麗全体としては両端を持していたとみられてもおかしくない」(同「三世紀東北アジアの国際関係」一八頁／「三世紀の朝鮮半島」三一頁）という。伊夷模の没後はその子位宮が継ぎ、二三八（景初二）年の司馬懿による公孫氏総攻撃には、主簿と大加（いずれも高句麗の官称号）に数千人の軍勢を率いさせてこれに加勢した。公孫氏の討滅に一役買ったことになる。このような行動を位宮がとったのには、伯父抜奇がかつて公孫氏政権に身を寄せて敵対していたことが与っていたと見ることもできよう。

そもそも曹魏が公孫氏政権の総攻撃を決した背景には、孫呉が公孫淵に接近を試み、一時的とは言えども公孫淵がそれに応じたことがある。記録によるかぎり、孫呉が公孫淵のもとに初めて使者を派遣したのは、「五月、校尉の張剛と管篤を遼東に之《い》かせた（五月、使校尉張剛・管篤之遼東）」（巻四七呉主伝黄龍元（二二九）年五月条）というように、二二九年五月のことである。公孫氏政権をはじめとする北方諸勢力への孫呉の接近は、馬匹の入手という実利面を重視したものという解釈がある（伊藤光成「三国呉の孫権による対外政策についての考察」）。そのこと自体は否定できないが、この前月すなわち二二九年四月に孫権が皇帝位についたことを軽視してはならないだろう。翌六月には慶賀のために蜀漢から派遣された使者と曹魏の版図を二分する盟約を交わしもしており（予、青、徐、幽（遼東郡が所属）の四州は孫呉に、兗、冀、并、涼の四州は蜀漢にそれぞれ属し、司州は二分するという内容）、皇帝即位にともなう支配秩序の構築が強く意識されていたはずである（黎虎「孫権対遼東的経略」。ただし黎虎氏は馬匹の入手や海上交通の推進といった意図も否定しない。同「六朝時期江左政権的馬匹来源」／「六朝時期江左与東北地区的交通」）。その後の複雑な政治過程については、西嶋定生「親魏倭王冊封に至る東アジアの情勢」に詳しいが、巻四七呉主伝によると、二三二(嘉禾元)年にも孫権は将軍周賀と校尉裴潜を遼東に遣わし、公孫淵はこれに応えて校尉宿舒と閬中令孫綜を孫呉に派遣して「称藩」(藩臣となることを願い出ること。ただし賀は帰途、山東半島の先端に突き出た成山で曹魏の田豫の攻撃を受けて死没)、翌二三三(同二)年三月には孫権は群臣の反対を押し切り、幽州、青州の両州を以て淵を燕王に封じ、太常張彌、執金吾許晏、将軍賀達らが舒と綜をともなって遼東に赴いた。しかし淵は彌らを斬り捨ててその首を曹魏に送り届けるという挙に出たのであって、群臣が危惧した通りの結果になった。巻一四蔣済伝の注に引かれた司馬彪『戦略』に、二三二(魏・太和六)年に平州刺史(正しくは汝南太守か)の田豫と軻比能殺害にも関与した幽州刺史王雄が海と陸から遼東に攻め込んだという記事がある。豫は周賀を殺害した田豫その人であり、巻二六田豫伝には、成山での攻防のさまが詳述されている。錯誤も見られるが、『戦略』の記事はこの時のことを言っていると考えられるから、曹魏の側では早くから孫呉と公孫淵が接触した事実を把握しており、敏速に対応したということであろう。背信とも言える孫呉に対する淵の行動は、こうした曹魏の動きに脅威を感じ、保身にはしった結果と評することができる。そもそも巻九公孫度伝によると、度は遼東太守となると、遼東郡から遼西郡や中遼郡を分置したほか、海路山東半島の東萊郡(山東省龍口市)にも進出してここに営州を置き、自らは平州牧・遼東侯を称したという。ことの真偽には疑問も残るが、東萊郡など青州の人士が多く公孫度のもとに身を寄せており(松田徹「遼東公孫氏政権と流入人士」)、公孫氏政権が山東半島にも勢力を伸張させようとしていたことは確かである。したがって曹魏の側でも山東半島方面における公孫氏政権の動きには注意を怠ることはできなかったはずで、その結果として孫呉の使節派遣も比較的早い時期に察知できたのではないだろうか。

いずれにせよ、右に述べたごとく張彌や許晏は公孫氏政権の手にかかって最期を遂げることになったのだが、新たに孫呉と高句麗の間に関係が結ばれるという思わぬ結果をもたらした。ことの詳細は巻四七呉主伝嘉禾二（二三三）年是歳条の注に引かれた『呉書』に記されている。長文だが臨場感にあふれているので、掲げておこう。

①初め、張彌や許晏らが倶に襄平に到った際には、官属と従者（を合わせて）四百人許りだった。（公孫）淵は彌と晏を図《のぞ》きたいと思い、まずその（随行の）人員を分けて、遼東郡の諸県に置いた。（そして）中使の秦旦、張羣、杜徳、黄疆らと吏員や兵士六十人を玄菟郡に分置した。玄菟郡は遼東（郡）の北方に在り、（襄平から）去ること二百里（である）。（玄菟）太守の王賛が二百戸を領《おさ》めており、（戦力となる丁男は）兼《あ》わせても重《おお》くて三、四百人ばかり（だった）。旦らは皆民家に舎《お》かれ、其の飲食を仰いでいた。四十日ばかりが経ったところで、旦が疆らと議《はか》って曰うには、吾らは遠くに国の命を辱《かたじけな》くしながら、此（の地）に見棄てられており、（これでは）死んでしまったようなものだ。今、此の郡を観察すると、形勢は甚だ弱いようだ。若し一たび心を同じくして、城郭を焚焼し、其の長吏を殺害して国のために恥をすす

ぐことができれば、その後に死に伏することになったとしても、恨むには及ばない。生を偸み苟しく活きながらえて長く虜囚でいるのと比べれば、はるかにましだ、と。彊らはこれに同意した。そこで陰かに盟約を結び、当《まさ》に八月十九日の夜を用《もっ》て（事を）発《お》こそうとした。（しかし）其の日中の時間帯に、仲間の一人だった張松の告発する所となってしまった。（太守の王）贇は便ち兵士や民衆を会《あつ》めて城門を閉鎖してしまった。（しかし）旦、羣、徳、彊らは皆城壁を踰《こ》えて走《に》げることができた。折悪しく羣が病にかかり、疽《はれもの》が膝にできてしまい、（他の者たちと）輩旅《とも》に（進むことが）できなくなり、徳が常に（傍に）接《つ》いて扶けながら、崎《け》嶇《わ》しい山や谷を与倶《とも》に（進んで行った）。六、七百里ほど行ったところで、創《きず》に益々困《くる》しめられることになり、もう前《すす》むことができなくなって、草叢の中に横臥してしまった。（同行の人びとは羣を）見守りながら悲しみで泣き出してしまった。羣が曰うには、吾は不幸にして創がひどくなってしまったので、もう死ぬまで日はないだろう。卿らは宜しく速やかに道を進み、（首尾良く目的地に）到達することを冀うばかりだ。空しく（ここで吾を）見守っていて、倶に（この）奥深い谷の中で死んでしまっては何の益があるだろうか、と。徳が曰うには、（母国を出て）万里も流離し、死生はこれを共にしてきたのだから、卿を委《す》てて行くのは忍びない、と。是《ここ》に於いて、旦と彊に推めて（先に）前ませ、徳は単独で留まって羣を見守ることにし、山菜や果実を採ってこれを食べてしのいだ。旦と彊は（二人と）別れてから数日にして、高句驪に達することができた。そこで高句驪王（位）宮と其の主簿に対して（孫権の）詔を宣読した。詔には（高句麗への）下賜品が有ると言われていたが、遼東（の公孫淵）の攻撃にあって奪われた（とごまかした）。（位）宮らは大いに悦び、詔を受けた。また使臣に命じて旦に随って羣と徳を迎えに行かせた。其の年、（位）宮は二十五人の皁衣《そうい》（高句麗の官名）を使者として旦らを送り還すとともに、上表して（孫権に対して）臣を称し、貂の皮千枚と鶡雞《やまどり》の皮十セットとを献上した。旦らは孫権に見《まみ》えることがかない、悲喜こもごもこみ上げてくるのに勝《た》えることができなかった。権はこれを義として、皆に校尉を拝《さず》けた。一年をおき、使者謝宏と中書陳恂を（高句麗に）派遣し、（位）宮に（称号を）拝けて単于とし、加えて衣物や珍宝を下賜した。恂らは安平口（遼寧省東港市附近か）に到ると、先ず校尉の陳奉を派遣して前もって（位）宮に謁見させたが、（位）宮は曹魏の幽州刺史から、孫呉の使者を処分して自らの效《てがら》とするようにと示唆されていた。奉はこれを聞くと、踵を返して戻った。（位）宮は主簿の笮咨と帯固らを安平口に出向いて宏と会見させた。宏は即ち三十人余を捕縛してこれを人質とすることができた。（位）宮は是に於いて謝罪して馬数百匹をたてまつった。宏はそこで咨と固に（持参して来た）詔書と賜物を持たせて（位）宮に授けた。是の時の宏（が乗って来た）船は小さかったので、馬は（数百匹のうち）八十匹だけを載せて帰還した（初、張彌・許晏等俱到襄平、官属従者四百許人。淵欲図彌・晏、先分其人衆、置遼東諸県。以中使秦旦・張羣・杜徳・黄彊等及吏兵六十人、置玄菟郡。玄菟郡在遼東北、相去二百里。太守王賛領二百戸、兼重可三四百人。旦等皆舎於民家、仰其飲食。積四十許日、旦与彊等議曰、吾人遠辱国命、自棄於此、与

死亡何異。今観此郡、形勢甚弱。若一旦同心、焚焼城郭、殺其長吏、為国報恥、然後伏死、足以無恨。孰与偸生苟活長為囚虜乎。疆等然之。於是陰相約結、当用八月十九日夜発。其日中時、為部中張松所告、賛便会士衆閉城門。旦・羣・徳・疆等皆踰城得走。時羣病疽創著膝、不及輩旅、徳常扶接与俱、崎嶇山谷。行六七百里、創益困、不復能前、臥草中。相守悲泣。羣曰、吾不幸創甚、死亡無日。卿諸人宜速進道、冀有所達。空相守、俱死於窮谷之中、何益也。徳曰、万里流離、死生共之、不忍相委。於是推旦・疆使前、徳独留守羣、採菜果食之。旦・疆別数日、得達句驪。因宣詔於句驪王宮及其主簿、詔言有賜為遼東所攻奪。宮等大喜、即受詔。命使人随旦還迎羣・徳。其年、宮遣皂衣二十五人送旦等還、奉表称臣、貢貂皮千枚、鶡雞皮十具。旦等見権、悲喜不能自勝。権義之、皆拝校尉。間一年、遣使者謝宏・中書陳恂拝宮為単于、加賜衣物珍宝。恂等到安平口、先遣校尉陳奉前見宮、而宮受魏幽州刺史諷旨、令以呉使自效。奉聞之、倒還。宮遣主簿笮咨・帯固等出安平、与宏相見。宏即縛得三十余人質之。宮於是謝罪、上馬数百匹。宏乃遣咨・固奉詔書賜物与宮。是時宏船小、載馬八十匹而還)。

長くなってしまったが、これが孫呉と高句麗の間に関係が生じることになった顛末である。陳寿も『三国志』の撰述にあたって参照したとされる『呉書』の撰者韋昭は孫呉で太史令の任についていたので、朝廷に保管された記録を渉猟できる立場にあった。この佚文も『呉書』大皇帝紀のものと推定されているが（満田剛「韋昭『呉書』について」）、核心部分は秦旦らの事後報告に直接依拠していた可能性が高い。二三三（嘉禾二）年八月のことである。

しかし一年の後（二三四（嘉禾三）年のことか）、孫権が謝宏らを高句麗を派遣した際には、こうした孫呉の策略はすでに曹魏の知るところとなっており、幽州刺史から圧力が加えられていたのである。時の幽州刺史はさきの王雄である。この時は宏らが機転を働かせて事なきを得たが、その次に孫呉から高句麗に派遣された胡衛は斬殺され、その首は幽州に届けられた。二三六（魏・青龍四／呉・嘉禾五）年七月のことで、いよいよ公孫氏政権との全面対決を見据えて明帝が毌丘倹を幽州刺史に任じた年でもある。

　高句麗王の位宮にしてみれば、かつて国内を二分したいっぽうの抜奇と駮位居の背後に公孫氏政権があったとなれば、曹魏からの求めに応じないわけにはいかなかったということだろうか。また曹魏も公孫氏政権の背後に位置していた高句麗とも早くから接触を図っていたことがわかる。じじつ高句麗の側でも、曹丕が魏王を襲位した際には扶餘（夫餘）とともに祝賀の使者を派遣しているし（巻二文帝紀延康元年三月条。ただし「濊貊」となっている）、『三国史記』によれば、明帝が青龍から景初へと改元した際にも、これを祝賀する使者が送られているので（巻一七高句麗本紀五東川王十一（二三七）年条）、公孫氏政権討滅以前、曹魏との関係が全くなかったというわけではない。この点について余昊奎氏は、かつて公孫氏政権が高句麗に臣属していた小水貊や濊を高句麗と離間させたことがあったため、その公孫氏政権への総攻撃で曹魏に協力し、その代償として安全保障（小水貊や濊などが高句麗に臣属することを曹魏が認める）の約束を得たと推測する。ようするに、高句麗と曹魏の間には「軍事的協力関係」が結ばれ、高句麗は曹魏の「同盟国」であったというのである(同「三世紀前半の東アジアの国際情勢と高句麗の対外政策」三五頁)。しかし公孫氏政権による離間策をはじめ、推測に頼っている部分が多く、にわかには賛同できない。そもそも中国王朝が周縁の諸勢力と対等な関係を結んだり、同盟を立ち上げたりすることなどあったのだろうか。素朴な疑問である。

◈幽州刺史毋丘倹の高句麗「征討」

さて冒頭に述べたように、高句麗は二四〇年代に幽州刺史毋丘倹の執拗な攻撃をこうむり、大きな打撃を受けることになるのだが、まずその過程を、田中俊明氏の成果(「魏の東方経略をめぐる問題点」/「三世紀東北アジアの国際関係」/「三世紀の朝鮮半島」)を参照しながら、あとづけてみよう。

先に見たように、本紀である『三国志』巻四斉王紀は、高句麗「征討」を二四六(正始七)年二月のこととするが、東夷伝高句麗条は二四四(同五)年のこととする。巻二八毋丘倹伝が再度の「征討」を二四五(同六)年のこととしているので、初回の「征討」はそれ以前のこととなり、東夷伝が説くように、開始は二四四年と判断できる(後述するように、佐伯有清『魏志倭人伝を読む』(下、一四七頁)や、満田剛『三国志』(三三八頁表六)などのように、二四四年から二四六年の足かけ三年にわたったとするのが妥当である)。これも長くなるが、巻二八毋丘倹伝の当該箇所を掲げておこう。

②正始年間(二四〇~二四九年)、(毋丘)倹は高句驪が数《しばしば》侵叛したので、歩兵や騎兵の諸軍(合わ

せて）一万人を督《ひき》いて玄菟郡から出撃し、複数のルートからこれを討った。（高）句驪王の（位）宮は歩兵と騎兵二万人を将《ひき》い、沸流水の上《ほとり》に軍を進めて梁口で大いに戦ったが、宮は連続して破れて逃走した。倹は遂に馬を束《つな》ぎ車を県《つな》げ、以て丸都に登った。（高）句驪が都としていた所を屠り、斬首されたり捕虜とされたりした（高句麗の）者は千を以て数えた。（高）句驪の沛者（高句麗の官位の一つ）で得来という者が数《しばしば》（位）宮を諫めたが、（位）宮は其の言に従わなかった。得来が歎いて曰うには、立《たちどころ》にして此の地に将に蓬蒿《よもぎ》が生える（さまを）眼にすることになるだろう、と。遂に食らわずして死んだので、（高句麗では）国を挙げてこれを賢人（と讃えた）。倹は諸軍をして其の墓を破壊せず、其の樹を伐らないように指示し、其の妻子を得たが、皆これを解放して遣《に》がした。（位）宮は単独で其の妻子を将いて逃竄した。（そこで）倹は軍を引いて帰還した。（正始）六（二四五）年、（倹は）復たこれを征討したので、（位）宮は遂に買溝に奔走した。倹は玄菟太守の王頎にこれを追跡させた。沃沮を過ること一千里余り、粛慎氏の南界まで至り、石に刻して功績を紀《しる》し、丸都の山に刊《けず》り、不耐の城に銘《しる》した。諸《およ》そ誅殺したり（身柄を）納めたりしたのは八千余人（に上り）、功績を論じて賞を受《さず》け、侯（爵を受かった）者は百人余り（に上った）。（高句麗領内で）山を穿って灌漑したので、人びとは其の利益に頼った（正始中、倹以高句驪数侵叛、督諸軍歩騎万人出玄菟、従諸道討之。句驪王宮将歩騎二万人、進軍沸流水上、大戦梁口、宮連破走。倹遂束馬県車、以登丸都、屠句驪所都、斬獲首虜以千数。句驪沛者名得来、数諫宮、宮不従其言。得来歎曰、立見此地将生蓬蒿。遂不食而死、挙国

賢之。倹令諸軍不壊其墓、不伐其樹、得其妻子、皆放遣之。宮単将其妻子逃竄。倹引軍還。六年、復征之、宮遂奔買溝。倹遣玄菟太守王頎追之。過沃沮千有余里、至粛慎氏南界、刻石紀功、刊丸都之山、銘不耐之城。諸所誅納八千余口、論功受賞、侯者百余人。穿山灌漑、民頼其利)。

②によれば、二四五(正始六)年の「征討」は「復た」ということなので、初回の「征討」は本節の冒頭に掲げた東夷伝高句麗条にあるように、前年の二四四(正始五)年のことと考えて問題はないだろう。二四四年には高句麗の要衝だった丸都を攻め落とし、位宮を逃走に追い込んだ。そして明くる二四五年にも再び軍を差し向けたが、位宮は買溝(吉林省琿春市附近)に逃走してしまった。そこで倹は玄菟太守の王頎《おうき》に位宮を追跡させたが、頎は沃沮を経て、遠路粛慎(挹婁)の勢力圏の南端まで到達し、その到達点に紀功碑を建立して帰還したということになる[図三]。紀功碑はこの「粛慎氏南界」のみならず、「丸都之山」と「不耐之城」にも建立されたので、全部で三基建てられたことになるが、後述するように「丸都之山」碑が見つかっている。

ところで位宮の逃走については、同じ東夷伝の東沃沮条にも記事がある。

③毋丘倹が(高)句麗を討つと、(高)句麗王の(位)宮は沃沮に奔走したので、遂に師(軍隊)を進めさせてこれを攻撃した。沃沮の邑落は皆これを破り、斬首されたり捕虜として捕獲されたりした者は三千人余り(にも上り)、(位)宮は(さらに)北沃沮に奔走した。北沃沮は一名を

置溝婁と（言い）、南沃沮を去ること八百里余りだが、其の習俗は南北で皆同じで、挹婁（粛慎）と（境を）接している。挹婁は船に乗って寇鈔することを喜《この》むので、北沃沮はこれを畏れ、夏の月（四～六月）には恒に巌《けわ》しい山中の深い洞穴に在って守備（に徹し）、冬の月（一〇～一二月）になって（河海が）凍結して水運ができなくなると、乃ち（山から）下りて来て村落に居住するようになる。王頎は別動隊を派遣して（位）宮を追討し、其（北沃沮）の東の界《さかい》を尽《きわ》

〔図三〕曹魏の高句麗「征討」：田中俊明「魏の東方経略をめぐる問題点」一四頁図七。

めた。其の(地の)耆老に、海東に復た人間が有るや不《いな》や、と問うた(毋丘倹討句麗、句麗王宮奔沃沮、遂進師撃之。沃沮邑落皆破之、斬獲首虜三千余級、宮奔北沃沮。北沃沮一名置溝婁、去南沃沮八百余里、其俗南北皆同、与挹婁接。挹婁喜乗船寇鈔、北沃沮畏之、夏月恒在山巖深穴為守備、冬月冰凍、船道不通、乃下居村落。王頎別遣追討宮、尽其東界。問其耆老、海東復有人不)。

玄菟太守王頎に与えられた使命の少なくとも一つは、逃走した高句麗王位宮を追撃して捕獲することだったのだろう。位宮は沃沮(南沃沮と同じ)からさらに北沃沮に逃走を続け、結局のところ頎はこれを捕獲できなかったようである。

ところで玄菟太守としての王頎の動きについては、東夷伝の夫餘条にも記述がある。

④正始年間(二四〇～二四九年)、幽州刺史の毋丘倹が(高)句麗を討った際、玄菟太守の王頎をして夫餘に詣《いた》らしめたので、(大使(夫餘の官位)の)位居は大加を派遣して国都の郊外で頎を迎えさせ、(かつ頎に)軍糧を提供した。季父の牛加は(曹魏に対して)二心が有ったので、位居は季父の父子を殺害して、その財物を没収し、使者を派遣して斂《おさ》めた(財物を)簿とともに官(曹魏の出先である玄菟郡府)に送った(正始中、幽州刺史毋丘倹討句麗、遣玄菟太守王頎詣夫餘、位居遣大加郊迎、供軍糧。季父牛加有二心、位居殺季父父子、籍没財物、遣使簿斂送官)。

田中氏は、二四四(正始五)年以前(おそらくは直前)に王頎が夫餘を訪れて軍需物資の提供を求めたものとしており、従いたい。東夷伝の冒頭に置かれた夫餘条には、「夫餘は本は玄菟(郡)に属していたが、漢末に公孫度が海東(一帯に)勢力を伸張させ、(その)権威に徼外の夷が服するようになると、夫餘王の尉仇台は更《あらた》めて(公孫度が太守を務めていた)遼東(郡)に属することにした。……牛加の兄の子で位居という名の者が大使となり、財に執着せず施しを善くしたので、国人(有力者層か)はこれに附いた。(位居は)歳ごとに使者を派遣して京都(洛陽)に詣って貢物を献上した(夫餘本属玄菟。漢末、公孫度雄張海東、威服外夷、夫餘王尉仇台更属遼東。……牛加兄子名位居、為大使、軽財善施、国人附之。歳歳遣使詣京都貢献)」とある。すなわち夫餘は公孫氏政権に接近するいっぽうで、重臣の位居を中心として曹魏に対しても定期的な遣使を欠かさなかった。当時の夫餘の拠点は吉林省吉林市の龍潭山城と考えられているが(田中俊明「高句麗の山城」。『中国文物地図集 吉林分冊』も同名。五四頁)、言うまでもなく直近の郡は玄菟郡にほかならない。公孫氏政権の滅亡後、夫餘は玄菟郡との統属関係を復活させていたのだろう。王頎は軍需物資の提供を求めた際、近く始められる予定の高句麗「征討」についても説明し、夫餘の理解と協力を求めたに違いない。このような曹魏側の動きに対して夫餘の内部には反撥もあったようだが(それがもし、夫餘が曹魏と高句麗との抗争に巻き込まれるのを危惧してのことだとすれば、当然とも思われる)、おおむね成功だったようである。そしてこれをうけて行なわれたのが②にある高句麗「征討」であった。こう考えれば、高句麗「征討」は周到な準備をともなった計画的な軍事行動だったということになるが、それはまた高句麗以外の勢力をも対象とした大規模なものだったことが、同じ東夷伝濊条の記事からうかがえる。

⑤正始六(二四五)年、楽浪太守の劉茂と帯方太守の弓遵は領(嶺)東の濊が(高)句麗に属していたので、師を興してこれを伐った。(かっての)不耐侯らは邑《くに》を挙げて降伏した。其の八(二四七)年、(不耐侯が)闕(国都の洛陽)に詣り朝貢したので、詔を出して更めて(不耐侯に)不耐濊王を拝《さず》けた。(その)居地は一般の人びとの住居と雑《ま》ざりあっており、四季ごとに(楽浪郡に詣って朝謁を行なった。(楽浪、帯方の)二郡に兵士の出動や税の取り立てがあった場合には、濊の人びとも徴発や徴税の対象になり、その待遇は(郡県の戸籍に附された漢族の)人びとと同じであった(正始六年、楽浪太守劉茂・帯方太守弓遵以領東濊属句麗、興師伐之、不耐侯等挙邑降。其八年、詣闕朝貢、詔更拝不耐濊王。居処雑在民間、四時詣郡朝謁。二郡有軍征賦調、供給役使、遇之如民)。

毌丘倹が高句麗に再征した同じ年、楽浪太守劉茂と帯方太守弓遵が共同で領東濊(以下、「濊」)を討ち、これを降伏に追い込んでいるのである。もちろんこの濊「征討」が幽州刺史毌丘倹の指示によって行なわれたことは言うまでもない。濊は朝鮮半島の東部、日本海(東海)側にあった種族で、後漢の初期までは楽浪郡の管下に不耐県(北朝鮮江原道安辺郡附近)が設けられており、楽浪東部都尉のもとで濊の人びとも「民」として把握されていたというが、その後は侯である濊の首長

（渠帥）に統治が委ねられた。不耐侯もそうした渠帥の一人だったのであろう。東夷伝濊条には「（後）漢末期に更めて（高）句麗に属した（漢末、更属句麗）」とも書き添えられている。高句驪「征討」時点でも引き続き高句驪に「属」しており、それが「征討」の対象となった理由とされている。そして時系列で言うと、⑤に続くのが本紀（巻四斉王紀正始七年二月条）の記事である。

⑥（正始）七（二四六）年の春二月、幽州刺史の毌丘倹が高句驪を討ち、（さらに）夏五月には濊貊を討ち、皆これを破った。（その後、）韓の那奚など数十国が各々種落を率いて降伏した（七年春二月、幽州刺史毌丘倹討高句驪、夏五月、討濊貊、皆破之。韓那奚等数十国各率種落降）。

これまで見てきたように、高句麗「征討」や濊「征討」は前年の二四五年までのことであり、「春二月」や「夏五月」も前年のことと考えられる（もちろん⑤の「領東濊」と⑥の「濊貊」とは同じ勢力という解釈が前提である）。田中俊明氏は、⑤の濊「征討」に派遣された部隊が戻ったのが二四七年だったとする（同「魏の東方経略をめぐる問題点」）。その判断はむつかしいが、韓の那奚国以下の降伏に関してだけはこの年のことと考えてもよかろう。ただこれについては、べつの問題もある。つぎに掲げるのは同じ東夷伝の韓条の記事である。

⑦ⓐ景初年間（二三七〜二三九年）、明帝は密かに帯方太守劉昕と楽浪太守鮮于嗣をして海上経

路で二郡を平定させた。韓（馬韓・辰韓・弁辰）の国ぐにの臣智（有力な首長）には邑君の印綬を加賜し、其の次（のクラスの首長）には邑長（の印綬）を与えた（景初中、明帝密遣帯方太守劉昕・楽浪太守鮮于嗣越海定二郡。諸韓国臣智加賜邑君印綬、其次与邑長）。

ⓑ（楽浪郡の担当の）従事だった呉林は、楽浪（郡）が本来は韓の国ぐにを統轄していたため、辰韓の（一二か国中の）八か国を分割し、以て楽浪（郡）に与《あ》わせようとしたが、（事に当たった）吏員や通訳たちの間でいろいろと（考えに）異同が有り、（そうこうしているうちに）臣智（たちが）韓（の人びと）の忿《いか》りを激しくさせ、帯方郡の崎離営を攻撃した。時（に当たって、帯方）太守の弓遵と楽浪太守の劉茂とが兵を興してこれを伐った。遵は戦死してしまったが、二郡は遂に韓（の国ぐに）を滅ぼした（部従事呉林以楽浪本統韓国、分割辰韓八国以与楽浪、吏訳転有異同、臣智激韓（宋版はこの四字を「臣幘沾韓」とする）忿、攻帯方郡崎離営。時太守弓遵・楽浪太守劉茂興兵伐之、遵戦死、二郡遂滅韓）。

このうちⓐは公孫氏政権総攻撃の際の様子を述べた記事で（「景初中」とあるだけで年次が不詳だが、田中氏は二三八（景初二）年で、両郡の陥落は同年八月以前だった可能性を説く。同「三世紀東北アジアの国際関係」／「三世紀の朝鮮半島」）、ⓑがその後の措置をめぐる記事である。⑤には、楽浪太守の劉茂と帯方太守の弓遵が領東貊を「征討」してこれを降したこと、また⑥には濊貊「征討」後、韓の国ぐにのうち数十国が帰服したことがそれぞれ述べられている。問題は、これらの記事と⑦ⓑとの関連である。後者は帯方太守の弓遵が戦死したことを伝えているので、⑤の後に置かれるべきことは間違いない。ではそれはいつのできごとだったのか、ということになるのだが、武田幸男氏は⑥こそが⑦ⓑの結末であり、いずれも二四六年のこととする（同「三韓社会における辰王と臣智」下）。すなわち弓遵は戦死してしまったが、韓の国ぐにのうち数十もの国が曹魏に帰服したということになる。韓条によると、馬韓は五五か国、辰韓と弁辰は各一二か国からなっていたということなので、合わせると七九か国に上るが、そのうちの数十か国がこの時点で内属したということは、⑦ⓐにあるように、曹魏は海上ルートによって楽浪、帯方の両郡を制圧したものの、それにより、全ての韓の小国を内属させることはできなかったことを示唆するものでもある。

⑦ⓑの末尾にある「二郡遂滅韓」の意味も含め、韓についてはまた第四章でふれるとして、このような半島にあった諸勢力への攻撃がどこまで計画的に行なわれたのか、という問題が残っている。二四四（正始五）年に始められた高句麗「征討」が周到な計画のもとに行なわれた可能性についてはすでに指摘したが、翌年の王頎の沃沮への進撃や、劉茂と弓遵による濊「征討」も計画の一環だったのではないだろうか。なぜならば、東夷伝のうち、高句麗条には「沃沮と東濊は皆焉《こ》れ（高句麗）に属していた（沃沮・東濊皆属焉）」とあり、とくに沃沮については同じく東沃沮条につぎのような記事があるからである。

⑧（東沃沮は）国が小さく、大国の間で圧迫されていたため、遂に（高）句麗に臣属することに

なった。(高)句麗は復た其(東沃沮)の中の大人を置《た》て(高句麗の官位である)使者と為し、相《たが》いに主領《すべ》させた。又(高句麗の)大加には其の租税の(取り立ての)責務を統べさせ、貊(貂)、布、魚、塩、海中の食物などについては、千里(の道)を担い背負ってこれを(高句麗まで)致らせた。又其の美女を送出させ、これを(高句麗の)婢妾とし、その待遇は奴僕のようであった(国小、迫于大国之間、遂臣属句麗。句麗復置其中大人為使者、使相主領。又使大加統責其租税、貊・布・魚・塩・海中食物、千里担負致之。又送其美女以為婢妾、遇之如奴僕)。

東沃沮(以下、「沃沮」)の有力者である大人に使者という高句麗の官位を与えて統治させたという点において、中国王朝の羈縻支配を想起させるが、そのいっぽうで高句麗の大加が徴税の任務を遂行しているところを見ると、羈縻支配のような緩やかな支配とは異なっていたようである。最後の一文などは生口(奴婢)を貢献した卑弥呼の遣使を思わせるものがあり、高句麗の支配が多面的でかつ厳重だったことがわかる(武田幸男「魏志東夷伝にみえる下戸問題」)。これに対して、「(後)漢末期に更めて(高)句麗に属した(漢末、更属句麗)」とされる濊の「属」の内実は語られていないが、沃沮のそれと同じようなものだったと考えて大過ないだろう。漁撈や狩猟を基本としつつも、農耕をも生業として麻布や緜《まわた》も産出していた濊(李成市「穢族の生業と民族」)は、沃沮と同じように、あるいはそれ以上に高句麗からさまざまな口実によってその産品を吸い上げられたとしてもおかしくない。

右のように考えることができるとすれば、新たに曹魏と直接に境を接することになった高句麗は、沃沮と濊とを「臣属」させた「地域大国」と言える存在だったことになり、早晩曹魏との直接的な軍事衝突も避けられなかったと言うことができるかもしれない。次項では視点を変え、石刻史料から高句麗「征討」についてもう少し考えてみたい。

◈「毋丘倹紀功残碑」から

さきに掲げた②の末尾近くに「(王頎は)粛慎氏の南界まで至り、石に刻して功績を紀《しる》し、丸都(城)の山に刊《けず》り、不耐の城に銘《しる》した」とあった。これによると、王頎は「粛慎氏の南界」、「丸都の山」、および「不耐の城」の三か所に功績を記した刻石を遺して凱旋したことになる。

このうち「丸都の山」に建立された石碑が前世紀初頭に現地附近で見つかった。現在では遼寧省博物館に収蔵されている「毋丘倹紀功碑」と命名された石刻残碑がそれである。残存部分は縦三八・九×横二九・九×厚さ八・四センチに過ぎないが(『遼寧省博物館蔵 墓誌精粹』二三頁/『特別展「三国志」』一五五頁)、以下のように移録できる[図四]。

⑨「毋丘倹紀功残碑」

正始三年高句驪反[下缺](正始三(二四二)年、高句驪が反《そむ》いた。……)

督七牙門討句驪五[下缺](七人の牙門を督《ひき》いて(高)句驪を討った。五(年)……)

復遺寇六年五月旋［下缺］（復た（高句驪が）侵寇を遺《くわ》えた。（正始）六年五月に（これを平定して）凱旋した。……）

討寇將軍魏烏丸單于□［下缺］

威寇將軍都亭侯□［下缺］

行裨將軍領玄［下缺］

行裨將軍□［下缺］

通常は「毋丘倹紀功碑」と呼ばれているものだが、一見すれば明らかなように、残存部分には毋丘倹の三文字はない。彼の姓名は欠損部分に刻されていたのだという見方もあるかもしれない。たしかにその可能性は小さくないが、結論から言えば、これは毋丘倹の功績を紀《しる》した碑、すなわち「毋丘倹紀功碑」ではない。詳細は別稿（関尾「所謂「毋丘倹紀功碑」新釈」）にゆずるとして、ここでは混乱を避けるために、「毋丘倹紀功残碑」というように「残」字だけを表題に附しておきたい（武田幸男「丸都・国内城の史的位置」や、田中俊明「魏の東方経略をめぐる問題点」は「断碑」とする）。

現存しているのは七行だけで、このうち第一行から第三行は時系列で関連する事項を列記した部分、第四行から第七行までは官職名が並んでいるが、七牙門すなわち七名の軍司令官たちの姓名が刻されていたのであろう（田中「魏の東方経略をめぐる問題点」）。碑の形状から判断して、この七行で全てで、前後に欠損はなく、下部が欠損したと考えられるが、その部分の大きさはわからない。ただ七牙門は上下二段にわたって刻されていたと思われるので(上段に四名、下段に三名)、上段の姓名と下段の官職名と姓名を刻することができる程度の大きさがあったことは疑いない。また第六行の「行裨将軍領玄」には「菟太守王頎」と続けられていたものと思われ、彼も七牙門の一人だったことがわかる。同じように、第四行に見える「討寇将軍魏烏丸單于」は、第一章第一節「烏桓」でふれた、二三七(景初元)年に公孫淵のもとから毋丘倹に降った右北平烏桓単于の寇婁敦《こうろうとん》だった可能性がある(姜維東他『正史高句麗伝校注』六一頁。ただし第四行一〇字目の残画は「寇」ではないよ

[図四]
「毋丘倹紀功残碑」拓本:
神田喜一郎他監修
『書道全集 中国篇』第三巻、六八頁。

うにも見える)。巻二八毌丘倹伝によると、倹自身、幽州刺史・渡遼将軍・使持節・護烏丸校尉であった。渡(度)遼将軍は後漢の明帝年間(五七～七五年)の初めに常設された由緒ある将軍号だが(『続漢書』第二四百官志一)、そのもとにあったさまざまな下位の将軍(雑号将軍)号を帯びた人びとが動員された様子がわかる。

前項まで述べたように、高句麗「征討」は二四四(正始五)年と翌二四五(同六)年の二度にわたって行なわれたが、②には「(正始)六(二四五)年、(倹は)復たこれを征討したので、(位)宮は遂に買溝に奔走した」とあった。この⑨にも「五年……」・「六年五月」とあるので、この両年に及んだこと、そして「復遺寇」とあるので、軍事行動が二度にわたったらしいことがわかる(もっとも田中「魏の東方経略をめぐる問題点」、姜他『正史高句麗伝校注』は缺損している第二行末尾に否定の「不」や「無」といった文字を推補して、「高句麗は二度と侵寇を遺えることはなかった」と解釈する)。またこのうち、二度目の軍事行動は高句麗の侵寇に対処するためだったようである。ただこれには曹魏側の軍事行動を正当化する意図が込められていたであろうから、あるいは曹魏軍に接収された丸都に位宮が逆襲して来たのかもしれない。

ところで、曹魏側の軍事行動の正当化という点では、第一行の「正始三年高句驪反」も同じではないだろうか。そもそもなぜ二四四(正始五)年に毌丘倹が高句麗「征討」を断行したのか、という根本的な問題にも関わる。本節では、この問題についても答えを出しておかなければならない。

◈高句麗「征討」の背景

前項に掲げたいわゆる「毌丘倹紀功残碑」には、その冒頭に「正始三年に高句驪が反いた」と刻されていた。これは東夷伝高句麗条のつぎの記事に対応しよう。

⑩正始三（二四二）年、（高句麗王の位）宮が西安平に侵寇した（正始三年、宮寇西安平）。

西安平は遼東郡の属県で、遼寧省丹東市附近に置かれていた。同市振安区九連城鎮の瑷河尖古城址がその県城と推定されている（田中俊明「『魏志』東夷伝訳註初稿」一、四〇五頁／『中国文物地図集遼寧分冊』下冊、一六五頁）。ただ高句麗条の「寇」と残碑の「反」とではニュアンスが微妙に異なる。高句麗が曹魏による公孫氏政権への総攻撃に助力したことは確かだが、君臣関係（冊封関係）が結ばれていたわけではないようだ。したがって「反」というのは妥当ではないだろう。やはり二四四（正始五）年の高句麗「征討」を正当化する意図が込められていたのではないだろうか。そこで『三国史記』を見てみよう。巻一七高句麗本紀五東川王十六（二四二）年条である。

⑪（東川）王は将を遣わして遼東（郡の）西安平（県）を襲って（これを）破った（王遣将襲破遼東西安平）。

「寇」と「襲破」というように表現は異なるが、意味する所にそれほど大きな違いはないと言ってよいだろう。しいて言えば、「襲破」は曹魏領の西安平県に侵入した高句麗軍は迎撃を受けたが、それを破ったと解釈できるので、勝利を含意している。単なる「寇」とはその点で異なる。そこで⑪の翻訳を確認すると、井上秀雄氏は「王は将軍を派遣して、遼東(郡)西安平(県)を襲撃・占領した」(同訳注『三国史記』二、九六頁)とする。また東北亜歴史財団編/篠原啓方訳『高句麗の政治と社会』も同じように、「東川王一六年(二四二)、王は将軍を派遣して遼東の西安平を襲い、その地を手に入れた。西安平は鴨緑江の河口にあり、ここを高句麗に掌握された魏は、楽浪・帯方二郡との連携が困難となった。このため魏は高句麗への攻撃を敢行することを決めた」(一一二頁)と述べる。馬大正他『古代中国高句麗歴史続論』も同じで、「攻占了西安平」(一四三頁。傍点は引用者)と解する。しかし「寇」はもとより、「襲破」にも占領(「掌握」も同じ)というニュアンスは含まれない。もちろん曹魏側が受けた被害を実際よりも少なく見せかけたという可能性もあるが、少なくとも『三国志』からも『三国史記』からも「占領(掌握)」という事態を読み取ることはできない。もしほんとうにそのような事態が起きていたのであれば、高句麗「征討」にも遼東太守が主導的な役割を果たしたであろうし、進軍ルートも玄菟郡経由ではなく、遼東郡経由が(も)とられたであろう。もちろん大郡だった遼東郡の太守も七牙門の一人として名を連ねていたと考えられるが、それ以上のことはわからない。むしろ侵寇を「反」乱と過大に言いつのることにより、曹魏側が軍事行動を正当化した、それがいわゆる「毌丘倹紀功残碑」だったのではないか。たしかに「高句麗が数《しばしば》侵叛した(高句麗数侵叛)」(巻二八毌丘倹伝)とか、「高句麗が背叛した(高句麗背叛)」(巻三〇東夷伝序文）とかいうように、高句麗が叛いたとする言説も『三国志』にはあるので、背後にはこのような言説と同じ発想があったのかもしれない。

しかし高句麗による西安平侵寇は高句麗「征討」の直接のきっかけにはなったとしても（姜維恭「歴代漢族移民対高句麗経済的影響」はその解釈をとる）、そしてそれを「反」と言いつのることができたとしても、それ以上ではないだろう。田中氏は、高句麗が孫呉と再び通じる可能性が排除できなかったことが「征討」の理由だったのではないかと推測している（同「魏の東方経略をめぐる問題点」／「三世紀東北アジアの国際関係」）。孫呉は「（赤烏）二年の春三月、使者の羊衜《ようどう》、鄭冑、将軍の孫怡《そんい》を遼東に之《ゆ》かせ、魏の守将である張持や高慮らを攻撃させ、男女を捕虜として得た（二年春三月、遣使者羊衜・鄭冑・将軍孫怡之遼東、撃魏守将張持・高慮等、虜得男女）」と、巻四七呉主伝赤烏二（二三九）年三月条にあるように、公孫氏政権滅亡後も海路による北方への進出の機会を窺っており（同条に引かれた『文士伝』は公孫淵の救援が目的だったとする）、そうしたなかで、鴨緑江沿岸に位置し、海洋（黄海／西朝鮮湾）にも遠くない西安平県への高句麗の侵寇は曹魏にとって深刻な事態だったに違いない。もちろん遼東郡と楽浪、帯方両郡との往来にも支障を来しかねない。孫呉としても、遼東郡のなかでも西安平などその南部であれば、廟東群島が点在する渤海海峡を経ずとも容易に到達できたはずで、海上進出の野望を簡単には諦めるわけにはいかなかったということであろうか（一名の将軍に二名の使者を同道させているので、単なる侵略や略奪ではなかった）。ただこの一行の目的地がどこであったのかは推測に頼らざるをえない。しかし①には、孫呉の使者が安平口に至ったとある。名称から判断して、この地は西安平の近く、鴨緑江の河口附近を意味するだろう（王綿厚「漢代的東北交通与四鄰」）。とすれば、曹魏側でもこの一帯で孫呉と高句麗が接触する危険性をある程度は察知しており、⑩⑪のような事態に対しても過剰反応を起こしたという可能性も一概には否定できない。しかしここではそれとともに、つぎの二つの記事にも注目しておきたい。

⑫（景初三（二三九）年の）夏六月、遼東（郡）東沓県の人びとが海を渡って斉郡の一帯に住み着いた。（そこで）故の縦城を以て新沓県を為《つく》り、徙って来た人びとを居住させた（夏六月、以遼東東沓県吏民渡海居斉郡界、以故縦城為新沓県以居徙民）。

⑬（正始元（二四〇）年の二月）丙戌（の日）、遼東（郡の）汶《ぶん》、北豊の両県の人びとが流徙して海を渡って来たので、斉郡の西安、臨菑《りんし》、昌国三県の域内を区切って新汶、南豊両県を為り、流民たちを居住させた（丙戌、以遼東汶・北豊県民流徙渡海、規斉郡之西安・臨菑・昌国県界為新汶・南豊県、以居流民）。

前者は巻四斉王紀景初三年六月条、後者は同・正始元年二月条の記事である。つまり公孫氏政権の滅亡翌年から二年続けて遼東郡の諸県に住む人びとが海上ルートで対岸の青州に到来し、彼らを収容するために斉郡（青州の治所。山東省淄博市）内に新たに三つの県を設置することになったのである。先述したように、公孫氏政権の初期には青州出身の人士が多く身を寄せていたこともあり、政権の滅亡にともなって帰還して来たというふうに解釈できるかもしれない（大庭脩「三・四世紀における遼東地域の動向」）。しかし、東沓（遼寧省大連市金州区附近）、汶（同・大石橋市附近）、および北豊（同・瓦房店市附近）の三県はいずれも遼東半島に位置しており、この一帯の戸口がいっぺんに激減してしまったことになる。余氏は、⑫と⑬について「魏が遼東地域に対して強力な支配政策を推進したことを示唆」しているとし（同「三世紀前半の東アジアの国際情勢と高句麗の対外政策」四二頁註(110)）、真逆の解釈を示す。しかしこれは、徙民（⑫）とか流民（⑬）といった用語から判断して疑わしい。いずれにせよ一連の動きは高句麗の動向とは直接の関連はないものの、公孫氏の討滅によって、その支配下にあった地域（遼東、玄菟、楽浪、および帯方の四郡）の状況が直ちに安定に向かったわけではないことだけは確かなようだ。

しかしここまで述べてきたようなことがらや功名心などだけで、毌丘倹による執拗なまでの高句麗「征討」の真の理由を説明できたとは、私にはとても思えないのである。そこで以下に、新たな角度から試論を提示してみたい。

◈「属」の意味を考える

巻三〇東夷伝韓条に、三世紀初頭、公孫康が帯方郡を設置した際のこととして、「是の後、倭と韓は遂に帯方（郡）に属す（ることになった）（是後倭・韓遂属帯方）」という短い一文がある。西嶋定生氏はこれについて、帯方郡が新設されたことにより、倭と韓は楽浪郡から帯方郡への所属変更がなされ、これ以後は帯方郡を介して公孫氏政権に内属することになったと解釈した（同「「倭韓これに属す」の解」）。楽浪郡の南部を割いて新設された帯方郡の治所の位置については諸説あるが（田中「三世紀東北アジアの国際関係」／「三世紀の朝鮮半島」／橋本繁「三韓と辰王」）、公孫氏政権討滅後は当然ながら内属先は曹魏ということになる。このような解釈、とくにその後半部分に関しては田中俊明氏から疑問が出されているが（同「三世紀東北アジアの国際関係」二八頁註（14）／「三世紀の朝鮮半島」四〇頁註（3））、ようするにそれは「属」をどう解釈するか、という問題に尽きる。

「後漢時代の高句麗」の項で簡単にふれたが、同じ高句麗条によると、後漢の殤帝（在位は一〇五～一〇六年）から安帝（一〇六～一二五年）の治世にかけて、高句麗は玄菟郡に「属」していたが、一六九（建寧二）年に降伏した王の伯固は一旦遼東郡に「属」した。しかし熹平年間（一七二～一七八年）にはかつてと同じく玄菟郡に「属」することを乞うている。統属関係を結ぶ郡の変更は非漢族の側からも申請できたことがわかるが、このような関係の内実を示すと思われるのが、同じ高句麗条にあるつぎの一文である。

⑭漢の時代には楽人（鼓吹）や舞人（技人）を王朝から賜与され、（また）常に玄菟郡から礼服（朝服）や（中国風の）衣冠（衣幘）を受け取っていた。高句麗県の県令が其の名籍を主《つかさど》っていた（漢時賜鼓吹・技人、常従玄菟郡受朝服衣幘。高句麗令主其名籍）。

ここには「漢時」とあるだけで、前漢か後漢かは明らかではないが、東夷伝高句驪条に、「(前漢の)武帝は(衛氏)朝鮮を滅ぼし、高句驪を以て県と為し、玄菟(郡)に属させ、鼓吹と伎人を賜与した(武帝滅朝鮮、以高句驪為県、使属玄菟、賜鼓吹伎人)」とあるのに対応しよう(なお『漢書』巻九五朝鮮伝に該当する記事はない)。云うところは、高句麗の人びとの居住域を対象とした県(高句驪県)を設けるとともに、種族集団としての高句麗を玄菟郡が統属したということだろう。そして高句麗の首長に対し、内属した証しとしてその地位にふさわしい祭祀を執り行なうための楽人や舞人、さらには首長とその家族らのための礼服や衣冠が玄菟郡を通じて下賜されたというふうに解釈できる。高句麗では祭祀の都度、玄菟郡府に出向して一式を受け取ったのだろう。あるいは第一章第一節「烏桓」で紹介したホリンゴル漢墓の「寧城図」に描かれたようなシーンが玄菟郡府でも四季ごとに繰り返されていたのかもしれない。ただ高句麗条には⑭に続けて、「(その)後、(高句麗は)しだいに驕恣になり、(玄菟)郡府まで出向こうとしなくなったので、(玄菟郡の)東の界《さかい》に小さな城を築き、礼服や衣冠を其の中に置いておき、歳時ごとに(高句麗が)やって来てこれを受け取らせるようにした(後稍驕恣、不復詣郡、于東界築小城、置朝服衣幘其中、歳時来取之)」とあるので、その後、このやり取りは廃れてしまったようだが、これが「属」すなわち統属の具体的な内容だったのである(高句麗の首長にはなんらかの官爵号が授与されたからこそ、礼服や衣冠が下賜されたのだろうが、具体的には不明である)。そして高句麗の人びとの「名籍」を高句麗県の県令が管理していたことが、具体的な内容の第二である。小林聡氏はこれを「戸籍」(同「漢時代における中国周辺民族の内属について」三五頁)と表現するが、郡県民の戸籍と同じような簿籍を連想すべきではないだろう。ただ略式ながら簿籍を作成するとなると、県と高句麗双方の担当者による協働が必要だったことは疑いなく、またそれが高句麗の人びとからの収取に用いられたことも疑いない。むしろそのための簿籍であったと考えたほうが正しいかもしれない。

これに続く後漢時代の統属関係についての詳細は不明というほかないが、「属」する側になんらかの義務が附随したであろうことは疑いない。では公孫氏政権討滅後、曹魏と高句麗との間でこのような関係は復活したのだろうか。史書は残念ながらこの点について何も語らない。しかし先述したように、自身が「地域大国」として沃沮を「臣属」させ、濊を「属」させていた高句麗であってみれば（余「三世紀前半の東アジアの国際情勢と高句麗の対外政策」は高句麗条に見える小水貊も沃沮や濊と同等の存在とする）、後漢時代までのように、自らが直近に位置する郡に統属され、これを通じて中国王朝の支配を受けるという意志が仮にあったとしても、稀薄だったのではないだろうか。それは、後漢時代には挹婁を「臣属」させて重い「租賦」を取り立てていたものの、黄初年間（二二〇～二二六年）に起きた叛乱で挹婁という「臣属」勢力を失ういっぽう、自らは毎年のように曹魏の都洛陽に遣使していた夫餘（巻三〇東夷伝夫餘条／挹婁条）とは対照的ですらある（もちろん、その前提として玄菟郡に統属されており、だからこそ王頎から軍糧の提供を求められたのであろう。夫餘もそのような形で三国鼎立という中国世界の政治的分裂に関与を余儀なくさせられたのである）。

執拗な追撃や多方面からの進撃を特徴とする毌丘倹の「征討」事業は、「地域大国」としての高句麗に大きな打撃を与えるためには必須だったということになろうか。第四章第一節「クシャン朝」でふれるように、中央アジアの「地域大国」はクシャン朝(大月氏)をはじめとする多くが二二〇年代には曹魏に遣使して来ており、直接対峙することになった東方の「地域大国」高句麗を内属させることは曹魏にとって早晩達成されるべき課題だったと考えることもできよう。この一帯が、短期間とはいえどもかつて郡県制が施行され、「冠帯之国(境)」(この用語については、関尾「「冠帯之国」拾遺」/渡辺信一郎「天下観念と中国における古典的国制の成立」)として意識されていたとすれば、喫緊の課題と位置づけられていたかもしれない。

高句麗と沃沮の「征討」後の状況について詳しいことはわからないが、⑤として示したように、高句麗に臣属していた濊の旧不耐侯は新たに曹魏から不耐濊王に冊封されることになった。その結果、濊の人びとは郡県に附籍された漢族の人びとと同じような負担を負わされることになってしまったのである。誇張も含まれているとは思うが、もし濊の人びとにもこのような負担が強いられたとすれば、郡県(おそらくは楽浪郡とその属県)による管理も徹底を極めたことであろう。もっともそれこそが曹魏の望むところだったのかもしれない。高句麗への臣属から曹魏の楽浪郡への統属、これが濊の人びとに起こった「変化」ということになろう。武田氏は、統属を「属」の第一型、臣属を第二型と呼んでいるが(同「三韓社会における辰王と臣智」下、九頁)、想像をたくましくすれば、漢字・漢文を用いた文書行政が広くそして深く及んだ分だけ、濊の人びとにすれば、臣属から統属への「変化」は深刻だったのではないだろうか。

高句麗について史料をふまえつつ推測できることは以上で尽きる。政治的な事情や社会的な事情だけではなく、経済的な事情も複雑に絡んでいたはずだが、その実相を詳述するすべは残念ながらない。

おわりに

以上、本章では鮮卑と高句麗を取り上げ、曹魏との関係を中心として素描を試みた。鮮卑も高句麗も二二〇年代から二三〇年代にかけて曹魏と直接に対峙することになり、それによって大きな打撃を受けることになった。しかし鮮卑はその後四世紀に入ると、中国世界の北辺に分住していた部族が、各地で政治権力を打ち立てることになる。五世紀、一世紀半近くに及んだ華北の分裂に終止符を打ったのもそのなかの一つ、鮮卑拓跋部を母体とした北魏であった。丸都が陥落してしまった高句麗も早くに復興を果たし、四世紀には楽浪郡を陥落させる（『資治通鑑』巻八八建興元（三一三）年四月条）。かくして鮮卑も高句麗も「東アジア世界」に不可欠な政治勢力として存在し続けることになり、境界を接した北魏と高句麗との間には当然ながら政治的な関係も発生するが（三﨑良章「北魏の対外政策と高句麗」／「高句麗の対北魏外交」／井上直樹「高句麗の対北魏外交と朝鮮半島情勢」／「六世紀前半の華北情勢と高句麗」）、鮮卑と高句麗が三国鼎立という中国世界の政治的変動から深刻な影響をこうむったことを否定することはできないのである。

第三章

諸葛亮の「隆中対」

はじめに

西嶋氏が、「外民族を自己の勢力内に把握しようと」したとしてあげた六つの「外民族」のうち、「蜀は西南夷に向」かったと述べているように、蜀漢に関わるのは唯一西南夷だけである。たしかにこのほかにも諸葛亮は鮮卑との連携を模索したが、前章で詳しく見たように、それは実現することなく終わったからである。

ところで、蜀漢の対外政策の原理原則が示されているとして注目されてきたのが、「隆中対（草廬対）」である。説明するまでもなく、これは二〇七（建安一二）年、諸葛亮が訪ねて来た初対面の劉備に対し、問われるままに自らの意見を具申したもので、巻三五の本伝に収録されている。最近では蜀漢の国制を「軍事最優先型経済体制」と定義し、それは「隆中対」で示された方向性でもあるという見解も示されているが（柿沼陽平「蜀漢の軍事最優先型経済体制」）、二九五字からなるその全文が丁寧に解釈・分析されているのかと問われると、そうとも言いがたい。本章では、この「隆中対」を手がかりにしながら、蜀漢の対外政策と、そこにおける西南夷の位置づけを中心に考えてみよう。

なおこの「隆中対」を、漢代から魏晋時代にかけて、官員の候補者に対して君主が出した問題（詔策）に対する解答（対策）に引きつけて解釈する向きもあるようだが、こちらは口頭ではなく、書式が厳格に定められた文書で提出されるものなので（福井重雅「前漢対策文書再探」／大西康裕他「「西涼建初四年秀才対策文」に関する一考察」／凌文超「吐魯番出土《秀才対策文》与西涼立国之策」）、混同してはならない。劉備は君主ではないし、「隆中対」も口頭でのやり取りだったと思われるからである。もっともその分諸葛亮が自由かつ率直に自説を開陳したことは疑いないが、ここに述べられているることが彼の本心だったかどうかはまたべつの問題である。

一――「隆中対」を読む

◈「隆中対」を読む

まずは「隆中対」を読んでみよう。長くなるが、現代語訳を掲げる。

①ⓐ董卓（の専権）より以来、（各地で）豪傑が並び起ち、州を跨ぎ郡を連ねる者は勝《あ》げて数えることができません。曹操は袁紹に比べると、知名度は明らかではなく（率いる兵）衆も寡なかったのですが、それにもかかわらず遂に操は紹に克つことができました。弱小（の者）が強大になれたのは、惟だ天がチャンスを与えたというだけではなく、そもそもは人間の謀略があってのことなのです。現在、操はすでに百万の（兵）衆を擁し、天子（後漢の献帝）を手挟《たばさ》んで諸侯に命令を発しております。（ですから）まさにこれと力を争うことなどできません。（いっぽう）孫権は江東を占拠しており、（父の孫堅と兄の孫策から数えると）すでに三代目になります。その国は地勢が険しい上に、民がこれに懐いています。また賢人や能力有る者を登用しているので、これは後援とするべきで、（これと）事を構えてはなりません。

ⓑ荊州は、北から漢水や沔水（が流れ込み、南は）南海郡まで到達できるという地の利があ

り、東は呉郡や会稽郡に連なり、西は巴郡や蜀郡に通じています。ですから、まさに武力を輝かすには恰好のロケーションなのですが、今ここを治めている劉表殿は、その地を手中にしっかりと保持することができません。これは将軍殿にとって天が与えてくれた好機です。将軍殿におかれましては、何かお考えがございませんか。（また）益州は、険しく四方を塞がれている上に、沃野が千里四方に広がっており、天府の国土です。漢の高祖はこれによって帝業を起こすことができたのです。しかし今この地を治めている劉璋殿は暗愚かつ惰弱で、州の北辺には張魯が割拠しています。民は盛んで国は富んでいるのに、救済できないありさまです。智恵や才能がある士人は、優れた支配者を得たいと熱望しております。

ⓒ将軍殿は漢の帝室の血を引いておられるばかりか、その信義は四海に著《あら》われておりまます。英雄（の心）を一手に掌握され、（喉の）渇いた者（の水を求める）が如く賢者を思慕されております。（ですから）もし荊州と益州を（二州にわたって）保有し、その巌阻（の地勢に頼ってこことを）保《まも》り、西方では**諸戎**と和し、南方では**夷越**を撫《やす》んじ、外（に向けて）は孫権と友好を結び、内（に向けて）は政治の道理を脩め、天下に変事が起こったならば、一人の上将に命じて荊州の軍衆を将《ひき》いて宛から洛陽に向かわせ、将軍殿がご自身で益州の（兵）衆を率いて秦川に出撃なされば、（華北の）民衆は一人残らず簞《はこ》（飯櫃）の食べ物と壺の飲み物を持ち寄って将軍殿を歓迎することでしょう。誠にこのようであれば、将軍殿の覇業は成就し、漢の帝

室は復興されることでしょう（自董卓已来、豪傑並起、跨州連郡者不可勝数。曹操比於袁紹、則名微而衆寡、然操遂能克紹。以弱為強者、非惟天時、抑亦人謀也。今操已擁百万之衆、挟天子而令諸侯。此誠不可与争鋒。孫権拠有江東、已歴三世、国険而民附、賢能為之用、此可以為援而不可図也。荊州北拠漢・沔、利尽南海、東連呉・会、西通巴・蜀、此用武之国、而其主不能守、此殆天所以資将軍、将軍豈有意乎。益州険塞、沃野千里、天府之土、高祖因之以成帝業。劉璋闇弱、張魯在北、民殷国富而不知存恤、智能之士思得明君。将軍既帝室之冑、信義著於四海。総攬英雄、思賢如渇。若跨有荊・益、保其巌阻、西和**諸戎**、南撫**夷越**、外結好孫権、内脩政理、天下有変、則命一上将将荊州之軍以向宛・洛、将軍身率益州之衆出於秦川、百姓孰敢不簞食壺漿以迎将軍者乎。誠如是、則覇業可成、漢室可興矣）。

劉備はこの具申に対して一言、「善」と言ってうなずいたようだ。これ以後、関羽や張飛らが嫉妬するほどに劉備と諸葛亮の交わりが深まったというので、劉備が「隆中対」の主張を全面的に受け容れたということだろう。

◈「隆中対」の構成と内容

訳文を三つの段落に分けたように、「隆中対」はⓐの曹操と孫権の両勢力に対する現状認識、ⓑの荊州、益州の二州領有の意義とその可能性、そしてⓒの二州領有後から漢王朝復興に至るまでの戦略、この三つの部分から構成されている。このうちⓑでは、荊州が長江とその支流を利用すれば東西南北どの方向にも進出できる交通の要衝として説かれている。攻撃に打って出るのが容易な（逆に攻撃されると脆い）ロケーションなのである。このような荊州のロケーションへの認識は、「今、国内（海内）は分裂し崩潰せんとしています。唯だ荊州だけは州域が広大で地味に勝《すぐ》れているばかりか、西は巴郡や蜀郡に通じ、南は交阯（ここでは交州のこと。後漢時代、交阯は州名でもあったが、本書では郡名との混乱を避けるために引用以外は交州とする）に相対しています。穀物は独《ひと》り登《みの》り、兵士や居民は（他の州に比べれば）保全されています（今海内分崩、唯有荊州境広地勝、西通巴・蜀、南当交阯、年穀独登、兵人差全）」（『後漢書』巻六四趙岐伝）という二世紀末頃の趙岐の言説にも共通するものがあり、目新しいものではない。そしてそれとは対照的に益州は守備するのに適した（攻撃にも耐えられる）要害の地である。このように対極とも言うべき二つの州を一手に収めることができたならば、まさに「怖いものなし」だろう。そしてこのような二州領有を前提としてⓒがあるのである。このことを忘れてはなるまい。

前著でもふれたように（関尾『三国志の考古学』第四章「呉の地方行政と地域社会」）、荊州から長江支流の湘江を南にさかのぼると、源流近くで霊渠によって灕江に通じており、その灕江の流れはやがて珠江に合流して番禺県（広東省広州市）近くで南シナ海（南中国海）に注ぐ。番禺県は交州南海郡の郡治である。このうち湘江—霊渠—灕江（桂江）の部分は、一世紀前半、交阯郡で起きた徴姉妹の乱の平定に向かった馬援らが頼ったルートでもある（三津間弘彦「『後漢書』南蛮伝の領域性とその史的背景」）。また湘江の支流である耒水（東江）を遡航し、南嶺を越えると珠江（北江）の支流である武江や滇江の源流域に出ることができる。この一帯は今でこそほぼ南嶺を境にして北は湖南省、南は広東省と分かれているが、後漢時代には南嶺の南北ともに荊州管下の桂陽郡（郡治の郴県は湖南省郴州市蘇仙区）に属していた。南隣の南海郡から交易商人が到来することもあり、一七〇年代に桂陽太守だった周憬が北江流域で水利工事を推し進めたことが記録されている（新津健一郎「二―三世紀「東ユーラシア」の中の嶺南・北中部ベトナム地域」／関尾「「後漢桂陽太守周憬功勲銘碑陰」について」）。目的が交通路の充実にあったことは疑いなく、後漢時代にはこのルートを利用して交阯郡の人びとが交易のために長沙郡（湖南省長沙市）との間を往来していたとする見解も出されている（張朝陽「長沙五一広場東漢簡所見交阯」／「東漢臨湘県交阯来客案例詳考」）。しかしこれらのルートを確保するためには、「南方では**夷越**を撫《やす》んじ」なければならなかった。これと同じように、荊州で北から長江に合流する漢水や沔水（いずれも漢江のことで、漢水がその上流の、沔水がその下流の名称）をさかのぼると、やがて流水方向は西から東へ向かうようにかわる。したがって「**諸戎**と和」すべき西方とは巴郡や蜀郡のことではなく、漢江の源流やそれと指呼の間にある嘉陵江の流域のことであろう。漢江をさかのぼって嘉陵江やその支流域に達すれば、後漢時代、もうそこは中国の最西端に位置する涼州で、さらに進めば、長安を中心とする関中地域を経ずとも涼州の西部すなわち武威、張掖、酒泉、敦煌のいわゆる河西四郡まで到達することができる。しかしそのためには、「西のかた**諸戎**と和」さなければならなかったのである。

非漢族を意味する「諸戎」と「夷越」は最後のⓒの一節のなかに登場する。谷口房男氏はこの

「西方では**諸戎**と和し、南方では**夷越**を撫ん」ずるという「懐柔策」は、「蜀漢における民族政策の基本姿勢であ」るという（同「諸葛孔明の異民族対策」一四五頁）。渡邉義浩氏もこれを「懐柔」と見て、「隆中対」に示された「異民族政策」は「後漢「儒教国家」の異民族政策の継承」だったとする（同「諸葛亮の外交政策」一一五頁）。しかし懐柔であろうとなかろうと、また継承であろうとなかろうと、諸戎も夷越も三国が鼎立する政治状況のなかで平穏ではありえなかったはずである。そもそも諸葛亮は具体的にどのような非漢族を念頭に置いて諸戎や夷越といった表現を用いたのだろうか。この点について渡邉氏は、「「西のかた諸戎と和」すは、涼州経由の北伐を支える戦略となり」、「「南のかた夷越を撫」すは、南征および南中統治の基本方針となった」と述べている（一二一頁）。本文によると、諸戎としては氐や羌が、夷越としては蛮や西南夷が考えられているようである。そうだろうか。そもそも右に述べたように、ⓒの戦略は荊、益両州を領有するというⓑを前提としているが、その後、荊州を孫呉に奪取されて益州一州に逼塞することを余儀なくされてしまったからには、当然この戦略にも見直しが求められることになったはずで、渡邉氏の見解にも見直しが必要だろう。

周知のように、中国世界の周縁にあった非漢族は方位によって、それぞれ東夷、西戎、南蛮、北狄と総称されていた。それに照らせば、西の諸戎というのはわかるが、南が諸蛮ではなく、夷越というのはどうしてなのだろう。たしかに西嶋氏があげているように南方、当時の益州南部すなわち現在の四川省南部から貴州、雲南の両省にかけての広い一帯には西南夷と呼ばれる人びとが各地に分住していた。『史記』をはじめとして歴代の正史にもその列伝が立てられており（『史記』巻一一六西南夷列伝／『漢書』巻六五西南夷両粤朝鮮伝／『後漢書』巻八六南蛮西南夷列伝）、夷越の夷をこの西南夷と解釈するのはわかりやすい。ただⓑの「（南は）南海郡まで到達できる（利尽南海）」という一節を先のように解釈すると、西南夷の居住域はあまりにも西に偏りすぎており、疑問が残る。では越はどうだろうか。第一章第二節で見た山越はもとより、かつての東甌や閩越の領域も、西南夷とは反対に東に偏りすぎている。あらためて諸戎とともに夷越についても考えてみる必要がありそうだ。

◈諸戎と夷越

「西和**諸戎**、南撫**夷越**」に対する主だった解釈を最初に見ておくと（前項で紹介した事例は除く）、まず宮川尚志『三国志』は、訓読文の当該箇所に「蜀の西には氐・羌、さらに遠く北に鮮卑あり、南の雲南・貴州には南夷がいた。越は南方民族の総称」（一四八頁）という註を附している。また井波律子訳『正史三国志』第五冊は、「西方の諸蛮族をなつけ、南方の異民族を慰撫なさって」（一〇六頁）と訳しており、ともにあまり参考にはならないようである。最新の渡邉義浩他編『全訳三国志』第六冊は、「西方ではもろもろの西戎をなつけ、南方では異民族や越族を慰撫して」（一六三頁）とする。夷越は「異民族と越族」と解釈されたようだが（つまり「夷と越」）、越族も異民族（非漢族）なのだから、これはおかしい。先掲の渡邉氏の理解とも矛盾を来している。また「隆中対」を要約した柿沼陽平『劉備と諸葛亮』は、後半部分だけを「南蛮西南夷（現在の四川省の西南に点在する少数民族）を手なづけよ」（一一九頁）と訳す。前半部分は無視されており、これでは不完全だろう。後半部分についても、南蛮と西南夷は別箇の存在である。たしかに『華陽国志』巻四南中志の総叙冒頭に「寧州は晋の泰始六（二七〇）年に初めて置かれた。蜀（漢）の南中諸郡で、庲降都督が治めていた（地である）。南中はその昔は**夷越**の地であって、滇濮、句町、夜郎、葉楡、桐師、嶲唐といった王侯（クラス）の国が十を以て数えるほどであった（寧州、晋泰始六年初置。蜀之南中諸郡、庲降都督治也。南中在昔蓋**夷越**之地、滇濮・句町・夜郎・葉楡・桐師・嶲唐侯王国以十数）」とあり、西南夷の諸種族が一括して夷越と呼ばれている。したがって柿沼氏の解釈にも一理あるのだが（なお中林史朗『華陽国志』はこの夷越を「南夷と南越を総称したもの」とする。一七二頁）、第一章第二節に⑨として紹介した「漢成陽令唐扶頌」の夷粤（越）は西南夷ではなく、百越（の末裔）のことだったわけだから、夷越即西南夷と決めつけることは危険である。中国では、白翠琴「論蜀漢〝西和諸戎、南撫夷越〟之策」のように、この句だけを取り出して分析した成果も出ているが、白氏は諸戎を氐と羌、夷越をやはり西南夷と解している。どうやら納得できる解釈は残念ながらなさそうだ。以下は私なりの試論である。まずは諸戎から。

裴松之が巻三〇烏丸鮮卑東夷伝の注に引いた魚豢《ぎょかん》の『魏略』西戎伝の記述は氐から始まり、貲虜（「本匈奴也」とあるが、胡か）、羌（正確にはその一部）と続けてから中央アジアすなわち西域に及んでいる。諸戎とあるからには、これらのうち複数の種族を念頭に置いていたと思われるが、西戎伝の冒頭に出てくる氐がその筆頭にあったことは疑いない。西戎伝にも「漢が益州を開いて武都郡を置き、その種族（氐）の人びとを排除するようになったので、（彼らは）分かれて山谷の間に竄《のが》れ、（現在その）一部は（酒泉郡の）福禄（県。正しくは禄福。甘粛省酒泉市粛州区）に在り、また一部は（右扶風の）汧《けん》（県。陝西省隴県）、（漢陽郡の）隴（県。甘粛省張家川回族自治県）一帯に在る（自漢開益州、置武都郡、排其種人、分竄山谷間、或在福禄、或在汧・隴左右）」とある。汧、隴の両県はともかく、禄福県は武都郡から遠く離れているので、これを武都郡の属県である上禄県の誤りと見る向きもあるが、それはともかくとして前漢時代、益州管下に武都郡が置かれると、氐の人びとは移住や移動を強いられることになったようである。後漢時代になると、武都郡は涼州に移管されるが、郡域には前漢と後漢を通じてほとんど変化がなく、現在の甘粛省隴南市一帯にあたる。北から南に向かって嘉陵江が流れ、その支流の白龍江や西漢水が蛇行する涼州最南端の郡である。成都（益州）から涼州に達する交通路は複数あるが（陳良偉『絲綢之路河南道』）、荊州から漢江をさかのぼって西行した場合は、武都郡の域内を経由しなければ、涼州西部に到達することはできなかった。武興（陝西省略陽市）から下辨（甘粛省成県附近）に向かう祁山道や、陰平（甘粛省文県）から沓中（同・舟曲県岷県一帯）に至る陰平道などが武都郡やその西隣の陰平郡の域内を通っていた（孫啓祥「隴南古道与蜀道申遺」）。氐については次節であらためて詳述するとして、諸戎の筆頭にこの氐をあげることは異論ないだろう。問題はつぎの夷越である。

夷越の解釈はむつかしい。「夷の越」、「夷と（や）越」の二通りの解釈が可能だからである。ただ諸戎が「諸《もろもろ》の戎」だったとすれば、こちらも「夷《えびす》の越」だったのではあるまいか。ようするに夷は西南夷の略称ではなく、非漢族一般を意味したのではないか。つまり越のほうにポイントがあるというのが私の考えである。では、その具体的な内容についてはどう考えればよいのだろうか。巻三八許靖伝に引かれている靖が曹操に宛ててしたためた書信の一節が手がかりを提供してくれる。

　孫策の江南進出に抗《あらが》って交州に難を避けた靖は、この地で交阯太守の士燮《ししょう》から優待されることになった。書信には曹操が献帝の洛陽帰還に貢献したことが述べられているので、二世紀の極末のことと思われる。多くの先行研究にあるように（後藤均平「士燮政権」／川手翔生「嶺南士氏の勢力形成をめぐって」／新津「二―三世紀「東ユーラシア」の中の嶺南・北中部ベトナム地域」）、この時期、交州一帯は実質的に士燮に率いられた士氏一族の勢力圏だった。巻四九士燮伝によると、士燮の祖先は魯国の汶陽県（山東省泰安市附近）に本籍を置いていたが、前漢と後漢の交替期に交州に避難して蒼梧郡広信県（広西チワン族自治区梧州市）に住み着き、この地に本籍を移した。父の士賜が日南太守に就いたのに続き、燮自身も交阯太守にのぼった。一八〇年代前半のことであり、士燮が拠点とした交阯郡の治所だった龍編《ルンケー》県城（ベトナム、バクニン省）のプランも明らかになっている（西村昌也「ルンケー城の研究」）。

　その後の経緯については、右の新津論文に詳しいが、刺史の朱符が叛乱勢力に殺害されたのを契機に、燮は弟である壱、䵋《かい》、武の三人をそれぞれ合浦太守、九真太守、南海太守に就けることに成功する。この三郡も交趾郡と同じように沿海部に設けられた郡だが、交州管下には七つの郡が設けられていたので、過半の四郡の太守を士氏の兄弟が占めることになったのである（このほか、本籍の蒼梧郡にも勢力を扶植していたことは間違いない）。一九〇年前後のことだろうか。華北では黄巾の乱と隴右叛乱が勃発し、その後も政治的、社会的な混乱が続くなかで、董卓が専横をふるっていた時期に相当する。士燮兄弟が太守の地位を占めることができたのも、内地におけるこのような混乱が一因だろう。加えて若い頃、洛陽で劉陶に春秋左氏伝を学んだ燮が学術を奨励したため、混乱に陥った内地から多くの人びとがこの地に避難して来た。『釈名《しゃくみょう》』の撰者である劉熙もその一人だが（巻五三薛綜伝）、そういった人びとの群れに許靖も含まれていたのである。前置きが長くなってしまったが、長文の書信から行論に関連する箇所を掲げておこう。

②便ち、袁沛や鄧子孝らと大海原を渉りきって南の方《かた》交州に至りました。（その途次）東甌や閩越の国ぐに（がかってあった地）を経由しましたが、万里を行っても漢族の居る地を見ることがありませんでした。強風に薄《さら》され高波のなかを漂い、食糧も絶えたため野草を茹《くら》ったりもしましたが、飢殍《うえじに》する（者が出る）に薦臻《いた》り、（結果として）ほとんどの者が死没してしまいました。既にして南海を済《わた》りきり、領守（太守）の兒孝徳殿に相見えることができました。（そして）足下（曹操のこと）が忠義の心を奮《お》い発こし、兵車を整飭《ととの》えて西の方、大駕（皇帝のこと）をお迎えになり、中嶽（嵩山）を巡行されたことを知りました。この休《よろこ》ばしい問《たより》を承け

て悲しくも憙《よろこ》ばしく、早速袁沛や徐元賢らと共に復た旅装をし、荊州に向けて北上しようとしました。しかし会《たまたま》、蒼梧郡管下の諸県で**夷越**が続けざまに蜂起したため、（交）州の役所も傾覆され、道路は隔絶してしまいました。（同行の徐）元賢は害にあい、老人や弱者は並《みな》殺されてしまいました（便与袁沛・鄧子孝等浮渉滄海、南至交州。経歴東甌・閩越之国、行経万里、不見漢地。漂薄風波、絶糧茹草、飢殍薦臻、死者大半。既済南海、与領守児孝徳相見、知足下忠義奮発、整飭元戎、西迎大駕、巡省中嶽。承此休問、且悲且憙、即与袁沛及徐元賢復共厳装、欲北上荊州。会蒼梧諸県**夷越**蠭起、州府傾覆、道路阻絶。元賢被害、老弱並殺）。

「万里を行っても漢族の居る地を見ることがありませんでした」という件《くだり》などは、第一章第二節「山越」で紹介した『臨海水土志』の世界を想起させるが、許靖はその後、劉璋の招きにより益州に入ることができ、やがて劉備が漢中王になると太傅の地位を与えられた。この書信で許靖は、交州の蒼梧郡一帯にあった非漢族を夷越と呼んでいる。先にふれたように、蒼梧郡は士燮ら士氏一族が本籍をつないでいた郡で、番禺県（広東省広州市番禺区）を中心とする南海郡の西隣に位置する。蒼梧郡から珠江の支流に沿って北上すれば、荊州の零陵（湖南省永州市を中心とする地域）、桂陽（同・郴州市を中心とする地域）の両郡も遠くなく、先述したように、交州から荊州南部への移動にはいくつかの選択肢もあった。しかしこのたびの夷越の叛乱は、蒼梧郡内にとどまらず、当時交州の州治があった南海郡にも及んだことになる。残念ながら士燮伝や『後漢書』本紀などには「**夷越**

鑫起」に相当する記事を見出すことができないので、その詳細は不明と言うほかないが、南海郡やその周辺地域にあった非漢族が夷越と呼ばれていたことは疑いない。「隆中対」の文脈からして、諸葛亮が撫んずべきとした南方の夷越とは、彼らのことであったと考えてよいだろう。後漢時代の交州は、長江流域と珠江流域の分水嶺である南嶺(五嶺)山脈以南(そのうち一部は荊州)、すなわち嶺南地域から北部ベトナムに及ぶ広大な領域を管下に置いていたのだが、そこは先住系の非漢族の社会が拡がる世界だったのである。以下ではもう少し詳しく、当時の交州とこの夷越ないしは先住系の非漢族について見ておこう。

◈交州をめぐる攻防

諸葛亮が「隆中対」を説いたとされる二〇七年時点の交州には、荊州南部を足がかりにして交州にも影響力を及ぼそうと企図した劉表によって送り込まれた刺史の頼恭と蒼梧太守の呉巨が一方に、そして後漢の朝廷(実際には曹操)から、交阯太守に加えて綏南中郎将に任じられ「(交州)七郡を董督(董督七郡。董も督も「監督」)」する権限を与えられた士燮がもう一方に居るという、いわば二重権力状態にあった。朝廷への貢献を欠かさなかった燮はやがて安遠将軍・龍度亭侯も授与されるが、諸葛亮にしても交州がこのような二重権力状態にあったことは承知していたはずである。

そもそも劉表や曹操が交州に関心を抱き、そこに触手を伸ばそうとしたのはこの一帯が交易の拠点だったからである。この点についても近年、川手翔生氏が詳しく論じている(同「嶺南士氏交易考」)。それによると、交易で入手できる産品の多くは現地の嶺南地域や北部ベトナムで産出されるか、採集できるもので、これに永昌郡(雲南省保山市を中心とする地域)や益州郡(同・晋寧県を中心とする地域)など南中地域を経由してインド、ミャンマー方面からもたらされた産品が加わる。いずれも黄河流域の華北や長江流域の華中ではほとんど入手できないものばかりで、これらを貢献することにより、士燮は後漢の朝廷(曹操)の歓心を買おうとしたに違いない。そして諸葛亮の思惑も交易品の獲得にあったことは疑いなく、「隆中対」の翌年、「赤壁の戦」で曹操を北に駆逐すると、亮自ら交州に通じる荊州南部(長沙、零陵、桂陽の三郡)を督する軍師中郎将に就いたのもそのためであろう。二世紀後半から荊州南部では叛乱が頻発しており、それが蒼梧、南海、交阯、および合浦といった嶺南諸郡にも及ぶようになった(後藤均平「反乱の記事を追う」)。そういった半世紀まえのできごとはもとより、古くは秦の始皇帝が霊渠を開鑿して嶺南に攻め込み、南方の珍奇な産品を求めた故事(松田壽男「東西絹貿易」)も、亮の脳裏には浮かんでいたかもしれない。いずれにせよ、交州を何とか手に入れたいという思いは孫権も同じことで、最後は権が機先を制して二一〇(建安一五)年、歩隲を交州刺史・立武中郎将としてこの地に送り込むと、士燮は一族挙げて隲に降ることになるのである(菊地大「前期孫呉政権与荊州・交州」/胡暁明「三定交州与孫呉国運」。なおその過程で呉巨も殺害された。頼恭は劉表の死後、巨によってすでにその地位を追われていた。満田剛「劉表政権について」)。これ以降、曹操に替わって孫権が交州に集散する交易品を独占することになった。士燮伝は彼が孫権のもとに毎年のごとく、雑香(香薬)、細葛(葛布)、明珠(真珠)、大貝(宝貝)、流離

（瑠璃）、翡翠、瑇瑁（玳瑁）、犀（犀角）、象（象牙）、蕉（バナナ）、邪（椰子）、龍眼、馬などを貢納したことを伝える（カッコ内は川手「嶺南士氏交易考」による）。かくして、せっかく亮が示した「南方では**夷越**を撫《やす》ん」ずるという方策は早くも抜本的な修正を迫られるのだが（長沙・桂陽両郡も二一五年、孫権の手にわたることになった）、そろそろ肝心な問題、夷越に話を戻さなければならない。

◈「夷越」の内実

夷越が交州一帯、あるいはその地の人びとを意味していたとして、なぜそれが夷越と呼ばれたのであろうか。

周知のように、かつてこの地には南越という国家があった。秦末の混乱に乗じて南海郡尉の趙佗によって建てられ、五代目の趙建徳の時代に前漢の武帝によって滅ぼされるまで、番禺県に都を置きながら約百年（前二〇三～前一一一年）にわたり、現在の広東省と広西チワン族自治区からベトナム北部一帯に支配を及ぼした国である。第一章でふれた東甌や閩越とは異なり、王こそ漢族（趙氏の本籍は常山郡真定県（河南省正定県））だが、越族（百越）が先住していたことは東甌や閩越と同じである。この地を初めて中国世界に組み込むことになった秦は、桂林、南海、および象郡の三郡を設け、「適（謫）徙の民を以て**粤**と雑居させた（以適徙民与**粤**雑処）」（『漢書』巻九五両粤伝）。すなわち流刑に処せられた犯罪者をこの地に送り込み、先住の粤（越）族と共住させた。劉邦が前漢を開くと、趙佗を南粤王に封じて「**百粤**を和輯《やわ》らげ（和輯**百粤**）」（同）させている。

しかし南越が滅亡した後も、この地が独自の習俗をもつ越族の生活空間であったことは、後漢初めに九真太守となった任延《じんえん》の伝（『後漢書』巻七六循吏伝）に見えている。

③又た**駱越**の民には婚姻の礼法というものが無かった。それぞれが淫《みだ》らに交合し、配偶者に適《とつ》ぐということもなく、父子の性《さが》や夫婦の道を識らなかった（又**駱越**之民無嫁娶礼法、各因淫好、無適対匹、不識父子之性、夫婦之道）。

このような家族関係は、一夫一婦制を標榜する儒教のイデオロギーからすればあってはならないことで、これを是正しようとしたからこそ任延は循吏たりえたわけだが、越族（駱越は越族の一部族とされている）独自の習俗は長吏の施策によって簡単に消滅するようなものではなかった。

④此れ（秦が三郡を設けて）より已降、四百年余りになりますが、（その後も錫光《せきこう》や任延らと）似たような施策が随分と行なわれました。（しかし）自分がかつて難を避けて始めてこの地に至った際、珠崖（郡）では州や県（が執り行うところ）の婚礼以外は、皆八月の戸籍を引《ただ》す時期を須《ま》ち、人びとが集会《あつ》まった時に男も女も自分に適《かな》う（相手を）相《えら》び、そこで夫婦となってしまい、父や母でも（それを）止めることはできませんでした。（加えて）交阯郡の麊冷《びれい》県と九真郡の都龐《とほう》県では、皆兄が死ぬと、弟がその嫂《あによめ》を妻とします。代々此れが習俗となっており、

長吏も恣《ほしいまま》にさせるしかなく、禁制を出すことはできませんでした。（また）日南郡では、男も女も裸体でおり、これを羞じらうことはありませんでした。こうしたことから言えば、（彼らは）虫けら（も同然）なのであって、人間の顔つきをしているだけなのです（由此已降、四百余年、頗有似類。自臣昔客始至之時、珠崖除州県嫁娶、皆須八月引戸、人民集会之時、男女自相可適、乃為夫婦、父母不能止。交阯糜泠・九真都龐二県、皆兄死弟妻其嫂。世以此為俗、長吏恣聴、不能禁制。日南郡男女倮体、不以為羞。由此言之、可謂蟲豸、有靦面目耳）。

交州刺史だった呂岱の配置換えを考えていた孫権に対して、岱以外に適任者がいないとする薛綜の上言の一部である（巻五三薛綜伝）。誇張を含んでいるとはいえ、越族の人びとに対する差別意識に満ちあふれた綜の上言はまだまだ続くのだが、これは彼がたんに漢族であるというだけではなく、避難先の交州で劉熙に師事したこと、またかつて呂岱のもとで合浦、交阯両郡の太守を歴任して現地の様子を熟知していたことも、このような差別意識を助長することになったのだろう。この薛綜の上言を長々と引いた陳寿にも同じような意識があったのではないだろうか。そのことは、巻五七陸績伝の評曰条からも読み取れる。

⑤陸績が揚雄の『太玄経』に注をつけたのは、孔子（仲尼）における（『春秋』に伝を附した）左丘明や、老子（老聃）における荘子（厳周）のようなものである。（このように）貴ばれ重んぜられる

べき人材を**南越**に太守と作《な》したのは、立派な人物を賊《そこな》うことになるのではないか（陸績之於揚玄、是仲尼之左丘明、老聃之厳周矣。以瑚璉之器、而作守**南越**、不亦賊夫人歟）。

学識豊かな陸績だが、孫権は彼を交州の鬱林太守に任じた。評曰条はそのことを言っているのだが（交州がかつての南越の領域とほぼ重なるために、「作守南越」という表現が使われたのだろう。士燮伝の評曰条にも同じ表現があるが、ここにも差別意識が感じられる）、「立派な人物（夫人）」は交州の長吏にはふさわしくないというのが陳寿の考えだったようだ。

説明に手間取ってしまったが、ようするに諸葛亮が「隆中対」で撫んずべしとした南方の夷越（夷の越）とは、交州にあった先住系非漢族である越族（百越）のことであった、それが本節の結論である。しかしベストの選択肢は失われてしまった。蜀漢が「西南夷に向」かわざるをえなかったのはひとえにそのためだったのである。これはいわば次善の策であった。

◈「西和諸戎、南撫夷越」に込められた意図

右に述べてきたように、諸戎は涼州にあった氐をはじめとする西戎、夷越は交州にあった越族（百越）のことだったとして、それではなぜ諸葛亮はこのような非漢族対策を構想したのであろうか。この問題に見通しを立てておかないと、本節を閉じることもできない。以下、推測を交えな

がら考えてみよう。

「利尽南海」と言われた南海郡のなかでも、郡治である番禺県は早くから南海交易の拠点であった。士燮が孫権のもとにもたらした貢納品の多くが嶺南地域や北部ベトナムで産出され、採集できるものだったとしても、番禺が合浦郡の合浦(広西チワン族自治区合浦県)、徐聞(広東省徐聞県)両県とともに、そのような産物が集散する拠点の一つだったことに変わりはないだろう(川手「嶺南士氏交易考」)。また嶺南地域や北部ベトナムに限らず、広く東南アジア(および東南アジア以西)との間でモノとヒトの出入があったことも確実である。よく知られた史料だが、梁の慧皎《えこう》『高僧伝』巻一訳経上に立伝された康僧会《こうそうえ》の例がある。

⑥康僧会の先祖は康居(サマルカンド)の出だが、代々天竺(インド)に居り、其の父親は商売のために交阯に移って来た。(しかし)僧会が十歳余(の時に)二親が並《とも》に終《し》んでしまった。(僧会は)至って孝行で、服喪(の期間)が畢わると、(二親を弔うために)出家した。……後漢の献帝の末年に(世情が)乱れると、呉の地に避難して来た。孫権が其の才能を聞きつけて、これを召し出して閲見したところ(噂通りだったので)悦び、博士に任じた(康僧会、其先康居人、世居天竺、其父因商賈移于交阯。会年十余歳、二親並終。至孝、服畢出家。……漢献末乱、避地于呉。孫権聞其才慧、召見悦之、拝為博士)。

康僧会はサマルカンド出身のソグド人だったようだが、インドを経て父親の代に交易のために交阯に至っている。彼自身は両親の没後に出家して後漢末期には江南に入り、孫権に仕えた（荒川正晴「漢晋期の中央アジアと中華世界」。ただし僧会が出仕した年代については諸説ある）。詳しいことはわからないが、出家したのは士燮が太守だった交阯でのことだった可能性もある。また士燮の威勢が描かれたなかに、「（士燮が）出入する際には鍾や磬が鳴らされ、威儀を備具《そな》えて笛や鼓の軍楽が奏でられた。車馬や騎馬が道に満ちあふれ、（燮が乗った）轂《くるま》を取り囲むようにして常に数十人ほどの**胡人**が香を焚いて（付き随った）（出入鳴鍾磬、備具威儀、笳簫鼓吹。車騎満道、**胡人**夾轂焚焼香者常有数十）」（巻四九士燮伝）という一文がある。胡とは当時にあっては、なお羯胡や盧水胡など匈奴系の非漢族をさすこともあったが、広く中央アジアを中心に西方系の非漢族をさすために用いられるようになっており、これもインド（天竺）人と解釈されてきたが（後藤「士燮政権」など）、新津氏は「ベトナム中南部の諸集団」という可能性を示唆している（同「二―三世紀「東ユーラシア」の中の嶺南・北中部ベトナム地域」九一頁）。ただ⑥の康僧会父子の例をふまえるならば、この胡にはサマルカンド出身のソグド人のような存在が含まれていたと考えることもできよう。また宣化従事の朱応とともに孫権によって扶南に派遣され、『扶南伝』を著した孫呉の中郎康泰（『梁書』巻五四諸夷・海南伝／渡部武「朱應・康泰の扶南見聞録輯本稿」）も、その姓から判断して康僧会と同じくソグド人であろう。交易のネットワークにつながっていて、東南アジア各地の事情を熟知していたために使者に抜擢されたと考えることも充分に可能である。加えて二二六（黄武五）年には大秦の商人である秦論が交阯にやって来たという記事もある（『梁書』巻五四／関尾「山越とその居住域」）。実際に大秦国すなわちローマ帝国の商人だったのかは疑わしいが、ソグド人のような西方系の人びとが交易を主たる目的として交州に到来するということは、あるいは定期的でも頻繁でもなかったのかもしれないが、事実としては認められよう。

「利尽南海」と言った諸葛亮の脳裏には、交州にとどまらず、その彼方に拡がる世界が描かれていたのではないだろうか。しかしそのような世界とつながるためには「南撫**夷越**」が不可欠の前提だったのである。これが私の推測である。

それではもういっぽうの「北拠漢・沔」については、どう考えればよいのだろうか。諸戎が涼州にあった氐をはじめとする西戎だったとして、諸葛亮の視線はどこに、あるいは誰に向けられていたのだろうか。氐とその動向については次節であらためて取り上げるので、ここでは簡単にふれておこう。

前著でも述べたように（関尾『三国志の考古学』第五章「諸葛亮の「北伐」と涼州」）、第一次「北伐」に先だって後主劉禅が発した詔に、次のような一節がある（巻三三後主伝建興五（二二七）年条注引『諸葛亮集』）。

⑦涼州の諸国王は、各々月支、康居胡侯の支富や康植ら二〇人余をして（蜀漢に）詣《いた》って指令（節度）を受けさせ、大軍が北方に出撃する際には、直ちに兵馬を率将《ひき》い、先駆として奮戦

致したい（と告げてきた）（涼州諸国王各遣月支・康居胡侯支富・康植等二十餘人詣受節度、大軍北出、便欲率将兵馬、奮戈先駆）。

前著ではここに見えている涼州諸国王を、涼州の各地に定住していた中央アジア系の非漢族集団の指導者たちと考えてみた。康居胡侯康植はその下位にあったソグド人であろう。また月支（氏）胡侯支富はインド系（クシャン人）であろうか。三世紀の時点で、彼らとくにソグド人が武威、張掖、酒泉、敦煌のいわゆる河西四郡に進出を果たしていたことは各種の史料が証明している（栄新江「北朝隋唐粟特人之遷徙及其聚落」／関尾『三国志の考古学』第五章）。そして彼らが共同で「北伐」への協力を申し出たのは、涼州から南下して蜀漢の都である成都や漢江流域、さらには渭河（渭水）流域に進出するための交通路を確保したかったからではないかと推測した。そのためには武都郡とその周辺（それは氏の居住域でもある）の安全が保障されなければならなかったということである。

ところで成都近郊の中江県で見つかった塔梁子三号崖墓から、月氏（クシャン）ないしは康居（ソグド）と覚しき中央アジア系の人びとが舞踏するさまを描刻した壁画が出土している［図一］（四川省文物考古研究院他編『中江塔梁子崖墓』／籾山明「もうひとつの三国志」）。詳細は別稿を参照願いたいが（関尾「〝涼州諸国王〟と蜀地方」／「塔梁子崖墓の胡人画像について」／「中江塔梁子三号崖墓壁画題銘試釈」）、墓主は漢族の文安、年代は後漢後期から末期と考えられる。中江県一帯は後漢時代には広漢郡郪《さい》県の管下にあったと思われるが、この壁画が貴重なのは、すでに三国時代以前から中央アジア系の人びとが益州に（おそらくは交易のために）進出し、そこで漢族の人びととも交流していたことを示唆しているからである。四川省をはじめとする西南地域では、中央アジア系の人びとを描刻した画像が他にも多数出土しており（霍巍他『戦国秦漢時期中国西南的対外文化交流』第九章「西南地区出土胡人形象与胡漢関係」）、こういった交流が早くから、かつ広く行なわれていたことがうかがえる。とすれば、「北伐」への協力を申し出た涼州諸国王も、東方の益州との間ですでに構築されていた交易上の関係の修復や強化を目論んでいたのではないだろうか。もっとも⑦は荊州が失陥し、益州一州に逼塞することを余儀なくされた時代のことで、もはや荊州を中心とした「北拠漢・沔」自体、「利尽南海」と同じように幻想と化してしまっていたわけだが、氏の居住域だった武都郡とその周辺地域の重要性には変化がなかったはずである。また蜀漢の側でも、涼州にあった中央アジア系の人びととの連携を模索していたふしがある。そう思わせるのが、時期は降るが、二四〇年代から開始された姜維の「北伐」である。諸葛亮を継いだ蔣琬や費禕ら、とくに費禕は「北伐」に消極的だったと言われているが（満田剛『三国志』第七章「司馬氏の台頭と三国時代の終焉」／「蜀漢・蔣琬政権の北伐計画について」）、費禕（二五三（延熙一六）年に暗殺）の大将軍在任中から姜維が曹魏領の雍州、さらには涼州への侵寇を繰り返している。姜維の「北伐」については近年、柴田聡子、野中敬の両氏が詳論しているので（柴田「姜維の北伐と蜀漢後期の政権構造」／野中「鄧艾伐蜀の背景をめぐって」／「鄧艾の鮮卑徙住をめぐって」）、これらの成果によりながら、考えてみよう。

姜維の「北伐」については、巻四四姜維伝に左のようにある。

⑧(姜)維は自ら西方の風俗には練《くわ》しく、兼《あわ》せて自分には戦術の才能があると自負していたので、羌や胡の諸部族を誘い出して(彼らを)羽翼となせば、隴以西は(曹魏の版図から)断ち切って(蜀漢の)保有とすることができると謂《おも》っていた。(そのため、維が)大々的に軍を興そうとする毎に、費褘は常に裁《おさ》え制《とど》めて(維の意向に)従わず、(維には)一万を超える兵を与えなかった(維自以練西方風俗、兼負其才武、欲誘諸羌・胡以為羽翼、謂自隴以西可断而有也。毎欲興軍大挙、費褘常裁制不従、与其兵不過万人)。

[図二]
中江塔梁子三号崖墓「胡人舞踏図」:四川省文物考古研究院他編『中江塔梁子崖墓』図版六一。

天水郡冀県（甘粛省天水市麦積区）を本籍とする姜維が「西方風俗」を熟知していたのは当然だが（二四三（延熙六）年に、鎮西大将軍・領涼州刺史に任じられたのもそれゆえだろう）、それも一因だろう、彼は曹魏の「隴（山）以西」すなわち隴西（隴右）を侵寇先に定めるのである。柴田氏は、姜維による「北伐」は二四七（延熙一〇）年の第一次から二六二（景耀五）年の第七次まで計七回に及んだとするが（同「姜維の北伐と蜀漢後期の政権構造」）、たしかに長安西方の扶風郡の沈嶺（陝西省周至県南）に侵寇した第六次（二五七～五八年）以外は、侵寇先は隴右に集中している。柴田、野中両氏とも姜維の「北伐」時における進軍ルートをつぶさにあとづけているが、とくに野中氏は、隴右への侵寇が可能になったのは、諸葛亮の第三次「北伐」により、武都、陰平両郡が蜀漢の領域に組み込まれたためであるという（同「鄧艾伐蜀の背景をめぐって」）。すなわち「西のかた**諸戎**と和す」という方針は、氏の居住域だった両郡を領域に組み込むことにより、ひとまずは成功を見たと評することができるのではないだろうか。漢中から武都を経て天水郡南端の西県（甘粛省天水市秦州区）へ（祁山道）、あるいは成都から武都や陰平を経て隴西郡南端の臨洮県（同・岷県）へ（陰平道）、それぞれ至ることができるからである。なかでも、まだ費禕が存命中だった二四九年には、「（延熙）十二年、維に節を仮し、復た西平に出だすも、克たずして還る（十二年、仮維節、復出西平、不克而還）」と本伝にあるように、長駆して涼州の西平郡（青海省西寧市）まで達している（柴田氏の第二次「北伐」）。巻三三後主伝には翌二五〇（延熙一三）年のこととされており、また記述が簡単にすぎるきらいがあるが、臨洮から、県名の由来となった洮河の流域と黄河の本流域を経由すれば(河南道)、西平まで達するのは案外容易だったようにも思われる。西平郡が設けられていた湟水流域は元来、氐に次ぐ「諸戎」で、姜維が「羽翼」と位置づけた羌や胡(ここでは匈奴系の先住種族)の居住域であり、隴右叛乱のリーダー韓遂が最後に頼ったのもこの地の羌や胡だった(飯田祥子「後漢後期・末期の西北辺境漢族社会」)。さらに西平から北上して祁連山脈を越えれば、そこは武威、張掖、酒泉、および敦煌の四郡が並ぶ河西地域である。この地こそ、月支胡侯支富や康居胡侯康植らを蜀漢に派遣した涼州諸国王が各処にあって独自の影響力を保持していたというのが私の推論だが、後漢末期から三国時代初期にかけて、西平、張掖、酒泉の三郡の漢族の豪族たちが連携して後漢や曹魏の中央政府に反抗を繰り返していること(関尾「漢魏交替期の河西」)をふまえると、西平は河西地域との結びつきが強く、河西への門戸に相当する地だったと考えられる。とすれば、撤退を余儀なくされたものの、姜維があえて遠路西平を目指した事情もおのずと諒解されるのではないだろうか。「涼州経由の「北伐」」論があるが、これは「涼州を目的とする」軍事行動そのものであった。もはやこれを「北伐」と呼ぶことはできない、というのが私の考えである。

本節では、諸葛亮の「隆中対」に出てくる「諸戎」と「夷越」について検討を加え、前者が氐をはじめとする西戎、後者が越族(百越)であること、そして亮がこれらの非漢族を懐柔することを説いたのは、西戎や越族の居住域を介してさらにその彼方にあった胡と総称される非漢族と通じることを最終目標としていたのではないか、と考えてみた。仮説の域を出るものではないが、これを念頭におきながら、次節では、西戎を代表する氐とその動向についてあらためて見ていきたい。

二――氐

◈「西和諸戎」その後

諸葛亮が「隆中対」で提唱したうち、「南方では**夷越**を撫ん（南撫**夷越**）」ずるという対南方政策は、三年後の二一〇（建安一五）年、孫権が交州刺史・立武中郎将として送り込んだ歩騭に士燮が一族挙げて帰服したため、残念ながら頓挫してしまった。では「西方では**諸戎**と和す（西和**諸戎**）」という対西方政策はどうなったのだろうか。諸戎が漢江（漢水）の源流やそれと指呼の間にある嘉陵江の流域に分住する氐をはじめとする非漢族のことと考えられることは前節で述べたとおりだが、じつはこちらは対南方政策よりも早く挫折してしまったのである。なぜならば、「赤壁の戦」（二〇八年）で大敗を喫した曹操だが、かろうじて荊州の北部を抑えることに成功したからである。劉表が荊州刺史として治所にしていた南郡の襄陽県（湖北省襄樊市襄城区）には楽進が駐屯することになった（巻一七楽進伝）。また長江に漢江が合流する荊州東端の江夏郡は、劉表の旧臣で曹操に降った文聘が太守に任じられた（巻一八文聘伝）。

襄陽は、かつて上田早苗氏が説いたように（同「後漢末期の襄陽の豪族」）、漢江に白河が合流するほとりに位置していたために古くから交通の要衝であった。白河をさかのぼれば、南陽郡の治所であり、「隆中対」にも出てくる宛県(河南省南陽市宛城区)に達することができる。そのため、魏晋時代にはソグド人も涼州や長安方面からこの地に進出していたことが明らかになっている(朱雷「東晋十六国時期姑臧・長安・襄陽的〝互市〟」/栄新江「魏晋南北朝隋唐時期流寓南方的粟特人」)。五世紀前半には、交易に従事するソグド人の聚落が襄陽の郊外にあったことも史書からわかる(川勝義雄「貨幣経済の進展と侯景の乱」/稲葉弘高「南朝に於ける雍州の地位」/呉玉貴「涼州粟特胡人安氏家族研究」)。この襄陽が早々と曹操の手に落ちてしまったことは、諸葛亮にとっても痛恨の一大事だったに違いない。重要な交通路でもあった漢江の流域をおさえることにより、長安を中心とする関中を経ずとも涼州に達することができるはずだったのだが、その計画が頓挫してしまったからである。そればかりか、「一人の上将に命じて荊州の軍衆を将いて宛から洛陽に向かわせ」るという「北伐」の計画も画餅に終わりかねない。したがって劉備と諸葛亮はなんとしても長江に面した南郡の治所である江陵県(湖北省荊州市荊州区)を足がかりにして、荊州の北部にも勢力を扶植させる必要があったのである。そしてその任務を託されたのが関羽であった。「一人の上将」という含みもあったのだろう。

「赤壁の戦」後、襄陽太守・盪寇将軍を帯びた関羽は、軍師中郎将となった諸葛亮とともに荊州の統治にあたることになった。当初は関羽が江北を、諸葛亮が零陵、桂陽、長沙の三郡を中心とした江南を担当していたが、諸葛亮が益州の攻略に転出してからは、関羽が董督荊州事として単独で荊州の統治にあたることになった。しかしその直後に、桂陽、長沙の両郡は孫権に奪取され

（二一五年）、南郡だけは零陵、武陵の両郡とともにかろうじて関羽の手中に残るという結果になってしまった。

その頃、襄陽では曹操の従弟曹仁が行征南将軍として樊（襄樊市樊城区。襄陽は漢江南岸だが、樊城は北岸）に駐屯していた。そんななかで二一八（建安二三）年一〇月に起こったのが侯音の乱である。宛の守将である侯音が南陽太守の東里袞《とうりえん》を執らえて曹操に叛旗を翻したのだった。乱自体は三か月後に曹仁によって鎮圧され、首謀者の侯音も斬罪に処されて叛乱は終息したが、巻一武帝紀建安二十四（二一九）年正月条注引の『曹瞞伝』によれば、当時南陽の居民たちは重たい傜役に苦しんでおり、そのために侯音は「吏員や民と共に（曹操に）反《そむ》き、関羽と和を連《むす》ぼうとした（与吏民共反、与関羽連和）」という。この『曹瞞伝』の記事だけから事の真相を云々するのは危険だが、背後に関羽からの誘いがあった可能性もゼロではない。関羽が樊を守る曹仁を攻め立てたのはそれから半年も経っておらず、このことが傍証になるかもしれない。「樊城の戦」である。曹仁の救援に駆けつけた于禁を捕虜にするなど、戦局は一時関羽側に有利に展開したこともあったが、曹操と結んだ孫権の部将呂蒙に拠点だった江陵を陥れられ、最終的には退路を断たれて孫権に囚われの身となり、斬首されたのは周知のことだろう。こうして荊州は劉備の手から完全に離れるのである。

ところでこの「樊城の戦」のさなか、関羽は上庸（湖北省竹山県）、西城（陝西省安康市）両郡を制圧してほどない孟達と劉封（劉備の養子）に援軍を求めた（巻四〇劉封伝）。両郡はともに漢江流域に位置しており、曹操によって漢中郡管下の県をもって改編された郡である。しかし両者ともこの要求に応じることはなかった。もし漢江をさかのぼってきた関羽軍と漢江を降ってきた両者の軍隊が襄陽や樊城を挟撃していたら、全く異なった結果になっていたかもしれないが、これが主因となり、孟達は曹操に降ってしまう。曹丕、のちの文帝は孟達を厚遇し、上庸、西城両郡に房陵（湖北省房県）を加えた三郡を新城郡と改め、その太守に任じた。関羽の敗北後もこの一帯の守備を委ねられていた劉封は孟達が誘導した曹魏軍の攻撃にあい、成都に逃走。かくして漢江流域は襄陽より上流一帯も曹魏の勢力圏に塗りかわることになる（田余慶「蜀史四題」／「東三郡与蜀魏歴史」）。この地方は漢中と襄陽とを結ぶルートで、諸葛亮が構想した「北伐」でも欠かすことのできない地域だったのみならず（田「東三郡与蜀魏歴史」）、先にふれた、交易に従事するソグド人が長安から襄陽に到る際に利用するルートの一つでもあった（栄「魏晋南北朝隋唐時期流寓南方的粟特人」）。したがってこの損失は蜀漢にとってはまことに手痛いものがあったはずだが、かろうじて漢中だけはその手中に残された（宋傑「漢中対蜀魏戦争的重要影響」）。新たに都に定められた成都から漢中へ、そして漢江をさかのぼり「諸戎」の居住域を経て西方の涼州へ、ということで、大幅な修正を余儀なくされたものの、「西方では**諸戎**と和す（西和**諸戎**）」という対西方政策の基本に揺るぎはなかったはずである。それでは「諸戎」の筆頭とも言うべき氏とは、どのような存在だったのだろうか。

◈氐とその居住域

氐については一般にチベット系の非漢族と言われている。同じチベット系の羌については『後漢書』に巻九七西羌伝という独立した列伝が立てられているが、氐に関しては、『三国志』までの正史には列伝が立てられていない。同じ『後漢書』の巻九六南蛮西南夷伝の一番最後の白馬氐条（以下、「白馬氐条」と略記）にわずかばかりの記述があるだけで、それも後漢初頭のできごとで終わっている。このような扱い方は、『史記』や『漢書』に倣ったものと思われる。すなわち前者では巻一一六西南夷列伝の、また後者では巻九五西南夷両粤朝鮮伝の、いずれも西南夷に関する記述の前文の最後に白馬（氐）の名が記されているにとどまっており（『後漢書』もここまでは同じ）、本文には武都郡の設置が述べられているだけなのである。しかも、これらの記述には誤脱も多い（後述するように、後代の『魏書』巻一〇一氐伝や『宋書』巻九八氐胡伝などの記述は白馬氐条や『魏略』西戎伝（以下、「西戎伝」）のそれとは大きく異なるが、本書ではおもに白馬氐条や西戎伝の記述に依拠する）。そのせいか国内では研究成果にあまり恵まれていないが、中国では馬長寿『氐与羌』を嚆矢として、李祖桓『仇池国志』、楊銘『氐族史』、および段麗波『中国西南氐羌民族源流史』など幾多の著作が公刊されている。もっともそれらも一部をのぞくと、〈五胡十六国〉時代に氐が立てたとされている成漢（じつは氐ではなく、巴もしくは賨）、前秦、後涼、および仇池といった諸政権に関する叙述に多くが割かれており、後漢末期から三国時代にかけての氐についてはわからないことが多い。しかし当面はこれらの先行研究に導かれつつ、残された史書の記述を丁寧に読み進めていく以外に実相に迫る手だてはなさそうである。ただそのまえに、つぎのことは確認しておきたい。

前節でもふれたように、西戎伝の記述は氐から始まって貲虜（匈奴）、羌（正確にはその一部）と続けてから中央アジアすなわち西域に及んでいる。西戎伝の冒頭に配されているということは、氐の居住域が西戎の諸種族のなかでもっとも中国（漢族）世界に近かった（あるいは世界に包摂されていた）からと考えることができる。実際に白馬氐条には「白馬氐は、武帝の元鼎六（前一一一）年に（中国と）開《つう》じた。広漢（郡の）西部を分割し、（それを）合わせて武都（郡）とした（白馬氐者、武帝元鼎六年開。分広漢西部、合以為武都）」とある。彼らの居住域には前漢の武帝時代に武都郡が設けられ、その管轄下に組み込まれたのである。この時代、非漢族が多数居住する地域では郡の管下に県ではなく、道が設置された（『漢書』巻一九上百官公卿表上）。武都郡にも四つの県とともに、五つの道（故道、平楽道、嘉陵道、循成道、下辨道）が設けられ、隣接する広漢郡にも三つの道（甸氐道、剛氐道、陰平道（のちの陰平郡））が置かれた（同巻二八地理志）。これらの多くが氐を管轄するための行政単位であったことは疑いないだろう。ただ西戎伝には「漢が益州を開いて武都郡を置き、その種族（氐）の人びとを排除するようになったので、（彼らは）分かれて山谷の間に竄《のが》れ、一部は（酒泉郡の）福禄県（禄福県。甘粛省酒泉市粛州区）に在り、また一部は（右扶風の）汧《けん》（県。陝西省隴県）、（天水郡の）隴（県。甘粛省張家川回族自治県）一帯に在る（自漢開益州、置武都郡、排其種人、分竄山谷間、或在福禄、或在汧・隴左右）」とあるので、武都郡の新設にともない、氐の人びとが漢族との接触を避け、安住の地を求めて原住の地を離れていったことは疑いない。とくに武都郡から遠く離れた福禄県への移動につ

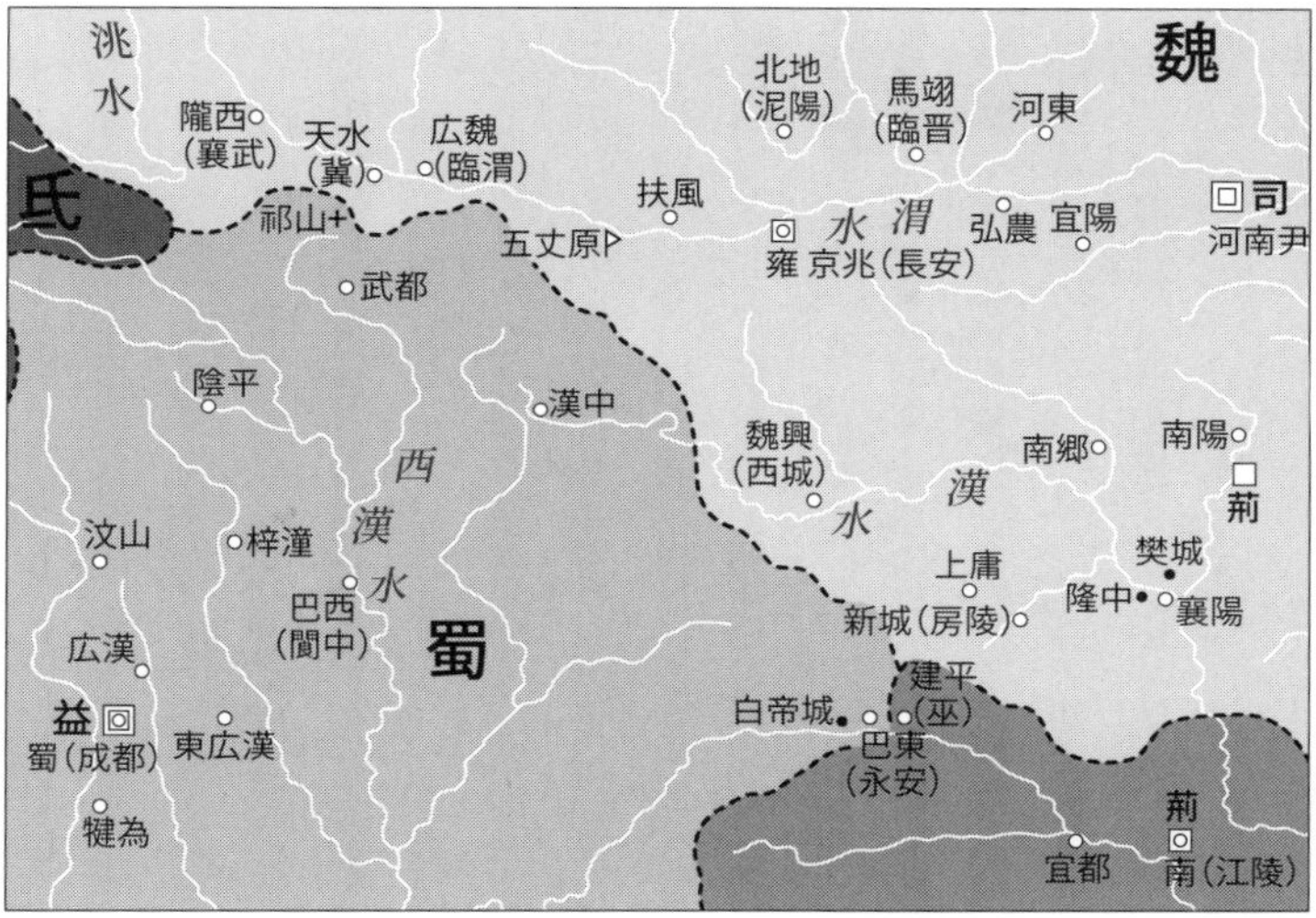

〔図二〕氏関係図：松田壽男他編『アジア歴史地図』六〇頁（一部）より作成。

いては、白馬氐条に「元封三（前一〇八）年、氐人たちが反乱《そむ》いたので、軍兵を派遣して之れを破り、（捕らえた氐人を）酒泉郡に分徙した（元封三年、氐人反叛、遣兵破之、分徙酒泉郡）」とあるので、強いられた移住だったことがわかる（『魏書』や『宋書』では漢代以前から汧、隴一帯にも氐が居住していたことになっている。また後者によれば、略陽氐の楊氏は略陽と武都の仇池とをたびたび往還している。三﨑良章『五胡十六国』新訂版、七三頁）。馬長寿氏はこれを氐の「第一次遷移」としているが（同『氐与羌』三三頁）、後漢末期から三国時代の初期にかけて歴史の舞台に登場してくるのはこのうち、原住地の武都郡に残った勢力と汧や隴に移った（移された）勢力の末裔たちである。白馬氐条によると、氐はその後も叛乱を起こしてはいるが、その鎮圧に武都郡外の兵力が投入されることはあまりなく、武都郡内の兵力で事足りたようである。また白馬氐条の記述は後漢初頭で終わっており、後漢王朝にとって深刻な脅威にはなっていなかったのであろう（じじつ『後漢書』の本紀や列伝を博捜しても、氐の動向はほとんどつかめない）。白馬氐条や西戎伝などによる限り、その本来の居住域も武都、広漢（陰平）両郡を大きく越えてはおらず、かつ多くの部族に分かれて農耕と牧畜を営みながら定住生活を送っていたものと思われる（これは移住を強いられた勢力にも当てはまるのだろう）。氐の風俗に関する西戎伝の記事については黄烈氏の分析があるが（同「氐族的来源・形成和融合」）、この記事は氐の二面性を示唆している。

①其の風俗は、言語が中国（漢族）と同じではなく、羌や雑胡と同じである。それぞれが姓を

有しており、(その)姓は中国の姓のようである。(また)その衣服は青や絳《あか》(濃い赤)といった色が尚《たつと》ばれる。(氐の人びとは)麻布を織るのにたけており、農耕も得意としているほか、豕《ぶた》、牛、馬、驢《ろば》、騾《らば》といった家畜も飼養している。其の婦人たちは嫁ぐ際に袵露《じんろ》を著けるが、其の縁取りの飾りの制《かた》は羌に似ているところが有る。袵露とは中国の袍(長い衣)に似たところが有る。(氐の人びとは)皆頭髪を編んでいる。(彼らの)多くが中国の言葉を知っているのは、中国(の人びと)と錯《ま》じって居住しているためである。(しかし)自分の(属する)部族の集落に還ったならば、自ずと氐の言葉を話す。(氐の)婚姻(の礼法)は、羌と似たところがあるが、これは思うに、その昔、所謂西戎として、街、冀、獂道に在ったためなのだろう。現在では、郡や国の統轄下にあるものの、以前からの自分たちの王侯(のような人物)がなお村々に居るのである(其俗、語不与中国同、及羌・雑胡同。各自有姓、姓如中国之姓矣。其衣服尚青絳。俗能織布、善田種、畜養豕牛馬驢騾。其婦人嫁時著袵露、其縁飾之制有似羌。袵露有似中国袍。皆編髪。多知中国語、由与中国錯居故也。其自還種落間、則自氐語。其嫁娶有似於羌、此蓋乃昔所謂西戎在於街・冀・獂道者也。今雖都統於郡国、然故自有王侯在其虚落間)。

すなわち彼らの言語や女性の服飾は羌と同じ系統であったり、類似していたりするのだが、そのいっぽうで漢族と同じような姓を有し、漢語も理解できるという。郡や県の管轄下にあるものの、部族的な紐帯から解き放たれているわけではない。彼らの勢力は戸数で表記されることはなく、もっぱら「落」で表記されている（これは烏桓と同じである）ところから判断すると、郡や県の管轄下にあっても、編戸として漢族と同じような郡県の戸籍に附けられていたわけではないのだろう（前田正名「四世紀の仇池国」）。なお西戎伝は、氐の社会に「王侯」が存在していたように記している。たしかに「魏／帰義／氐侯」とか「晋／帰義／氐王」といった印文が刻された駝鈕の金印が見つかっているので（一説によると、甘粛省西和県出土。この地には仇池氏の拠点があった）［図三］［図四］、中国王朝の側から王や侯という称号を授与された部族長もいたようだが、氐自身が自ら王や侯を名乗ったということではない。また「魏率／善氐／佰長」、「晋率／善氐／邑長」などと刻された銅印も確認されているので（陳波「日本における中国古印の研究」）、氐の全ての部族長が王や侯といった称号を授与されたわけでもない。

しかしそのような氐であっても、後漢末期の政治と社会の変動から自由ではありえなかったのである。

◈隴右叛乱と張魯政権

黄巾の乱と同年、一八四（光和七／中平元）年に涼州で湟中義従胡《こうちゅうぎじゅうこ》の北宮伯玉なる人物が羌の人びとに擁立され、金城郡出身の辺章や韓遂らを軍帥に迎えて始まった隴右叛乱は、複雑な経過をたどりながら、二一五（建安二〇）年まで続けられた（森本淳「後漢末の涼州の動向」／飯田祥子「後漢後期・末期の西北辺境漢族社会」）。この二〇年余の間、ほぼ全期間を通じて叛乱勢力を主導したのは韓遂であり、兵力の中核は羌であった。しかしその最後の段階で、なぜか氐が登場することになる。以下、この間のいきさつに詳しい『資治通鑑』の記事も参照しながら、氐の参戦を中心に見

〔図三〕
「魏帰義氐侯」印：甘粛省文物局編
『甘粛文物菁華』一五四頁図一六〇。
辺長二・二センチ、高さ二・五センチ。

〔図四〕
「晋帰義氐王」印：
同上、一五五頁図一六二。
辺長二・三センチ、高さ三センチ。

ていこう。

一時は曹操に近づいたこともある叛乱勢力だが、二一一（建安一六）年、曹操が漢中に拠った五斗米道教団の張魯を討伐するため、司隷校尉の鍾繇《しょうよう》と行征西護軍の夏侯淵を西方に向かわせると、この軍事行動に疑念を抱いた韓遂や馬超らは再び曹操に叛旗をひるがえした。戦いに決着はつかず、同年以降、淵が行護軍将軍として長安に留まることになった。しかし巻九夏侯淵伝には「韓遂等の征討に従事し、渭（水の）南岸で戦闘が行なわれた。又朱霊をして隃糜《ゆび》、汧（両県）の**氏**を平定させた。太祖と安定（郡）で落ち合い、楊秋を降した（従征韓遂等、戦於渭南。又督朱霊平隃糜・汧**氐**。与太祖会安定、降楊秋）」とあって、これより先、淵は朱霊をして氐を平定させている。隃糜（陝西省千陽県）は汧の東南に位置する右扶風（曹魏時代は扶風郡）の県で、当時はこの地にも氐（前漢時代に移住した氐の末裔だろう）が居住していたらしいことがわかる。なぜ淵が右扶風の氐を朱霊に攻撃させたのか、真相は不明と言うほかないが、両県がともに楊秋が逃げ込んだ安定の真南に位置していたためであろうか。韓遂の一党である楊秋と近隣の氐の連携を断ち切る意味合いがあったのかもしれない。しかし二年後の二一三（同一八）年、勢力を挽回した馬超は涼州の冀県（漢陽郡管下。甘粛省天水市麦積区）で刺史の韋康を包囲し、夏侯淵の援軍も間に合わず、康は殺害された。この頃が馬超のもっとも優勢だった時期で、先の汧氐がこれに応じ、漢中の張魯も楊昂率いる援軍を超のもとに派遣した。超が征西将軍・并州牧・督涼州軍事を自称したのもこの頃のことである。しかし戦局は長期化し、夏侯淵と戦う馬超のもとには羌だけではなく氐も加わったが、淵は羌が多く住む長離（漢陽郡成紀県。甘粛省静寧県附近）をまず攻め、引き返して氐の拠点興国（漢陽郡顕親県。甘粛省秦安県附近）を囲んだ。長離の羌は韓遂の傘下に入っていたし、興国の「氐王」千万（西戎伝では千万は「白項（百頃）氐王」で、「興国氐王」の阿貴は淵に滅ぼされたことになっている）も馬超に呼応していたからである。この結果、超は家族を殺され、張魯のもとに奔らざるをえなくなった。千万もその超を追った。超が魯を見限り、武都の氐のもとを経て劉備に帰服し、成都への入城を果たした備のもとで関羽や張飛とともに爪牙となるのは二一四（同一九）年夏のことである（巻三二先主伝同年条）。

それにしても、二〇年余に及んだ隴右叛乱の最後の段階になって氐が叛乱勢力に加わったのはどうしてなのだろう。夏侯淵の挑発に乗せられてしまったという面もあるかもしれない。しかしおそらく最大の理由は、短期間ながら、馬超率いる叛乱勢力が隴西（隴右）を席捲したからであろう。前漢時代に氐が武都郡から移された隴県や氐の拠点になっていた興国はまさに隴西の要地であり、夏侯淵（曹操）の側に立って叛乱勢力に立ち向かったり、中立的な立場で傍観したりできるような状況にはなかったのではないだろうか。

ともあれこうして二一〇年代、氐は歴史の表舞台にその姿を現すことになるのだが、これで終わりにはならなかった。二一五（建安二〇）年春、いよいよ曹操が張魯征討のため自ら出陣したからである。張魯が拠る漢中に隣接する武都郡とそこを居住域とする氐の人びとにとっても、これは他人事ではなく、深刻な影響を覚悟しなければならない事態である。曹操が武都を経由する行軍ルートを選択したとなればなおさらである。

②三月、(魏)公(の曹操)は西のかた張魯を征服せんとして、陳倉に至った。将に武都より氐(の居住域)に入ろうとしていたところ、氐の人びとが道を塞いでしまったので、先んじて張部や朱霊らを派遣し、これを攻めて破った。夏の四月、公は陳倉より散関を出て河池に至った。氐王の竇茂は一万人余の(兵)衆(を率い)、険阻(な地形)を恃んで服従しようとしなかった。五月に公はこれを攻めて(その勢力を)屠ることができた(三月、公西征張魯、至陳倉。将自武都入氐、氐人塞道、先遣張部・朱霊等攻破之。夏四月、公自陳倉以出散関、至河池。氐王竇茂衆万余人、恃険不服。五月、公攻屠之)。

巻一武帝紀建安二十(二一五)年条の記事だが、張魯が曹操に降伏したのは同年一一月、そして曹操が夏侯淵を漢中に留めて帰還の途についたのは翌一二月のことであった。当時武都郡の治所は下辯(下辨とも。甘粛省成県附近)だったが、その東方の河池(同・徽県附近)には一万人以上の兵衆を率いる「氐王」竇茂が割拠していたのである。漢中は曹操の支配下に入ることになるが(漢中郡南部が西城、上庸、房陵の三郡に改編されるのはこれにともなう措置である)、このような氐の存在は新たな課題を曹操に突きつけることになるのである。

③太祖は漢中（の張魯）を征服し、（楊）阜を以て益州刺史と為して（漢中一帯を治めさせ）た。（その後、召）還され、金城太守を拝けられたが、未だ（任地に出）発しないうちに、武都太守に転じた。（武都）郡は蜀漢（の領域に）浜《ちか》いため、阜は龔遂の故事に依り、これを安んずるだけにしたいと請うた。会《たまたま》、劉備が張飛や馬超らをして沮県より下辯に道趣《むか》わせたところ、氐の雷定らの七つの部族（合わせて）万落余が（曹操に）反いてこれに呼応した。（そこで）太祖が都護の曹洪らをして超らを禦がせたところ、超らは退却して還っていった（太祖征漢中、以阜為益州刺史。還、拝金城太守、未発、転武都太守。郡浜蜀漢、阜請依龔遂故事、安之而已。会劉備遣張飛・馬超等従沮道趣下辯、而氐雷定等七部万余落反応之。太祖遣都護曹洪禦超等、超等退還）。

巻二五楊阜伝のこの記事は、漢中の征圧後も隣接する武都郡では氐の諸部族が劉備側への接近を図っていたことをうかがわせる（「龔遂故事」とは、前漢の龔遂が渤海太守として厳法を用いずに治安を回復したこと）。周知のように、最終的に曹操は漢中からの撤退を余儀なくされるのだが、それはまた氐の人びとにとっても、新たな試練を課すものであった。

◈曹魏・蜀漢の対立と氐

漢中征圧後、曹魏の勢力圏に入ったこの地を治めたのは、征西将軍に任じられた夏侯淵であった。武都太守の楊阜とともに、対蜀漢戦線の最前線に立たされることになったわけである。前項で見たように、蜀漢は武都郡に攻勢をかけてきたが、もちろんそれは漢中も同じであり、ついに劉備が自ら指揮した攻撃を受けて淵は戦死をとげる。二一九（建安二四）年正月のことである。この間、陰平氏の強端が劉備の部将呉蘭の首を曹仁のもとに伝えるという事件も起きている（巻一武帝紀建安二十三（二一八）年正月条）。有名無名の氏の部族長が各地に割拠していたという馬長寿氏の推考（同『氐与羌』三四頁）を支持すべきだろう。

これら武都郡の下辨や河池、さらには陰平郡などを居住域とする氏の帰趨が曹操と劉備による漢中争奪戦の行方を左右したと言うと大げさだろうか。支配下に組み込んだばかりの漢中を劉備に奪取された曹操の落胆や憂いははかりしれないものだったであろう。そしてそれが馬氏の言う「第二次遷移」（同『氐与羌』三五頁）の主因となるのである。進言者である雍州刺史張既の本伝（巻一五）から関係箇所を引いておこう。

④太祖は漢中の守備を引き揚げようとしたが、劉備が北に向かい、**武都の氏**を取《おさ》めて関中に逼《せま》ることを心配し、既に諮問した。（すると）既は、（氏に）勧めて北方に出《いだ》し、穀物にありつかせ、それによって賊（劉備軍）を避けるのが宜しいでしょう。前《さき》にやって来た者には其の褒美を厚くすれば、先んずれば利（があること）を知り、後の者は必ずやこれを見習うでしょう、と進言した。（そこで）太祖は其の策略に従い、自ら漢中に到って諸軍を引き揚げさせ（るとともに）、既をして武都に之《ゆ》かせ、氏の人びと五万余落を徙して扶風、天水の両郡域

まで導き出した（太祖将抜漢中守、恐劉備北取武都氐以逼関中、問既。既曰、可勧使北出就穀以避賊、前至者厚其寵賞、則先者知利、後必慕之。太祖従其策、乃自到漢中引出諸軍、令既之武都、徙氐五万余落出扶風・天水界）。

五万余落に上る武都の氐を、既自ら指揮して右扶風と天水郡に移住させた。天水郡とは右扶風の西隣に位置する漢陽郡のことで、隴県や略陽県、そして氐の拠点だった興国も同郡の管下にあった。この時のことは、武都太守だった楊阜の本伝（巻二五）にもある。

⑤劉備が漢中を奪取して下辯に逼るに及んで、太祖は武都が孤絶しているため、これを移そうと思ったが、人びとが（その土地を）恋しく思うのではないかと懸念した。（武都太守である楊）阜の威信は素より著らかだったこともあり、何度かに分けて（漢族の）人びとや氐（の人びと）を徙して、一万戸余を京兆（尹）、（右）扶風、および天水（漢陽）三郡の一帯に居らしめ、（武都）郡（の治所を右扶風の）小槐里に徙した。人びとは（子どもを）背負ってこれに付き随った（及劉備取漢中以逼下辯、太祖以武都孤遠、欲移之、恐吏民恋土。阜威信素著、前後徙民・氐、使居京兆・扶風・天水界万余戸、徙郡小槐里。百姓襁負而随之）。

並木淳哉氏はこの措置について、「以降、武都郡はもとの実土を失い、魏王朝から人的集団として把握される存在となった」（同「曹魏の関隴領有と諸葛亮の第一次「北伐」」六四頁）とする。とすると、諸葛亮の「北伐」当時、かつて武都郡が置かれていた地は放置されていたことになろう。

また西戎伝によると、これに先んじて、馬超の後を追って蜀に入った千万のもとにあった氐の人びとも進退窮まったあげく曹操に降り、右扶風の美陽県や、天水、南安両郡（三国時代には広魏郡）に移されていた。

⑥其（千万）の（配下にあった）部族の人びとは（先住の地を）去りがたく、皆（曹操に）降服した。朝廷は其の前・後両端の者を分けて徙民し、（右）扶風の美陽県に安置した。現在、安夷、撫夷の両護軍の典《つかさど》る所が是れである。其の本より善を守《たも》っていた（者については）天水、南安の両郡に分けて留め置いた。現在、広魏郡が監守している所（の者）が是れである（其部落不能去、皆降。国家分徙其前後両端者、置扶風美陽、今之安夷・撫夷二部護軍所典是也。其本守善、分留天水・南安界、今之広魏郡所守是也）。

しかし⑥とそれに続く④⑤の二回に及ぶ「強いられた移住」以外にも、帰服した人びとが移住させられたという場合がある。④⑤が行なわれた翌年には、武都「氐王」楊僕が部族を率いて曹操を継いだ曹丕に「内附」し、漢陽郡に安置されることになった（巻二文帝紀延康元（二二〇）年七月条）。叛いた氐と帰服した氐とを問わず、曹操や曹丕が彼らを武都をはじめとする原住地から移住させたのは、氐が劉備の侵寇に加担する危険を除去するためであり、その目的に違いはなかったはずである。

そして度重なるこうした措置により、右扶風（扶風郡）から漢陽郡（魏の広魏郡で、西晋の略陽郡）にかけての一帯には前漢時代よりははるかに多くの氐の人びとが居住することになったことは容易に想像できよう。三世紀の最末期とも言うべき二九九（元康九）年、西晋の太子洗馬であった江統が「徙戎論」という小文を著わした。これは「戎を徙す」というタイトルからも明らかなように、洛陽や長安とその周辺地域に居住していた非漢族を、それぞれの原住地に帰還させることを進言したものである（黄烈「《徙戎論》与関中氐羌和并州匈奴」／関尾「古代中国における移動と東アジア」）。これによると、当時関中一帯では、百万余の人口のうち、「戎狄」である羌や氐などが半ばを占めるありさまだった。統に言わせれば、これらの非漢族は短期間で戸口数が急増して勢力を伸張させ、また元来好戦的な性向を有しており、じじつ混乱に乗じて蜂起をはかったり略奪を働いたりすることもあった。したがってこういった危険を未然に防ぐためには、非漢族をそれぞれの原住地に帰還させるべきである、というのが統の提案なのだが、氐についても「扶風、始平、京兆の氐を徙《うつ》し、出《いだ》して隴右に還らせ、陰平、武都（両郡）の域内に著《お》らしめるべきである（徙扶風・始平・京兆之氐、出還隴右、著陰平・武都之界）」（『晋書』巻五六江統伝）とする。始平は西晋時代に扶風郡から分置された郡なので、後漢末年に曹操によって右扶風に移された氐はこの時期になってもなお長安を含む京兆にも跨がって居住していたことがわかる。これらの人びとを西方の隴右（かつての広魏郡

（漢陽郡）や天水郡）に帰還させ、さらには陰平、武都の両郡に定着させるべきというのが江統の主張なのだが、そもそも統がかかる提言を行なった一因は、匈奴、羌、胡、および氐といった関中以西を居住域としていた種族が連合して起こした叛乱にあった。彼らは「氐帥」の斉万年を「帝」に擁立し（『晋書』巻四恵帝紀元康六（二九六）年八月条）、雍、涼両州を席捲する。平定に駆り出された、『陽羨風土記』の著者、建威将軍周処も、万年率いる叛乱軍との戦いで命を落とした（『晋書』巻五八周処伝）。万年が捕らえられるのは江統が「徙戎論」を著す直前のことである。これら連合した種族をそれぞれの原住地に駆逐してしまえば、諸種族が連合した大規模な叛乱が勃発する心配もなくなるはずだったのだが、この進言が恵帝の承認を得ることはなかった。

ともあれ、三国時代が名実ともにスタートする時を俟たずして、武都郡を中心とした地域にあった氐は、彼らの原住域を逐われることになった。隴右叛乱のリーダーの一人である馬超、五斗米道教団の張魯、そして劉備という曹操に敵対した諸勢力と結んだり、結ぶ危険性があったりしたためである。しかしこのような施策が度重ねて進められたからといって、この地域から氐の人びとが姿を消してしまったわけではないようだ。二二九（魏・太和三／蜀・建興七）年、諸葛亮が第三次「北伐」で武都、陰平両郡を曹魏から奪取した際、後主劉禅の発した詔につぎのように述べられているからである（巻三五諸葛亮伝）。

⑦（建興）七年、（諸葛）亮は陳式を派遣して武都と陰平（の両郡）を攻めさせた。魏の雍州刺史郭

淮は兵衆を率いて式を撃とうとしたが、亮が自ら出動して建威まで至ると、淮は退いて(軍を)還してしまったので、遂に二郡を平定できた。(後主劉禅が)亮に詔を出して曰うには、街亭の合戦(第一次「北伐」)では、咎は馬謖にあるにもかかわらず、貴君は愆《とが》を一身に引き受け、深く自らを貶抑《お》としめた。貴君の意向に違うのを重《はばか》り、その固守する所に聴き順った。(しかしその後)昨年は軍(の威光)を燿《かがや》かし、王双を斬首した。今年も爰《ここ》に出征し、郭淮を遁走させ、**氏**や**羌**が降伏して来たため、二郡を回復させることができた。(貴君の)威厳は凶暴(な者)を鎮め、(その)功勲《いさお》は顕然としている。当今、天下は騒擾《みだ》れ、元凶は未だ首を梟《さら》されていない。貴君は大任を受け、我が国の幹となるべき重要(な存在である)にもかかわらず、久しく自ら挹損《しりぞ》いているが、(これでは)洪《おお》いなる烈《いさお》を光《かがや》き揚《あら》わすことができないではないか。今、貴君を丞相に復帰させることにしたい。辞退することのないように(七年、亮遣陳式攻武都・陰平、魏雍州刺史郭淮率衆欲撃式、亮自出至建威、淮退還、遂平二郡。詔策亮曰、街亭之役、咎由馬謖、而君引愆、深自貶抑。重違君意、聴順所守。前年燿師、馘斬王雙。今歳爰征、郭淮遁走、降集**氏・羌**、興復二郡。威鎮凶暴、功勲顕然。方今天下騒擾、元悪未梟。君受大任、幹国之重、而久自挹損、非所以光揚洪烈矣。今復君丞相、君其勿辞)。

引用が長くなってしまったが、ようは武都、陰平の両郡を曹魏から奪取したのにともない、氏や羌が蜀漢に帰服して来たというのである。「降集」とあるからには、たとえば部族といったような集団単位で帰服して来たことをうかがわせる。あくまでも詔勅の文言なので解釈には慎重さが求められるが、なお氐が(羌とともに)彼らの原住地に居ったことは疑いないだろう。

これは、諸葛亮の第三次「北伐」時のことだが、さらに二四〇(蜀・延熹三)年に行なわれた姜維の隴西攻撃に関するつぎのような記事もある(巻二六郭淮伝)。

⑧正始元(二四〇)年、蜀の将軍姜維が(曹魏領の)隴西に出撃した。(そこで郭)淮は遂に軍を進め、これを追撃して彊中に至ったところ、維は退却した。(そこで淮は)遂に羌の迷当らを討伐し、温柔な**氐**三千余落を安撫し、(彼らを)抜徙《うつ》して関中を実《み》たした(正始元年、蜀将姜維出隴西。淮遂進軍、追至彊中、維退。遂討羌迷当等、按撫柔**氐**三千余落、抜徙以実関中)。

諸葛亮の第三次「北伐」への対応にしくじった郭淮だったが、その後も雍州刺史にとどまり(関尾「曹真の官歴について」／「クシャン朝と倭　研究史をふりかえる」)、今度は姜維の攻撃に対峙することになった。彊中の位置が不明だが、これが漒川のことだとすると、隴西郡の鄣県(甘粛省漳県附近)周辺になるので、武都、陰平両郡からは距離があるが、この一帯にも氐が居住していたことになる。彼らは敵対する可能性が低い「柔氐」だったにもかかわらず関中(それは郭淮が刺史を務めていた雍州の心臓部でもある)に移住させられた。蜀漢が再び隴西郡に侵寇してこの地の氐を懐柔するケースを想定し、それを未然に防止する意図があったのだろう。

ここまでもっぱら曹操とそれを継いだ曹魏による氐に対する移動・移住政策について見てきたが、じつは蜀漢も同じような措置をとったことがある。巻三三後主伝建興十四（二三六）年条に「武都の**氐**王苻健と**氐**の民四百戸余を広都に徙《うつ》した（徙武都**氐**王苻健及**氐**民四百余戸於広都）」とあるのがそれで、広都は蜀郡管下の県で、国都である成都の南に隣接する県である。これまた首都圏とも言うべき位置にある。残念ながら後主伝の記すところはしごく簡単で、詳しい事情はわからないが、巻四三張嶷伝は、つぎのようにその経緯を説明している。

⑨（建興）十四年、武都**氐**王の苻健が降伏を請うてきたので、将軍の張尉を遣わし、往《い》って（これを）迎えさせたが、（約束の）期限を過ぎても到らなかった。大将軍の蔣琬は（このことを）深く懸念していたが、嶷はこれを平《やす》らげて曰うには、健が帰附を求めて款至《いた》る（と言った以上）は、必ずや異変などはないはずです。素より聞くところによると、健の弟は狡黠だということですし、又夷狄のなかには（健の）功に同調できない（者もいて）、（健が率いる者たちの中に）乖離が有るのでしょう。是のために稽留しているだけです、と。数日後に連絡が届き、（それによると）健の弟は果たして四百戸を将いて魏に就いてしまい、健は単独でやって来て（蜀漢に）服従するとのことだった（十四年、武都**氐**王苻健請降、遣将軍張尉往迎、過期不到。大将軍蔣琬深以為念、嶷平之曰、苻健求附款至、必無他変。素聞健弟狡黠、又夷狄不能同功、将有乖離。是以

稽留耳。数日、問至、健弟果将四百戸就魏、独健来従）。

後主伝では苻健が四百戸を率いたことになっているが、⑨ではその弟が同じ戸数を率いて魏に降ったことになっている。しかし『華陽国志』でも健が四百家を率いて降り、その後広都県に居住したことになっているので（巻七劉後主志）、こちらを是とすべきだろう。ともあれ諸葛亮による「北伐」がその死去によって終了してからも、武都には「氐王」級の部族長に率いられた氐の人びとがあったことを示しているという点でもこれは重要だが、このような措置は亮自身が掲げた「西和**諸戎**」とは矛盾するのではないだろうか。なかなか説明がむつかしい問題である。おそらくは部族内部における健兄弟の対立はこれ以前から続いており（諸葛亮の死から二年後のことなので、それは蜀漢につくか、曹魏につくかという路線をめぐる対立だった可能性がある）、苻健は蜀漢に身柄の保護を求めたということではないだろうか。一つの仮説である。

◈後代から考える――〈五胡十六国〉時代の氐

本来なら前項までで氐についての検討は終わるところなのだが、最後にもう一項どうしても付け加えておきたい。前にも述べたように、氐を取り上げた中国の研究書の多くは、前秦や後涼など〈五胡十六国〉時代に氐が立てた政権にも言及している。この両政権は〈十六国〉にカウントされているが、それ以外にも、仇池（前仇池と後仇池に分けられる）がある。仇池とは武都郡武都県（甘粛省西和県附近）の地名で、早くから氐の拠点の一つであった。〈五胡十六国〉時代には、この地の氐すなわち仇池氐が一つの政治権力として自立することになった。これを他の〈十六国〉と同等に位置づけたのは三﨑良章氏だが（同『五胡十六国』新訂版、第三章「「十六国」の興亡」）、新しいところでは、会田大輔氏もこれを踏襲している（同『南北朝時代』一〇頁図〇―一）。

前章でふれた鮮卑については、彼らが〈五胡十六国〉時代に立てた諸政権について言及しなかったのに対して、氐の政権について言及するのは、これらの政権すなわち前秦、後涼、および仇池に関する史料の記述から、これらの政権を立てた氐の三国時代の状況を推考できるからである。本項ではこれらを紹介しながら、前項までの叙述を補っておきたい。

先にもふれたが、このうち仇池の楊氏は、三﨑氏が紹介しているように（同『五胡十六国』新訂版、七三頁）、略陽と武都の仇池とをたびたび往還しているのである（『宋書』巻九八氐胡伝）。

⑩略陽（郡）清水（県）の氐である楊氏は、秦漢時代以来、代々隴右に居って豪族であった。後漢献帝の建安年間（一九六～二二〇年）に、楊騰という者がいて部族の大帥となった。騰の子である駒は勇健にしてしかも計略家で、初めて（清水から武都郡の）仇池に徙った。仇池の地は方形状で百頃（の広さがあったの）で、（それに）因《ちな》んで百頃を以て呼び名とするようになった。（この地は）四面が斗《けわ》しく切り立っており、高くて平らな土地は二十余里四方（に及び）、羊腸のように道が蟠《わだかま》ること三十六回《めぐ》り。山上には豊かな水（が湧き出す）泉があり、土を煮

ると塩ができる。駒の後裔に千万という名の者がおり、魏は（彼に）百頃氏王を拝《さず》けた。千万の子か孫で飛龍という名の者（の時に）、漸く強盛になり、西晋の武帝は（彼を）征西将軍に仮任用したところ、還って略陽に居住した。子が無かったので、外甥の令狐氏の子を養育して子とした。名を戊（茂）捜という。西晋恵帝の元康六（二九六）年、斉万年の乱（が波及するの）を避け、部落四千家を率いて還《ま》た百頃を保ち、自ら輔国将軍・右賢王を号した。関中の人士で（乱を避けて）奔《に》げ流《さす》らう多くの者たちがこれを依《たよ》った（略陽清水氏楊氏、秦・漢以来、世居隴右、為豪族。漢献帝建安中、有楊騰者、為部落大帥。騰子駒、勇健多計略、始徙仇池。仇池地方百頃、因以百頃為号。四面斗絶、高平地方二十余里、羊腸蟠道、三十六回。山上豊水泉、煮土成塩。駒後有名千万者、魏拝為百頃氏王。千万子孫名飛龍、漸強盛、晋武仮征西将軍、還居略陽。無子、養外甥令狐氏子為子、名戊捜。晋恵帝元康六年、避斉万年之乱、率部落四千家、還保百頃、自号輔国将軍・右賢王。関中人士奔流者多依之）。

これによると、秦漢時代から略陽郡清水県（甘粛省清水県附近）にあった氐の楊氏は楊駒の時代に武都郡の仇池に移り（後漢末期から三国時代初めのことか）、楊飛龍の時代にまた略陽に戻った（西晋初め）。しかし楊戊捜は先述の斉万年の乱を避けて再び仇池に戻ったことになっている。三世紀末のことであり、茂捜とも記される彼が前仇池の初代とされるが、楊氏集団は一世紀の間に、略陽↓仇池↓略陽↓仇池と三回の移動を行なったことになる。しかもこれを見るかぎりでは、いずれも「強いられた移動」ではなく、あくまでも歴代の部族長だった楊氏出身者の判断によっていたようだ。秦漢時代から略陽の豪族だったという点も含め、この記事にはよくわからないことが多いのだが（谷口房男「晋代の氏族楊氏について」は『宋書』の記述を支持する。清水県は前漢時代に武都から氏が移された隴県の南隣に位置しているので、楊氏の祖先もこの時に移って来たのではないか）、三世紀の度重なる移動（移住）が一定の事実を反映しているとするならば、つぎのことが考えられよう。まず第一は、前漢時代に行なわれた移動後も、隴県一帯に移された氏は、原住地の武都（の同族）との関係を何らかの形で維持していた可能性があること（あるいは汧県一帯に移された氏にも当てはまるかもしれない）、第二は、曹操や曹魏が氏に対して頻繁に行なった移住政策だが、全ての氏が移動先に定着したわけではなく、監視の眼を逃れて原住地である武都に帰還してしまうような人びと（部族などの集団単位で）がおり、それもあって頻繁に移住政策を繰り返さなければならなかったのではないか、この二点である。このことは前秦を立てた苻氏に関する記述からも指摘できそうである。

前秦（三五一～三九四年）を立てた苻氏については、『晋書』巻一一二苻洪載記に「苻洪、字は広世、略陽（郡）臨渭（県を本籍とする）氏人である。其の祖先は蓋し有扈《ゆうこ》氏で、その末裔にあたり、代々**西戎**の酋長であった（苻洪字広世、略陽臨渭氏人也。其先蓋有扈之苗裔、世為**西戎**酋長）」とする（これは『晋書』が参考にしたと思われる『十六国春秋』前秦録も同じ）。もちろん有扈云々は附会だが、西晋時代の臨渭県（甘粛省天水市附近）は文字通り渭河の北岸に位置し、先の清水県の南隣にあたる。それを考えれば、苻氏も前漢時代に武都からこの地に移った（移された）可能性がある。後涼（三八六～四〇三年）を立てた呂氏についても、『晋書』巻一二二呂光載記に「呂光、字は世明、略陽の氐人である（呂光字世明、略陽氐人也）」とあるので、同じように考えてよいだろう。

ところで前秦に関しては、『十六国春秋』や『晋書』に先行して秦の車頻『秦書』や宋の裴景仁『秦記』という史書があった。残念ながらともに早くに散佚してしまい、現在では類書や地理書に引かれてごく一部が残っているにすぎない。しかしこの両書の説明は『十六国春秋』や『晋書』のそれとは異なっている。たとえば『秦書』には「苻堅（洪の弟の孫）、字は永固、武都の氐人である（苻堅字永固、武都氐人也）」（五胡の会編『五胡十六国覇史輯佚』一九頁）と、また『秦記』にも「苻洪の祖先は武都に居住していた（苻洪之先居武都）」（同四八頁）とあり、苻氏の原住地は武都であったことがはっきりと書かれている。〈五胡十六国〉時代には前仇池や後仇池など、武都に氐が政権を樹立したので、そのことがこのような認識を生んだ可能性もゼロではないが、略陽を拠点としていた氐（苻氏だけではなく、おそらくは呂氏も）の原住地は武都であるという理解があったことを示唆している。そしてもう一点、⑨に掲げたように、武都には三世紀、苻姓を名乗る「氐王」がいたことである。同姓だからと言って同族とは限らないし、加えて前秦の苻氏はもともと蒲氏を名乗っていたという伝承もあるので（『資治通鑑』の胡三省註はこの伝承を否定する）、断定は困難だが、苻氏には早くに略陽に移った一派と武都に残った一派とがあったと考えられ、同族であればその後も何らかの関係を維持していたのではないだろうか（兼平充明「氐族苻氏・呂氏に関する石刻史料」は〈五胡十六国〉時代、前秦の苻氏と前・後仇池の楊氏が相互に婚姻関係を結んだ例や、後涼の呂氏の一族が楊氏のもとに逃れて後仇池に参画した例などを紹介する)。ここでは、その可能性だけを指摘しておきたい。

氐の正体は(も)なかなか捕捉できない。これが正直なところである。西戎伝には、後漢末期、興国「氐王」阿貴と白項(百頃)「氐王」千万という二人の「氐王」の名が出てくるが、巻一武帝紀や巻九夏侯淵伝に阿貴の名はなく、「氐王」千万が興国にいたことになっている。武帝紀によれば、武都の河池(白馬氐条は河池の一名が仇池とするが、これも誤りだろう)にいた「氐王」は竇茂であった。このような文献の記述を正すような一次史料や考古資料もない。本節で記すべきこともこれで尽きたようだ。

三――西南夷

◈「隆中対」の見直し

第一節「「隆中対」を読む」で見たように、諸葛亮の「隆中対」に出てくる夷越について、ほとんどの論者は西南夷と解釈してきた。本書ではこれを「夷と越」ではなく「夷の越」と考え、交州一帯に先住していた越族と解釈した。つまり西南夷は当初、諸葛亮の眼中にはなかったと考えたのである。しかし士燮が率いる勢力が自立していた交州には、劉表や孫権も早くから注目しており、二一〇(建安一五)年、孫権がいち早く歩騭を交州刺史としてこの地に送り込むと、士燮は一族挙げて騭に降り、孫権に帰服することになるのである。騭の交州進出は海路によったのだろうが、諸葛亮が「隆中対」で構想した陸路すなわち湘江―霊渠―灕江(桂江)の河川ルートにも、二一五(同二〇)年に湘江沿いの長沙郡(湖南省長沙市)を孫権に割譲することを余儀なくされたため、孫権の勢力が及ぶことになった。「赤壁の戦」で勝利して曹操を北に追いやった劉備が荊州牧に就くと、その元で自ら軍師中郎将として長沙郡をはじめとする荊州南部の統治にもたずさわった諸葛亮にしてみれば、交州もそこに至るルートも孫権に奪われてしまったことは、憤懣やる方ない痛恨事だっただろう。なによりも戦略に抜本的な見直しが必要となった。かくして標的として浮上したのが南中と呼ばれていた益州南部（現在の四川省南部から貴州、雲南の両省に及ぶ地域）とこの地を居住域としていた西南夷だったということである。

◈西南夷とは

前節で見た氏とは対照的に、西南夷については『史記』巻一一六西南夷列伝（以下、『史記』西南夷伝）、『漢書』巻九五西南夷両粤朝鮮伝（『漢書』西南夷伝）、および『後漢書』巻八六南蛮西南夷伝（『後漢書』西南夷伝）など歴代の正史に伝がある（もっとも白馬氏は西南夷の一つとして扱われているのだが）。それだけではなく、考古学の調査により、滇王《てんおう》に賜与された金印をはじめとする各種の文物が出土していることもあって、内外における研究の蓄積も厚く、「史記西南夷列伝集解稿」をはじめとする久村因氏の先駆的な研究以外にも、近年では右の『後漢書』西南夷伝の訳注がまとめられ（早稲田大学長江流域文化研究所『後漢書』南蛮西南夷列伝訳注」）、三国時代の西南夷の社会について論じた大澤勝茂氏や柿沼陽平氏らの成果も出た（大澤「秦・漢より三国に至る西南夷の世界」／柿沼「三国時代の西南夷社会とその秩序」）。これらの成果は本節の執筆に際しても大いに参考になったが、ここでは、あらためて西南夷について整理しておこう（なお柿沼陽平『劉備と諸葛亮』第七章「南征」は「南蛮西南夷」と連記しているが、南蛮と西南夷は以下に述べるように、別箇の存在である）。

言うまでもなく、『三国志』には西南夷の伝は立てられていないので、以下ではおもに『後漢書』西南夷伝によっている。『後漢書』の南蛮西南夷列伝のうち、前半の南蛮伝は、長沙武陵蛮、交阯蛮、巴郡南郡蛮、および板楯蛮夷という四つの種族ごとに記述されている。このうち、長沙、武陵、および南郡は荊州管下の郡であり、巴郡は武陵、南郡の両郡に接する益州東端の郡である。板楯蛮夷も巴郡板楯蛮と称されることがあるように、その居住域は巴郡南郡蛮とも重なり合っていたと考えられる。しかし交阯蛮だけは、交州の諸郡とその「徼外《きょうがい》」（境外）の非漢族の総称として用いられていたようである。すなわち「南蛮」とは、南嶺山脈の北側にあたる長江中流の本・支流域（嶺北）と南側にあたる珠江流域（嶺南）、さらには現在のベトナム北部までを含むきわめて広大な空間を居住域とする非漢族の総称であった（三津間弘彦「『後漢書』南蛮伝の領域性とその史的背景」）。とすると、西南夷はそれとは重ならず、西南方面（どこから見て西南方面なのかは問題だが）に居住する非漢族の総称ということになろう。

その西南夷伝には、夜郎、滇王、哀牢夷《あいろうい》、邛都夷《きょうとい》、莋都夷《ざくとい》、冉駹夷《ぜんぼうい》、および白馬氐の七つの種族（正しくはその下位の部族と言うべきところだが、以下では混乱を避けるために種族で統一する）に関する記事がこの順番で掲げられている。西南方面に居住する非漢族だから西南夷と総称されたというのはいかにも安易だが、『後漢書』西南夷伝冒頭の序文には「**西南夷**なる者は、蜀郡の徼外に在る（**西南夷**者、在蜀郡徼外）」と明記されている。蜀郡の郡治である成都県は周知のように現在の四川省成都市だが、その境外を居住域とする非漢族が西南夷という説明である。たしかに蜀郡は華北から見れば西南の方向に位置する。しかしこの一文による限り、蜀郡の南にあろうと、西にあろうと、はたまた北にあろうとも、「徼外」に居れば全て西南夷ということになる。しかし西南夷の

「西南」とは、蜀郡が華北の西南に位置することを意味するものではないだろう。じじつ、『史記』と『漢書』の西南夷伝の序文末尾には「此れらは皆、巴蜀西南外の蛮夷である（此皆巴蜀西南外蛮夷也）」と説かれている。『後漢書』とは似て非なる一文である。巴蜀（巴蜀地方ないし巴郡、蜀郡の両郡）の西南方面の外地にある蛮夷こそが西南夷という説明で、これだと蜀郡の北方武都郡を居住域としていた白馬氐は漏れてしまう憾《うら》みがあるけれども、西夷（西方の非漢族）と南夷（南方の非漢族）という呼称が合体して西南夷という呼称が生まれたことは『史記』西南夷伝の記述からも明らかである（祁慶富『西南夷』第四章「南夷和西夷」）。そこでは夜郎と滇（滇王）が南夷、邛（邛都夷）と筰（筰都夷）が西夷とされている。『史記』西南夷伝と『漢書』西南夷伝の序文はほぼ同文だが、その文章構造を表で示すと、［表二］のようになる。

したがって、後漢時代の牂柯《しょうか》郡を居住域としていた夜郎、益州郡の滇王、永昌郡の哀牢夷、および越嶲《えっすい》郡の邛都夷（『史記』では西夷の一つ）など、蜀郡以南の広汎な範囲に分住していた四つの種族、そして蜀郡属国（のち漢嘉郡）の筰都夷や汶山《ぶんさん》郡の冉駹夷など蜀郡以西にあった二つの種族、合わせて六つの種族を主要な内容とし、さらに蜀郡北方の武都郡にあった白馬氐のような種族を加えたのが西南夷だったのである。柿沼氏はこの点について、「つまり、「西南夷」というアイデンティティ自体、不変のものとは限らず、西南夷側の自称であるとも限らないのである。むしろ中国古代の他の種族名（たとえば西羌）と同様、「西南夷」は内名ではなく外名の可能性が高い。しかも「西南夷」の人びとは、同質の地理・環境下で単一の生活様式を共有した集団であったとも限らない」と慎重に述べている（同「三国時代の西南夷社会とその秩序」二三三頁）。しかし今まで述べてきたように、西南夷が外名（外来の言語（この場合は漢語）による呼称）であることは明白だし、「同質の地理・環境下で単一の生活様式を共有した集団」ではありえないことも、もはや疑いない。同じく『後漢書』西南夷伝の序文には「夜郎国が有る。（その国は）東は交阯に接していて、西に滇国が有り、北には邛都国が有る。（夜郎国、滇国、邛都国の）各々には君長が立てられている。其の人びとは皆椎《すい》結《けい》（椎髻。髪を束ねて後ろに垂らした髻）にして左衽《さじん》（衣服を左前に着ること）で、邑《むら》に聚《あつ》まって居住していて、能く田を耕す。其の外側（蜀からさらに離れた場所）には又巂《すい》や昆明の諸部族が有り、西は同師に極《いた》り、東北は葉楡（県）に至る。地は方数千里（に及ぶ）。君長はおらず、（人びとは）辮髪で、家畜に随って遷徙し、（居所は）常ない。巂より東北には莋都国が有り、（さらにその）東北には冉駹国が有る。（これらの国は）或いは土著し、或いは家畜に随って遷徙する。冉駹より東北には白馬国が有る。是れは氐の種族である。此の三国（莋都国・冉駹国・白馬国）には亦君長が有る（有夜郎国、東接交阯、西有滇国、北有邛都国。各立君長。其人皆椎結左衽、邑聚而居、能耕田。其外又有巂・昆明諸落、西極同師、東北至葉楡、地方数千里。無君長、辮髪、随畜遷徙無常。自巂東北有莋都国、東北有冉駹国。或土著、或随畜遷徙。自冉駹東北有白馬国、氐種是也。是三国亦有君長）」とある。［表二］に整理した『史記』や『漢書』の西南夷伝と基本的には同じだが、各社会における首長の存否、生業（農耕と遊牧）やそれと直結する生活形態、そして習俗などの面で多様だったことがわかるからである。またこれと関連して、［表二］からは、各種族はそれぞれの郡に対応するような大規模な集団ではなく、いずれも君

［表二］『史記』・『漢書』西南夷伝の文章構造：著者作成。

No.	種族（ないしは部族）に関する記述	当該種族（部族）に関する特記事項	『後漢書』西南夷伝	居住域に対応する郡とその郡治（現在地比定）
1	〈西〉南夷、君長以什数、夜郎最大		夜郎国／夜郎	牂柯郡・故且蘭県（貴州省黄平県附近）
2	其西、靡莫之属、［君長］以什数、滇最大	此皆魋（椎）結、耕田、有邑聚	滇国／滇王	益州郡・滇池県（雲南省晋寧県附近）
3	自滇以北、君長以什数、邛都最大		邛都国／邛都夷	越巂郡・邛都県（四川省西昌市附近）
4	其外西、自同師以東、北至楪楡、名為巂・昆明	皆編髪、随畜遷徙、毋常処、毋君長、地方可数千里	巂・昆明諸落／哀牢夷	永昌郡・不韋県（雲南省保山市附近）
5	自巂以東北、君長以什数、徙・筰都最大	其俗或士（土）箸（著）、或移徙、在蜀之西	筰都国／筰都夷	蜀郡属国（のち漢嘉郡）・漢嘉県（四川省雅安市名山区）
6	自筰［都］以東北、君長以什数、冄駹最大		冄駹国／冄駹夷	汶山郡・綿虒道（四川省汶川県附近）
7	自冄駹以東北、君長以什数、白馬最大	皆氐類也	白馬国／白馬氐	武都郡・下辨県（甘粛省成県附近）

「No.」欄は、『史記』（『漢書』も同じ）西南夷伝序文の掲載順に従った。

「種族に関する記述」欄には、『史記』（『漢書』もほぼ同じ）の記述をそのまま引用した。ただし衍字は〈　〉内に入れ、脱字は［　］で示した。

「当該種族に関する特記事項」欄には、『史記』（『漢書』もほぼ同じ）の記述をそのまま引用した。ただし誤字は（　）内に正しい文字を示した。

「『後漢書』西南夷伝」欄には、『史記』（『漢書』も同じ）に対応する種族の表記を掲げた。序文／本条の順である。

「居住域に対応する郡とその郡治（現在地比定）」欄には、後漢時代の郡・郡治について記した。また現在地比定は『中国行政区画通史　秦漢巻』によった。
＊『史記』西南夷伝の解釈は一部、久村因「史記西南夷列伝集解稿」を参照した。

長に率いられた多くの集団のなかの最大ではあるが、あくまでその一つにすぎなかったこともわかる。したがって一つの郡の域内に一つの種族だけが居住していると考えるのは正しくなく、また逆に一つの種族が一つの郡の域内だけに居住していると考えるのも正しくないだろう。現在でも雲南省から貴州省、そして四川省南部にかけての一帯には、イ（彝）族をはじめとする多数の少数民族が居住しているが、それぞれの人口規模は必ずしも大きくはなく、チノー（基諾）族に至っては二万人足らずという（横山廣子「中国雲南省のチノー族における社会変動と民族文化」）。現在の少数民族を当時の諸種族に系譜附けることは困難だし、本書が課題とするところでもないが、言語や文化が微妙に異なる多くの種族が接するように、あるいは重なりあうように居住しているさまには類似点があるように思われる。

このうち本節で取り上げるのは、あくまでも蜀郡以南に分住していた夜郎以下の四つの種族に限られる。この地域は一括して南中と呼ばれるが、四世紀に常璩《じょうきょ》が撰した地方誌『華陽国志』には、全一二巻のうち巻四を南中志とし、牂牁、益州、朱提、永昌四郡についてもふれるところがある（越巂郡だけは巻三の蜀志だが、本節では越巂郡を含めて南中（地域）と呼ぶ）。したがって、以下の行論ではこの『華陽国志』の記述なども参考にして、三国時代を中心として西南夷の動向を探ることにしたい。

◈後漢時代の西南夷

まずは『後漢書』西南夷伝の記述によりながら、後漢時代の西南夷についてふれておきたい。

西南夷伝の冒頭に配されているのは、「夜郎自大」の夜郎である。夜郎の居住域には前漢武帝の前一一一(元鼎六)年に牂柯郡が設けられると、その首長が王号を授与されたこともあったが、前漢の末期にはその王統も絶え、種族としての実体も失われたようである。後漢の成立時には龍・傅・尹・董といった「大姓」すなわち地域の有力者がいたようだが、あるいはかつての夜郎の末裔だったのであろうか。王統が絶えたにもかかわらず、『後漢書』西南夷伝でもその筆頭に掲げられた事情については検討の余地があるが、夜郎の系譜に連なる人びとがこの地からいなくなってしまったわけではないだろう。

滇王の地にも武帝の前一〇九(元封二)年、益州郡がたてられた。滇王の勢力も益州郡の監督下に入ったものと思われるが、王莽の時代から後漢初期にかけて、この地の夷が叛旗をひるがえして益州太守を殺害したり、駆逐したりしている。二世紀後半、一七六(熹平五)年にも益州太守が叛いた諸部族に執えられているが、王朝側はその都度朱提夷(朱提県は犍為属国(蜀漢時代は朱提郡)の治所で雲南省昭通市昭陽区)や板楯蛮といった非漢族を含む征討軍を送り込んで平定にあたった。

ところで『史記』と『漢書』の西南夷伝によると、益州郡が設置されたのにともない、滇王に王印が授与された。そこには「**西南夷**の君長は百を以て数えるほどいるが、独り夜郎と滇だけが王印を受けた。滇は小さな邑《くに》だが、最も寵愛を受けた(**西南夷**君長以百数、独夜郎・滇受王印。滇、小邑也、最寵焉)」とある。［表一］にまとめた同伝の序文とはややニュアンスが異なるが、滇が益州郡の全域に影響を及ぼすような力を有していなかったことは確かで、夜郎と滇は、それぞれ牂柯郡や益州郡を居住域とする多数の種族の一つにすぎず、その勢力範囲はごくごく限られていたと考えるべきかもしれない。にもかかわらず王に冊封されたわけだが、一九五六年に雲南省晋寧県の石寨山六号墓から出土した「滇王之印」と刻字された金印がそれをうらづけた。国内ではいち早く栗原朋信氏がこの金印に着目しているが(栗原朋信「文献にあらわれたる秦漢璽印の研究」)、郡県制の枠内に取り込まれながら、「復た其の民に長たらしめた(復長其民)」(『史記』西南夷伝)というように、君長としての地位を認められたという特異なケースである。それもあってか、栗原氏は、王号を維持できたのはせいぜい昭帝の始元年間(前八六~前八〇年)までの四半世紀程度と推定している。滇の君長がその後も王を称していたという記事は見あたらないので、栗原氏の推定は理解できるが、ではなぜ『後漢書』西南夷伝が「滇王」条としたのか、は残念ながらわからない。なお金印と同時に出土した貯貝器と呼ばれる特異な形状の青銅器は、滇の人びとの社会と文化の一端を如実に示す貴重な史料である(石黒ひさ子「雲南石寨山文化の世界」)。

哀牢夷の名は『史記』と『漢書』の西南夷伝、そして『後漢書』西南夷伝の序文にはない。そこにあるのは「巂、昆明(諸落)」である。哀牢夷はこれと重なり合う存在と考えたいところだが、「君長はおらず、(人びとは)辮髪で、家畜に随って遷徙し、(居所は)常ない(無君長、辮髪、随畜遷徙無常)」とされる前者に対し、後者すなわち哀牢夷については「土地は沃美で、五穀(の栽培)と蚕桑に宜《よ》し

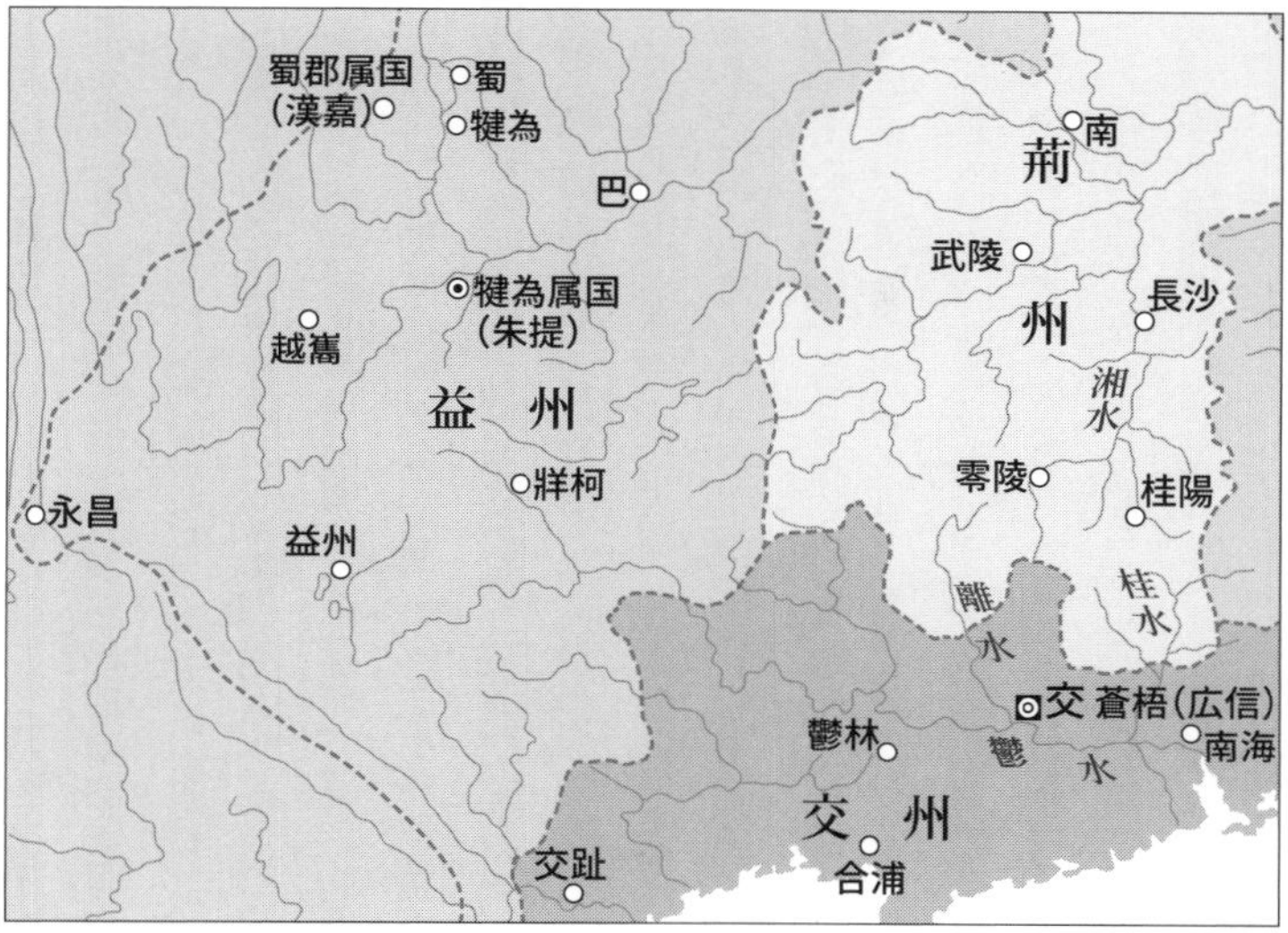

［図五］
後漢時代の益州と交州：
松田壽男他編
『アジア歴史地図』六〇頁（一部）より作成。

(土地沃美、宜五穀・蚕桑)」とあるので、別箇の存在だったとすべきかもしれない。哀牢夷が居住域としていた一帯(現在の雲南省西部)に郡県制が施行されたのは遅く、後漢の六九(永平一二)年のことで、哀牢王柳貌が内属したことをきっかけに永昌郡が新設されたが、この時七七人もの「邑王」(集落を率いる下位の首長)が一緒に帰服したという記録も、「無君長」という記述とは合致しない。ただこの時帰服した哀牢夷の規模が戸五万一八九〇、口五五万三七一一(一戸当たり一〇・七口。なお『続漢書』第二三郡国志五によると、永昌郡全体では戸二三万一八九七、口一八九万七三四四。ちなみに益州の州治蜀郡は戸三〇万四五二、口一三五万四七六なので、永昌郡の口数は蜀郡の一・四倍にもなる)なので、哀牢夷は夜郎や滇とは異なり、単一の種族ではなく、その連合といった性格を有していたのかもしれない。

その哀牢夷の内属が一つの契機になったのであろう、後述するように、その後も「徼外」の非漢族による内属と遣使が相次いだことを『後漢書』西南夷伝は伝えている(中林史朗「東漢時代における益州について」)。

邛都夷の居住域に越巂(嶲)郡が設けられたのは前一一一(元鼎六)年で、牂柯郡と同じである。その後王莽の末期、長貴という人物が「種人」を率いて太守を殺害し、邛穀王を自称した。益州郡とほぼ同じような動きである。後漢を開いた光武帝もこれを追認し、さらに越巂太守に任じたが、最後は不穏な動きを示したため誅殺される。しかしその後も越巂郡一帯では叛乱が繰り返されており、とくに一一八(元初五)年からは、同郡の「**巻夷大牛種**」である封離らの蜂起に端を発し、永昌、益州の両郡やさらには蜀郡の非漢族（夷）らも参加した大規模な叛乱が起こっている。翌年内に三六もの種族（種）が降伏してきて終息したが、この叛乱は、西南夷が種族そして居住する郡の範囲を超えて団結し、中国王朝の支配に抵抗した事例として注目にあたいする。「当時、郡県による賦税の取り立てに煩数《わずら》わされていた（時郡県賦斂煩数）」（『後漢書』西南夷伝）ことがその原因だったようだ。伊藤敏雄氏によると、後漢時代の中期には、南蛮や西南夷に対する税役が管轄する郡の判断で加重される傾向にあったとのことなので（同「中国古代における蛮夷支配の系譜」）、それが大きな要因だった可能性が高いが、諸葛亮の「南征」前夜の西南夷にも彼らが団結するような（せざるをえないような）事情が潜んでいたと考えることができるかもしれない。

かくして本節も三国時代を迎えることになる。

◈南中地域と劉備・蜀漢

「南征」についてふれるまえに、当時の南中地域の社会状況と、後漢から蜀漢に支配者が交替したことにともなって、この地域の行政区画に改編があったことを確認しておきたい。

『華陽国志』巻四南中志の総叙につぎのような記事がある（劉琳校注『華陽国志新校注』により原文を一部あらためた）。

①（西南）夷と結婚することを「遑耶」と曰い、（夷が）諸姓（と結婚することを）「自有耶」と曰う。

……夷と至厚の（交わりを持つ）者はこれを「百世遑耶」と謂う（与夷為婚曰、遑耶、諸姓婚為自有耶。……与夷至厚者謂之百世遑耶）。

時系列の記述を主とする総叙の末尾近くに置かれた文章なので、必ずしも後漢と蜀漢の交替期のことと言うわけではないが、漢族と西南夷の間で婚姻が行なわれていたこと（遑耶）、また両者の間では個人レベルでの友好的な関係が結ばれることがあったこと（百世遑耶）、さらには種族の違いを越えて夷の出身者同士が結ばれることもあったこと（自有耶）などが述べられている。

西南夷の諸種族は元来が小規模であり、強大な権力を有する首長の存在は確認できないが、そのようなことが、彼らと漢族との接触を促進したという側面があったのかもしれない（これは、第一章第二節で見た山越と同じである）。とするならば、「南征」の対象となった叛乱の首謀者たちについても、漢族か非漢族すなわち西南夷かといった二者択一的な詮索は無意味なことにもなりかねない。そのことも覚悟しておく必要があるだろう。

このような南中地域を手中に収めると、劉備は早速行政区画の改編に着手する。牂牁、益州、永昌、および越巂の四郡は後漢時代から引き継がれたが、新たにそれまでの犍為属国を朱提郡に改め、郡治を南昌県（雲南省鎮雄県附近）に置いた。劉備が成都入城を果たし、益州牧を称して間もない二一五（建安二〇）年頃のことである。朱提郡は東に牂牁郡、西に越巂郡、そして南に益州郡というロケーションである。重要なのは、それと同時に南中地域全域を管轄する庲降《らいこう》都督が設けられたことである。初代の都督には朱提太守の鄧方が任じられ、南昌に都督府を構えた。石井仁氏は「都督南中諸軍事」がその正式名称だったとしており（同「呉・蜀の都督制度とその周辺」）、従いたい。ようするに、益州入部早々、劉備は南中地域への支配の強化ないしは徹底化に乗り出したと言うことができる。ただそれだけならば、新たな州を設けて益州から分立させるという方法もあったはずである。にもかかわらず、あえて武官職である庲降都督を置いた意味は別途検討する必要があるが、そのようななか、劉備の死去を契機として大規模な叛乱が勃発するのである。

ところで、ちょうど劉備が没した二二三（章武三）年の紀年を有する石刻が、南中地域への入口とも言える場所で見つかった。そこで「南征」について述べるまえに、この石刻についてふれておきたい。

◈「蜀章武三（二二三）年七月姚立買石門券」

中国世界では後漢以降、墓域に対する所有権の正当性を主張するために、墓主の屍体とともに磚石や金属板に文字を刻した墓券（買地券）が墓中に埋納されるようになる。もちろん三国時代も例外ではなく、現在まで全部で一八点の墓券が出土している。しかしそのうち一七点までが孫呉の支配下にあった江南地域で出土したものである（関尾「三国時代の墓券とその位置」）。残る一点が蜀漢の支配下にあった地域で出土した表題に掲げたものである。録文を示しておこう［図六］。

②章武三年七月十日姚立従曽意
買大父曽孝梁石一門七十萬畢知者廖誠
杜六葬姚胡及母
(章武三年七月十日、姚立は曽意から、その大父(祖父)曽孝梁のものであった石門(石壁)一口分を銭七十万で買い、(支払いは)畢った。立会人(知者)は廖誠と杜六(である)。(この一口分の石壁は)姚胡と母を埋葬する(ためのものである))

当時、益州一帯では崖墓ないしは岩墓と呼ばれる、岩山の斜面に横穴を開けてそこに屍体を安置するというこの地域特有の埋葬方法が行なわれており[図七]、その壁面に売買契約を刻したのが②である。②は、一九八二年に貴州省習水県の三岔河鎮で出土した(発掘調査によって地下から見つかったわけではないので、「出土」ではないのだが)のだが、三岔河墓群は五つの孔からなり、そのうちの一つである二号墓の孔の入口附近に刻されていたものである(李明暁『両漢魏晋南北朝石刻法律文献整理与研究』八〇頁)。習水県は貴州省の北部、当時は牂牁郡の北に位置する江陽郡(後漢末期に犍為郡から分置)の管下にあったと思われ、ここに葬られた墓主(姚胡と母)が夷か漢かはじつのところ定かではないのだが、問題は冒頭の「章武三年七月十日」という紀年である。

周知のように、昭烈帝劉備はその年すなわち二二三年四月癸巳(二四日)、永安(重慶市奉節県)の白帝城で死去した。享年六三歳。そして皇太子劉禅は翌五月に即位すると、直ちに建興と改元した。したがって章武三年七月という紀年は実際には存在しない。また夏、つまり六月までには隣接する牂牁郡で朱褒が蜂起している。しかしこの地にまで叛乱勢力の影響が及んだとすれば、劉備の死後も彼の元号に執着するようなことはなかっただろう。ではなぜ建興への改元に従わなかったのであろうか。

三岔河鎮は県名の由来にもなった習水河(赤水河に合流して長江に注ぐ)の上流沿いの山間部に位

〔図六〕
「蜀章武三年七月姚立買石門券」写真・拓本：
成都武侯祠博物館編
『図説 諸葛南征』一〇六頁。

〔図七〕
三岔河蜀漢岩墓群：
同上、一〇五頁。

置しており、大きな蛇行を繰り返す河川以外に交通路が見あたらないような環境である。もっともこのような環境は習水県に限ったことではなく、益州の各地に見られるもので（だからこそ崖墓も広く行なわれた。本章第一節で言及した塔梁子三号墓も崖墓だった）、成都からの改元の通達も滞りがちだったものと思われる。しかし逆に言えば、そのような山間部であっても、先々年の四月に定められた元号章武が用いられていたのであり、このことは、後漢時代に華北で始められた墓券の作成という喪葬習俗が行なわれていたこととともに注目にあたいする。

◈「南征」の経緯

さて「南征」の一部始終については、すでに柿沼陽平『劉備と諸葛亮』第七章「南征」に推測を交えながら詳述されているので、一部、私見とは異なる部分もあるが、柿沼氏のこの書を参照していただくとして、本項では『三国志』や『華陽国志』などによりながら、要点だけまとめておきたい。

最初に叛旗をひるがえしたのは、益州郡の「大姓」雍闓《ようがい》である。益州太守の正昂を殺害し、後任の張裔を捕縛して孫呉に送ってしまった。孫権はその功績を評価して闓を永昌太守（遥任）に任じ、劉璋の遺児である劉闡《りゅうせん》を益州刺史として交州と益州の境界付近に置いた。雍闓と前後してであろう、越巂郡の「夷王」高定（『華陽国志』は「高定元」とするが、『三国志』に従う）が同地に駐留していた将軍の焦璜《しょうこう》を殺害し、王を自称して叛いた。最後が牂牁郡丞だった朱褒で、益州従事の常頎

（常房）を殺害して蜂起した。二二三（建興元）年夏のことである。劉備の服喪中という理由で蜀漢は直ちには動かず、二年後の二二五（同三）年三月、丞相の諸葛亮自ら大軍を率いて出撃し、同年末に成都への帰還を果たした［図八］。これが「南征」だが、それにより牂牁、益州、越巂、および永昌の四郡は全て平定され、事後措置として益州郡を改めて建寧郡とし、建寧、永昌両郡から雲南郡を、また建寧（旧益州）、牂牁両郡から興古郡をそれぞれ分置した。二郡が増設されたわけだが、これによりさらに支配の徹底化が図られたことは想像にかたくない。またこれより先、初代の庲降都督だった鄧方の死没（二二一年）により後任となった李恢は治所を牂牁郡の平夷県（貴州省畢節市附近）に移していたが、新任の牂牁太守馬忠とともに「南征」では各地に転戦した。しかし「南征」の成果について、巻三三後主伝は「軍資を出だすことができるようになり、国家は（これを）以て富み饒《ゆた》かになった（軍資所出、国以富饒）」と簡単に記すにとどまる。『華陽国志』も巻七劉後主志はこれと同じだが、巻四南中志の総叙が詳しい。

③南中の勁《つよ》い兵卒や**青羌**（合わせて）万余家を蜀郡に移して、五つの部隊とした。当たる所（の相手は）前《すす》むことができないありさまで、飛軍と呼ばれた。其（南中）の羸弱《るいじゃく》（な者はこれとはべつに）分けて（南中の）大姓である焦、雍、婁《ろう》、爨《さん》、孟、量、毛、李（の諸氏）に配置して部曲（私兵）とした。（またこれらの私兵を管理するために）五部都尉を置き、（それは）五子と呼ばれた。故に南方の人びとは、四姓（大姓）の五子と言うのである。**夷人**には（気性が）剛《つよ》く（指

示）を聞き入れない者が多く、大姓や富豪に賓《したが》おうとしなかった。（そこで）乃ち勧誘するために黄金や帛（絹織物）を（大姓や富豪に）供出させ、悪賢い**夷人**を策（召喚状）によって聘《め》し出して（各）家の部曲とさせた。（こうして部曲に夷人を）多く得ることができた者については、（代々）奕《かさ》ねて官職を世襲させた。是に於いて**夷人**は貨物を貪り、漸次、蜀漢に服属するようになり、**夷人**や漢人（の大姓や富豪の）部曲となった。（諸葛）亮は其（大姓や富豪）の（なかでも）俊才で傑物であった建寧（郡出身の）爨習《さんしゅう》、朱提（郡出身の）孟琰、及び（孟）獲を官員（として取り立て）、習は領軍（将軍）、琰は輔漢将軍、（そして）獲は御史中丞に至った。（また南中から）其の金、銀、丹、漆、耕牛などを供出させ、いくさ用の馬は軍国の用途に給した。（庲降）都督には常に重んじられている人材を登用した。李恢が卒した後任には、蜀郡太守で犍為（郡出身の）張翼を都督とした。（しかし）翼は法を持することが厳格に過ぎ、殊《こと》なった習俗をもつ人びとを和合させることができなかった。（そのために）**夷人**の指導者である劉冑が反いた。（そこで）翼を徴還し、馬忠を以て（その）代わりとした（移南中勁卒**青羌**万余家於蜀、為五部。所当無前、号為飛軍。分其羸弱配大姓焦・雍・婁・爨・孟・量・毛・李為部曲、置五部都尉、号五子、故南人言四姓五子也。以**夷**多剛很、不賓大姓富豪、乃勧令出金帛、聘策**悪夷**為家部曲、得多者奕世襲官。於是**夷人**貪貨物、以漸服属於漢、成**夷**・漢部曲。亮収其俊傑建寧爨習・朱提孟琰及獲為官属、習官至領軍、琰輔漢将軍、獲御史中丞。出其金・銀・丹・漆・耕牛。戦馬給軍国之用。都督常用重人。李恢卒後、以蜀郡太守犍為張翼為都督。翼持法厳、不得殊俗和。**夷帥**劉冑反。徴翼、以馬忠為代）。

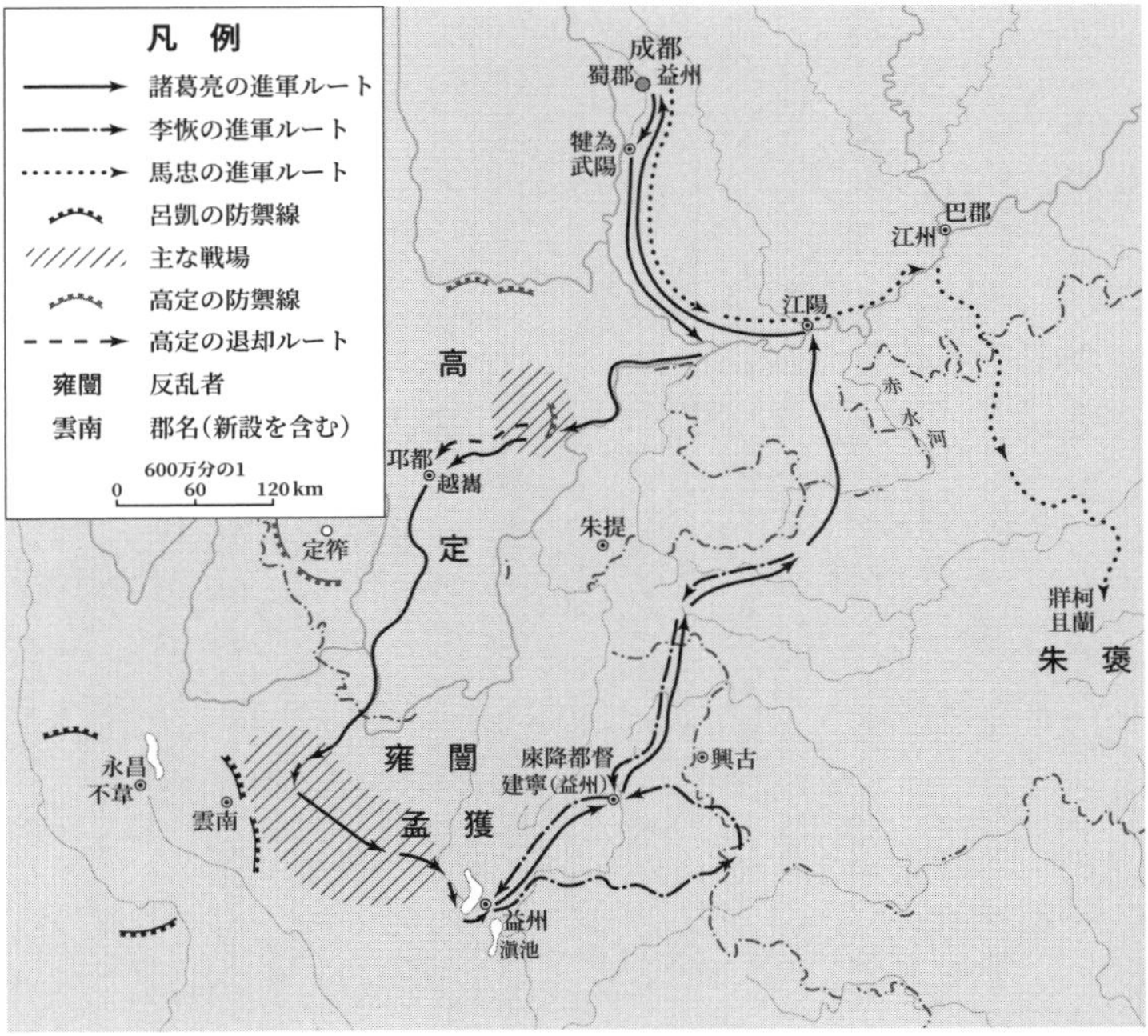

〔図八〕「南征」関係図：郭沫若主編『中国史稿地図集』上冊、四八頁「諸葛亮南中用兵」。

巻三三後主伝によると、ここに出てくる劉冑の叛乱は二三三（建興一一）年のことなので、ここまでの一連の措置は、「南征」終了後からこの間のことだったと考えられる。またつぎの巻四三李恢伝の記事も、同伝の前後の記事から、二二九（建興七）年以前のことと考えられる。

④その後、（南征）軍が帰還すると、**南夷**が復た叛き、守将を殺害した。（李）恢は身《みずか》ら出動して（これを）撲討《う》ち、悪人どもを尽く攻め鉏《ころ》し、其の豪帥を成都に徙した。**叟**《そう》と**濮**から賦として耕牛、軍馬、金、銀、犀の革《かわ》などを供出させ、軍資に充当した。（その結果、）当時は経費が欠乏するということはなかった（後軍還、**南夷**復叛、殺害守将。恢身往撲討、鉏尽悪類、徙其豪帥於成都。賦出**叟・濮**耕牛・戦馬・金・銀・犀革、充継軍資。于時費用不乏）。

このうち中心となる③は文章が難解なために複数の解釈が並存しているが、漢族と非漢族（青羌）とを問わず、叛乱勢力の強悍な部分を蜀漢の国軍に編入するいっぽう、それに及ばない人びとは「大姓」と呼ばれた南中の有力者たちに「部曲」として分属させたということである。「部曲」は私兵を意味すると考えられるが、この政策を推進するための方策についても言及がある。また巻三三後主伝の「軍資」が具体的にどんなものだったのか、ということも③と④からわかる。さらに③の冒頭にある「勁卒」から推察するに、「南征」を諸葛亮に決断させた叛乱は、西南夷と総称

される この地の非漢族（③では「青羌」とある）を中心としながらも、漢族を含めた人びとによって引き起こされた可能性を想起させよう。

以下ではこの点について、第一節「「隆中対」を読む」で述べたことをふまえながら考えてみたい。

◈「南征」の背景

最初に叛旗をひるがえしたのが益州郡の雍闓だったのは偶然ではなく、理由があった。左に掲げる史料がそのことを教えてくれる。

⑤（士）燮は又益州（郡の）豪姓である雍闓らを誘導し、郡の人びとを率いて遥《とお》く東のかた（孫呉に）帰附させた。（そのため、孫）権は益《ますます》これを嘉《よみ》し、（燮を）衛将軍に遷して龍編侯に封じ、弟の（呂）壱に偏将軍・都郷侯（を授けた）（燮又誘導益州豪姓雍闓等、率郡人民使遥東附。権益嘉之、遷衛将軍、封龍編侯、弟壱偏将軍・都郷侯）。

⑥益州（郡の）大姓である雍闓らが蜀が署《お》いた所の（益州）太守正昂を殺害し、（士）燮と相《たが》いに書信をやり取りし、（呉に）内附したいと求めてきた（益州大姓雍闓等殺蜀所署太守正昂、与燮相聞、求欲内附）。

⑤は巻四九士燮伝、⑥は巻五二歩隲伝の一節である。当時、歩隲は孫呉の交州刺史として嶺南にあって燮以下の士氏一族を統轄する立場にあった。⑤は以前から士燮が雍闓と通じていたとするが、⑥は蜂起後に雍闓が士燮と接触を図ったかのごとく述べていて、微妙に異なるが、「雍闓の孫呉への内通の主導的な役割を果たしたのが士燮であった」(菊地大「孫呉の南方展開とその影響」二四頁)ことだけは疑いない。ただ巻三三後主伝には二二三(建興元)年の年内に、蜀漢が尚書郎の鄧芝を孫呉に派遣して関係の強化を図り、孫呉の側でもこれに応じたことが述べられており、雍闓の一件も話題に上った可能性が高い。もっとも雍闓は蜀漢の軍勢と対峙するまでもなく、高定の兵士に殺害されてしまい、孟獲がこれに代わっている。いずれにせよ問題は、なぜ士燮が雍闓と(あるいは雍闓が士燮と)通じたのか、という点にある。

第一節で述べたように、交州一帯は交易の拠点であった。繰り返せば、交易で入手できる産品の多くは現地の嶺南地域やベトナム北部で産出ないしは採集されるものだったが、これに永昌郡など南中地域を経由してインドやミャンマー方面からもたらされた産品を加えることができる。『史記』や『漢書』の西南夷伝によると、そもそも、前漢時代、番禺に都を置いていた南越に派遣された使者がそこで蜀の枸醤が食せられているさまを見て不思議に思い、探ったところ、夜郎が仲介し、牂牁江を下って南越に運び込まれていることを突き止めた。牂牁江は、雲南省東部を源流域として貴州省西部を南下する北盤江のことと考えられるが、同じように雲南省東部を源流域とする南盤江と合流すると、紅水河→黔江→潯江→西江→珠江と何度も名前をかえて南シナ海

(南中国海)に注ぐ。枸醬のみならず、さまざまな産品がこの水運を利用して内陸部(蜀郡や南中の諸郡)から番禺にもたらされていたのであろう。『後漢書』西南夷伝にも夜郎が東側で交阯(交州)と接していることや、後漢初期、この地の「大姓」が番禺江(西江のことか)を下って交州を経由して使者を光武帝のもとに派遣したことが述べられている。また張騫の逸話にもふれておくべきだろう(工藤元男「蜀布と邛竹杖」)。前漢の武帝によって大月氏に派遣された張騫は、大夏(バクトリア)で「蜀布」と「邛竹杖」を見かけたため、その由来を尋ねたところ、身毒国(インド)で蜀の商人から買ったことを告げられた。戻った張騫の意見を容れ、武帝は蜀から身毒国へのルートを探らせたが、滇王の協力を得たにもかかわらず、その先で昆明が道を塞いでしまったので、身毒国に至ることはできなかった。昆明とは「巂・昆明(諸落)」のそれで、後の永昌郡一帯を居住域としていた。『後漢書』西南夷伝によると、その地からは銅、鉄、鉛、錫、金、銀、光珠(真珠の一)、虎魄(琥珀)、水精(水晶)、琉璃、軻蟲《かちゅう》(貝の一)、蚌珠《ほうしゅ》(真珠の一)などといった多種多様な貴金属や貴石が産出され、孔雀、翡翠(かわせみ)、犀、象、猩猩、貊獣などの動物が棲息していた。これらが全て永昌郡内で自生していたのかは疑問も残るが、『華陽国志』巻四南中志の永昌郡条には「閩濮《びんぼく》、鳩《きゅう》僚《りょう》、僄越《ひょうえつ》、裸濮《らぼく》、身毒などの人びとがいる(有閩濮・鳩僚・僄越・裸濮・身毒之民)」という一文があり、あたかも郡域内に、僄越(僄(驃)はビルマ語のピュー)系や身毒(インド)系の人びとが生活していたかのように記されている。少なくともこういった人びとの姿が永昌郡内で見られたことはあったのだろう。とすれば、右の産品とくに貴金属や貴石のなかにはこういった人びとによって永昌郡のさらに西方からもたらされたものも含まれていたと考えるべきかもしれない。『後漢書』西南夷伝によれば、永昌郡の設置後、徼外敦忍乙王（九四（永元六）年）、徼外蛮と撣国王（九七（同九）年）、徼外僬僥種夷（一〇七（永初元）年）などが内属したり、使者を派遣したりしており、彼らも犀、牛、大象、象牙、水牛、封牛（こぶ牛）などを後漢の朝廷に献上している。インドにあてる異説もあるようだが（桑田六郎「南洋上代史雑考」）、一般的にはミャンマーと考えられている撣国を除くと、これらの勢力の原住地についての詳細は不明と言うほかない。いずれにせよ、中国世界の西南角に位置することになった永昌郡はインド、ミャンマー方面から送られて来る産品の経由地かつ集散地という重要な役割を負わされて三国時代を迎えることになったのである。巻四三呂凱伝の⑦はその三国時代のことである。

⑦呂凱は字を季平（といい）、永昌（郡）不韋（県の）人である。（永昌）郡府に出仕して五官掾や功曹をつとめた。時に雍闓らが先主が永安で薨じたことを聞きつけ、滋《ますます》驕《おご》り黠《わるがしこ》いさまが甚だしくなった。……闓は又呉に降り、呉では闓を遥任の永昌太守に署した。永昌は既に益州郡の西に位置するため、道路は壅塞して蜀（郡とは）隔絶してしまった。（折しも）太守は改易で（欠員中だったため）、凱は（永昌郡）府の丞である蜀郡の王伉と吏員や人びとを帥い厲《はげ》まし、（益州郡との郡）境を閉鎖して闓（の進撃を）拒んだ。……凱の権威や恩義は（郡）内に著れ、郡中の信頼する所となっており、故に其の節義を全うすることができたのである。丞相の（諸

葛)亮が南のかた闓を征討することになり、既に進発して行軍中だったが、(そのさなか)闓は早くも高定の部隊によって殺害されてしまった。亮は南(中)に至ると、表を上《たてま》って曰うには、永昌(郡の)郡吏である呂凱と(永昌郡)府の丞である王伉らは、絶域で忠節を執ること、十年有余、雍闓や高定が其の東北(域に)偪《せま》ったが、凱らは節義を守って(これと)交通しなかった。臣《わたくし》は永昌(郡の)風俗がこれほどまでに敦厚で実直だとは意《おも》ってもみませんでした、と。(そこで)凱を(新設の)雲南太守とし、陽遷亭侯に封じた。会《たまたま》叛乱を起こした**夷人**の害する所となってしまったので、子の祥に(凱の官爵を)嗣がせた。そして王伉も亦た亭侯に封じて、永昌太守とした(呂凱字季平、永昌不韋人也。仕郡五官掾・功曹。時雍闓等聞先主薨於永安、驕黠滋甚。……闓又降於呉、呉遥署闓為永昌太守。永昌既在益州郡之西、道路壅塞、与蜀隔絶、而太守改易、凱与府丞蜀郡王伉帥厲吏民、閉境拒闓。……凱威恩内著、為郡中所信、故能全其節。及丞相亮南征討闓、既発在道、而闓已為高定部曲所殺。亮至南、上表曰、永昌郡吏呂凱・府丞王伉等、執忠絶域、十有余年、雍闓・高定偪其東北、而凱等守義不与交通。臣不意永昌風俗敦直乃爾。以凱為雲南太守、封陽遷亭侯。会為叛**夷**所害、子祥嗣。而王伉亦封亭侯、為永昌太守)。

益州、越嶲、そして牂牁と南中諸郡が次々に叛旗をひるがえすなかにあって、ひとり永昌郡だけはこの地方出身の呂凱を中心として叛乱勢力の入境を拒み続けたのである。永昌郡はとりわけて領域が広く、戸口も突出して多かっただけではなく、西方から送られて来る産品の経由地・集散地であったとなれば、この地が政権側に立って奮戦したことは、「南征」を成功に導く一因にもなったはずである。諸葛亮から高く評価されたのも首肯できよう。

このように考えることができるなら、孫呉に帰服することになった士燮にしてみれば、南中一帯が蜀漢の支配下に組み込まれて分断されてしまったことは、西方や北方（かつて枸醬が蜀郡からもたされたことを想起）からの産品の入手という点において、なんとか解消、克服しなければならない深刻な課題だったはずである。したがって⑤のように士燮から雍闓に蜂起を働きかけた可能性も十分にありえよう。またそれだけではなく、雍闓の側でもこれに応えたのには事情があったに違いない。

◈軍師中郎将と庲降都督

さてたびたびふれたように、さきに諸葛亮は荊州を手中に収めた劉備により、交州に通じる荊州南部（長沙、零陵、桂陽の三郡）を督する軍師中郎将の地位を与えられた。巻三五諸葛亮伝によると、その任務は「其の賦税を調《と》り、以て軍需物資に充当する（調其賦税、以充軍実）」ことであった。中郎将は将軍よりも低位の武官職で（大庭脩「漢の中郎将・校尉と魏の率善中郎将・率善校尉」）、これに冠された軍師は彼が劉備の家臣団を代表する名士出身の参謀にして政治顧問だったことを意味している（石井仁「軍師考」）。そのような官職を帯びた彼の任務が、軍需物資の財源とは言え、賦税の徴収であったというのはどういうことだろうか。そもそも賦税とはどのようなものだったのだろうか。この一件の約二〇年後の二三〇年代、孫呉の支配下にあった長沙郡の郡治臨湘県（湖南省長沙市一帯）で作成されたおびただしい数の簡牘が前世紀末に出土した。長沙走馬楼呉簡である。それによると、臨湘県の人びとは、土地にかかる租、戸にかかる調、そしてヒトにかかる口算など基本的な賦税はもちろんのこと、さまざまな附加税を納入させられていた（関尾『三国志の考古学』第四章「呉の地方行政と地域社会」）。このような状況は諸葛亮の時代も似たようなものだったと思われるが、租、調、口算などに附加税を加えた賦税収入の全てが長沙、零陵、および桂陽の三郡から彼のもとに吸い上げられ、軍用に充当されたと考えるのはおよそ現実的ではないだろう。そもそも人びとからのこういった賦税（だけ）が軍用に充てられたのだろうか、それも疑問である。

本伝の注に引かれた『零陵先賢伝』によると、当時亮は臨烝に駐在していたという。臨烝は長沙郡の南端、零陵、桂陽両郡との境界附近に新設された県で、湖南省衡陽市附近に比定される（梁満倉「軍師中郎将諸葛亮の荊州時代」）。長沙以下の三郡がそれぞれの人びとから徴収した賦税（の一部）をこの地で検収したのであろう。その上でこの税収を財源としてどのような軍需物資を調達すべきかを立案して執行するのも彼の役割だったのだろう。もちろん調達した軍需物資の管理や移送などもその職掌の範囲内で、中郎将だった彼のもとに配置された兵員と吏員を指揮しながらコトに当たったものと思われる。しかしなによりも彼は「軍師中郎将」であった。それは「隆中対」で自身が提示したビジョンの実現も託されていたからではないだろうか。すなわち湘江―霊渠―灕江（桂江）の河川ルートの疏通と、それによる交州に集積された南方産品の将来、さらにはその取引に対する課税(取引税や通行税など)である。さきの長沙走馬楼呉簡によると、日常的な奴婢(奴隷)売買にも売り手と買い手の双方から合わせて売買価格の一割にも上る「中外估銭」と呼ばれる取引税が取り立てられているのだから(伊藤敏雄「長沙呉簡中の生口売買と「估銭」徴収をめぐって」/関尾「「呉嘉禾六(二三七)年四月都市史唐玉白収送中外估具銭事」試釈」)、南方産品も当然課税対象になったはずである。

もっとも諸葛亮が軍師中郎将に任じられた翌々年、交州に自立していた士燮は孫権の勢力圏に組み込まれ、さらに亮が任地を離れて成都に移ると、翌二一五(建安二〇)年には長沙、桂陽の両郡が孫権に割譲されてしまうので、軍師中郎将としてどの程度「其の賦税を調《と》り、以て軍需物資に充当」できたのかは疑わしい。軍師中郎将という官職もこれとともに廃止されてしまったようである。亮は新たに成都で軍師将軍を授けられた。昇任ではある。

軍師中郎将の任務が名実ともに喪われたのと前後して新設されたのが庲降都督である。さきにその設置を「二一五(建安二〇)年頃」と書いたが、年代には諸説あり(胡阿祥他『中国行政区画通史 三国両晋南朝巻』上冊、一九二頁)、前年の二一四(同一九)年とする説もある。いずれにせよ劉備が成都入城を果たし、益州牧を称してから間髪を入れずに行なわれた措置だったことは疑いない。その正式な名称が都督南中諸軍事であったとすれば、それは南中諸郡の上位にあってどのような権限を有していたのだろうか。そもそも「都督……(地域名が入る)諸軍事」とはいかなる職掌の武官職だったのだろうか。この問題については従来、当該地域における軍事(軍隊)指揮権を有する職と漠然と考えられて来たが、石井仁氏は軍法にもとづいて官民を処断する権利を有する職と解釈し、このような通説に抜本的な見直しを迫った（同「「地方分権化」と都督制」）。この石井新説によれば、庲降都督は軍法を盾に取って南中諸郡の官民を処断することのできる職ということになる。たとえば、物資の徴発に応じなかったり、指定された期日に遅れたりした場合などがこれに該当しよう。もちろん叛乱をうかがわせるような行動などは言語道断である。

胡他『中国行政区画通史 三国両晋南朝巻』上冊の第二編第一章「三国都督区」によると、蜀漢の都督（区）のうち、庲降都督はもっとも早く（蜀漢王朝成立以前から）、そしてもっとも長く置かれた（滅亡した二六三年まで）ものであった。国都の成都から遠く離れており、かつ西南夷と総称される非漢族の居住域でもあったという事情によるところもあろうが、この地域で産出される物品や西方から持ち込まれる物品を軍事目的で徴発しようとする場合、それを確実かつ円滑に実行するためには、ひじょうに有効な施策だったに違いない。もっともそれは政権側のはなしであって、漢族と非漢族とを問わず、この地に居住する人びとにとっては、後漢時代にはなかった新たな桎梏と受け止められたであろう。二二一（章武元）年に没した初代の庲降都督鄧方については、「建安十九（二一四）年、劉先主（劉備）は蜀を平定すると、安遠将軍だった南郡出身の鄧方をして朱提太守・庲降都督とし、南昌県を治所とさせた。（方は）財に執着せず果敢にして毅然、（そのため西南）**夷**も漢（族）も其の威信を敬った（建安十九年、劉先主定蜀、遣安遠将軍南郡鄧方以朱提太守・庲降都督治南昌県。軽財果毅、**夷**・漢敬其威信）」（『華陽国志』巻四南中志総叙）とあり、巻四五楊戯伝に収められた戯の

『季漢輔臣賛』中の「賛鄧孔山」（孔山は方の字）に描かれた鄧方像も「安遠将軍は彊い意志（を持ち）、允《まこと》に休《うるわ》しく允に烈《はげ》しいことである。財に執着せず果敢にして勇壮、困難に当たっても惑《まよ》わず、少数を以て多数（の敵を）禦《ふせ》ぎ、異邦で（自分の）業務を保った（安遠彊志、允休允烈。軽財果壮、当難不惑、以少禦多、殊方保業）」というように、これと同じである（ただしその死を翌二二二（章武二）年のこととする）。「果毅（果壮）」であることで、南中の人びとには憚られたということであろうか。彼は安遠将軍でもあり、その任地は「殊方」であった。なお都督の設置が、今は軍師将軍として成都にあった諸葛亮のプランだったことも容易に想像できよう。

雍闓らは、直接には劉備死去の報に接したことによって叛乱を引き起こしたとされているが、庲降都督の設置に象徴される支配の強化ないしは徹底化により、叛乱は起こるべくして起こったとも言えるだろう。士燮が実質率いる交州との分断とその固定化は、牂牁、益州の両郡をはじめとする南中の人びとにとっても打開すべき課題だったに違いない。しかしそれは諸葛亮にとってみれば、せっかくの次善の策が挫折してしまったことを意味する。士燮—雍闓のラインからこの地にも孫権の影響力が及んでしまえば、第三の策はもはやないに等しい。自らが「南征」の先頭に立つ以外に手はなかったというのが実情だったのだろう。

◈夷と漢

さて「南中地域と劉備・蜀漢」の項でもふれたが、叛乱の首謀者たちはいかなる族属（種族の所属）だったのであろうか。あらためて考えてみたい。

叛乱の首謀者たちのうち、越嶲郡の高定については、「越嶲夷王」（巻三三後主伝）、「越嶲夷率」（巻四〇李厳伝）、「越嶲叟大帥」（『華陽国志』蜀志）、「越嶲叟帥」（同・南中志）などとあって、（西南）夷の君長と目されていたことは疑いない。叟については、南中志につぎのような記事がある。

⑧（西南）**夷**の人びとは大きな種族を昆と曰い、小さな種族を叟と曰っている。（彼らは）皆頭髪を曲《まげ》にして耳に木（の飾りをつけ）、鉄の環（を附けたり）、結《もとどり》を（布で）裹《つつ》んだりしている。（力が）大きな侯王（クラスの君長）がいないのは、汶山郡や漢嘉郡の**夷**（冉駹夷や莋都夷）の如くである。**夷**の中では、悪知恵があって弁が立ち同族の相手を屈服させることのできる者のことを耆老と謂い、便ち主長（首長）としている（**夷人**大種曰昆、小種曰叟。皆曲頭木耳、環鉄裹結。無大侯王、如汶山・漢嘉**夷**也。**夷**中有桀黠能言議屈服種人者、謂之耆老、便為主）。

「曲頭木耳、環鉄裹結」という部分は解釈がむつかしいが、中林史朗氏は現在のイ（彝）族などの習俗から類推している（同『華陽国志』二〇八頁）。

さてこの記事によれば、叟とは「小種」のこととされており、高定は越嶲郡を居住域としていた西南夷つまり邛都夷のうち小さな集団の首長だったということになるが、同じ蜀志の「叟大帥」とは矛盾するようにも思われる。しかし高定以外の三人については、非漢族出身だったという明証はない。最初に行動を起こした雍闓も、「豪率」(巻三一劉璋伝)、「大姓」(巻三三後主伝/巻五二歩隲伝/『華陽国志』南中志)、「耆率」(巻四一張裔伝)、および「豪姓」(巻四九士燮伝)などとさまざまに形容されるが、非漢族であることを彷彿とさせるものはない。柿沼氏は後代の史料が雍闓に冠した「耆帥」を⑧にある耆老のことと推定し、彼も西南夷の出身とするが(同「三国時代の西南夷社会とその秩序」)、耆老自体は本来老人を意味する普通名詞なので、説得力に乏しい。むしろ地域社会の有力者を意味する「大姓」に着目すべきであろう。西南夷と漢族との交流が深化した結果、族属よりも階層が南中の地域社会において重視される傾向が生まれたのではないだろうか、ということである。これは、雍闓が西南夷の出身である可能性を否定するものではないが、真相はわからない(方国瑜「試論漢・晋時期的〝南中大姓〟」は、大姓を漢族の移民とする)。また孟獲についても、雍闓に同調しない「益州夷」がいたため、雍闓から「夷叟」の説得に差し向けられたが、彼自身が西南夷の出身だったかどうかはわからない。説得が成功したところを見ると、あるいは西南夷(益州夷)の理解者だったのかもしれないが、可能性を指摘できるのはそこまでであり、「夷化」した漢族という説もある(寧超「諸葛亮〝南征〟的若干問題」)。また朱褒に至っては牂牁郡丞で太守の任も帯びていた。

このように見れば、この叛乱を漢族の支配に対する非漢族(西南夷)の抵抗運動として理解することは困難なようである。庲降都督すなわち都督南中諸軍事の任務が石井氏が説くとおりであれば、それは非漢族の西南夷と漢族とを問わず、この地域の居民にとって等しく脅威であったに違いないからである。また叛乱勢力の活動範囲は越巂、益州、および牂柯の三郡という広範囲に及びながらも、蜀漢に取って替わる新たな権力機構の立ち上げを模索した形跡さえ見られない。堀敏一氏の「反乱軍の連携はとれていなかった」(同「異民族支配からみた三国時代の位置」一一九頁)という指摘が、正鵠を射ているのではないだろうか。諸葛亮が「南征」を成功裡に終わらせることができたのも蓋し当然と言えよう。

本節では、「南征」という蜀漢側の視点も交えて西南夷について見てきた。西南夷については史料も比較的多く、先行研究にも恵まれているが、それでも本書が課題とするところに応えてくれる史料や研究には充分とは言いがたいものがある。西南夷に限らず南中地域全体が思いがけず蜀漢(諸葛亮と言うべきか)から過剰な期待をかけられ、それに抗った結果、「南征」され、さらに支配の強化が図られた。西晋の二七〇(泰始六)年に益州から寧州が分置されたことがそれを象徴しているが、西南夷の社会が解体されてしまったわけではなく、漢族に同化されてしまったわけでもない。それは現在の少数民族の動向からも明らかだが、歴代の中国王朝の国都から遠く離れているというポジションや険阻な地形がその要因の一つだったことは確かだろう。

おわりに

本章では第一章や第二章とは少しく視点を変え、諸葛亮の「隆中対」に対する解釈を基点としながら、蜀漢が深く関わることになった氐と西南夷という二つの非漢族について見てきた。このうち氐は「隆中対」の「諸戎」だが、荊州を失うことになったので、「隆中対」で「夷越」とされた越族とは関係を構築することができなくなり、それに替わる存在として西南夷が注目されることになったというのが本章の理解である。もっとも西南夷の居住域である南中地域は、越族の居住域である嶺南地域と早くから深い関係をもっていたため、この地を確実につなぎとめておくためには庲降都督を置き、支配を徹底させる必要があった。にもかかわらず「南征」を余儀なくされる事態に立ち至ってしまう。

前節で見たように、「南征」後も「夷帥」劉冑の叛乱などが起きたが、南中地域は全体として蜀漢の滅亡に至るまでほぼその版図に保持された。「隆中対」の「夷越」すなわち越族の居住域である嶺南地域は一貫して孫呉の版図に組み込まれたままだったが、なんとか次善の策だけは維持することができたといったところだろう。いっぽうの氐だが、その居住域だった武都、陰平両郡は確保できたものの、涼州西部すなわち河西地域を主要な居処としていた「涼州諸国王」との連携は、次章で見るように、曹魏の積極的な対中央アジア政策もあって容易ではなかったと思われる。第一節でふれたように、姜維は隴西方面に「北伐」を繰り返し（一度は西平にまで達した）、一時的にこの方面で優位に立ったとする見解もあるが（柴田聡子「姜維の北伐と蜀漢後期の政権構造」）、雍州や涼州といった西北地方に対する曹魏の支配に大きな動揺を与えるような成果を残すことはできなかった。

ところで、氐は蜀漢と曹魏との、西南夷は蜀漢と孫呉とのそれぞれ境界地帯を居住域としていたがために三国の対立抗争に巻き込まれる結果になってしまったわけだが、同じようなことは羌や蛮についても指摘できる。したがって羌や蛮も、三国の対立抗争から自由ではありえなかったのだが（とくに羌は、「諸戎」のなかでは氐に次ぐ存在と認識されていたと思われる）、なかでも「諸戎」の代表格である氐と「夷越」の代役である西南夷については、国家の基本戦略に深く関わる交通路や交易路を確保するため、蜀漢にとってその居住域を失うことは許されなかったのである。あるいはこのような理解は、「南征」や「北伐」に対する見方にも修正を迫ることになるかもしれない。

第四章

クシャン朝と倭

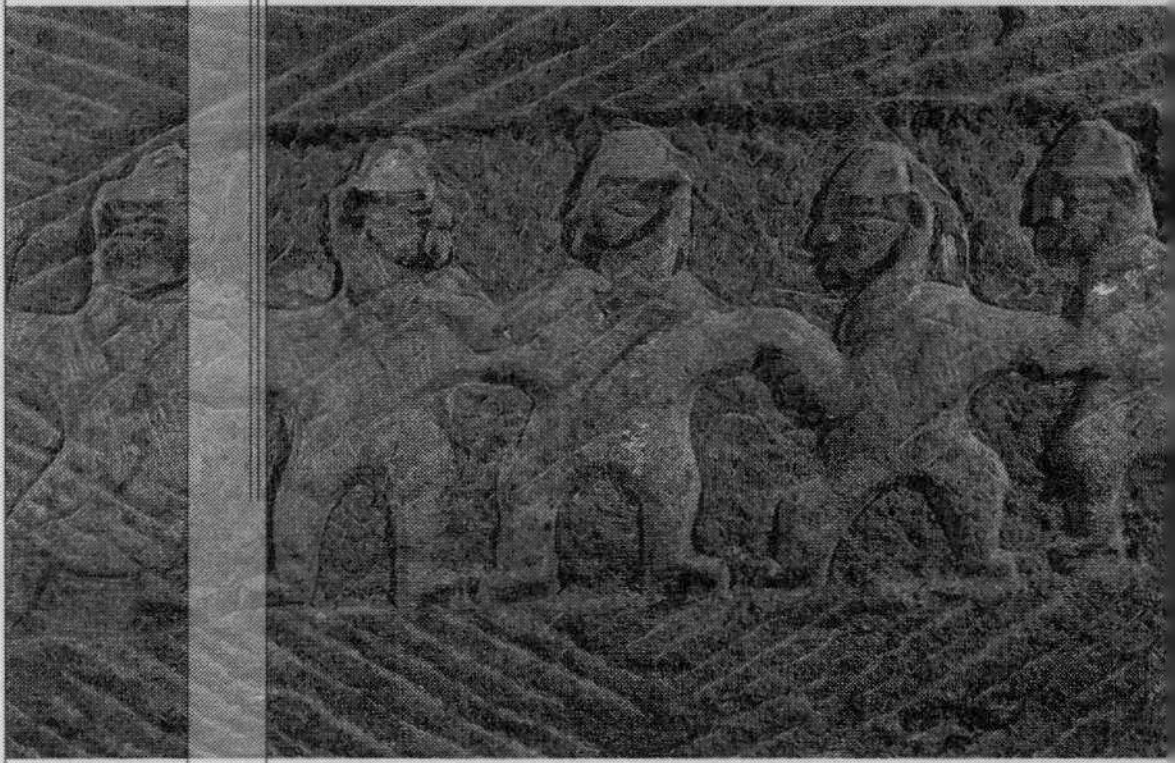

はじめに

前章までは、西嶋氏の「序説」にその名があげられた種族を中心に、彼らの動向を追ってきた。いずれも三国鼎立という中国世界の政治的変動から大きな影響を受けた勢力である。それに対して本章で取り上げるクシャン朝と倭のうち、「序説」でふれられているのは、卑弥呼が親魏倭王に冊封された倭だけである。

しかし『三国志』によると、二二〇(黄初元)年一〇月に文帝曹丕が即位してから、二六五(咸熙二)年一二月に陳留王曹奐が退位するまでの四五年の間に、曹魏から「「親魏」+国名(種族名)+「王」」号を授与された周縁の諸国家、諸種族の首長には、卑弥呼の他にもう一人、中央アジアの大月氏(以下、「クシャン朝」)王の波調(同じく「ヴァースデーヴァ」)がいる。彼が親魏大月氏王に封じられたのは二二九(太和三)年一二月のことだから(巻三明帝紀太和三年十二月条)、二三九(景初三)年に冊封された卑弥呼のちょうど一〇年前のことになる。

したがって卑弥呼が授けられた親魏倭王という爵号がもつ意味を考えるためには、ヴァースデーヴァの親魏大月氏王との比較検討作業が不可欠なのだが、実際にこのような作業は国内に限っても手塚隆義氏の「親魏倭王考」(一九六三年)以来、現在に至るまで半世紀以上に及ぶ長い歴史をもつ(関尾「クシャン朝と倭 研究史をふりかえる」。以下、「前稿」)。そして西嶋氏自身、「親魏倭王冊封に至る東アジアの情勢」(一九七八年)でこのような作業に挑んでいる。後に詳述するように、そこで示された見解(以下、「西嶋説」)は現在でも一つのスタンダードとなっているが、長い歴史をもつということは、とりもなおさず多くの見解が並立し、なかなか帰一を見ないということでもある。それらを大まかに分類すると、〈1〉曹魏から「「親魏」+国名(種族名)+「王」」号を授与された周縁の諸国家、諸種族はじつはクシャン朝と倭だけではなく、「地域大国」を中心として他にもあったとする立場(大庭脩、秋山進午氏ら)と、〈2〉クシャン朝と倭だけであるという立場とに大別でき、後者はさらにⓐ両者が曹魏にとって東西の最果てと考えられていたからとする立場(大庭脩、冨谷至氏ら)、ⓑ当時の東アジアの国際関係から説明する立場(西嶋定生、堀敏一氏ら)、ⓒ曹魏の政権内部の権力争いから説明する立場(岡田英弘、渡邉義浩氏ら)などに分けることができる。近年では最後のⓒの立場が有力なようだが(渡邉『三国志研究家の知られざる狂熱』)、前稿で詳しく述べたように、この立場もⓑの影響下にあるというように、必ずしも三者択一というわけではない。

そこで本章では、西嶋説に対する疑問を出発点として、あらためて親魏大月氏王と親魏倭王との比較検討作業を試みることにしたい。

一――クシャン朝

◈「涼州諸国王」再考

西嶋氏は、前著（関尾『三国志の考古学』第五章「諸葛亮の「北伐」と涼州」）や本書第三章第一節「「隆中対」を読む」などに引いた、第一次「北伐」に先だって蜀漢の後主劉禅が発した詔の次のような一節（巻三三後主伝建興五（二二七）年条注引『諸葛亮集』）に注目した。

①呉王の孫権は同《とも》に災患（曹魏が後漢王朝を簒奪したこと）を恤《うれ》い、軍を潜めて謀を合わせ、其の背後を掎角しようとしている。（いっぽう）涼州の諸国王は、各々月支、康居胡侯の支富や康植ら二〇人余をして（蜀漢に）詣《いた》って指令（節度）を受けさせ、大軍が北方に出撃する際には、直ちに兵馬を率将《ひき》い、先駆として奮戦致したい（と告げてきた）（呉王孫権同恤災患、潜軍合謀、掎角其後。涼州諸国王各遣月支・康居胡侯支富・康植等二十余人詣受節度、大軍北出、便欲率将兵馬、奮戈先駆）。

繰り返せば、「涼州諸国王」は涼州の各地に定住していた中央アジア系の非漢族集団の指導者たち、また康居胡侯康植はその下位にあったソグド人、そして月支(氏)胡侯支富はインド系(クシャン人)というのが私見である。三世紀当時、すでにこれらの人びとが中国世界の西端に位置する涼州に来往していたことは各種の出土史料からうかがい知ることができるからである。その指導者たちが王を名乗っていたとは思えないが、これはあくまでも詔のなかの一節なのだから、「呉王孫権」に対置するための修辞と考えれば問題はない。

この史料に着目したのは西嶋氏の慧眼と言うほかないが、発表当時の史料的な制約もあり、ここから西嶋氏は「……当時魏王朝は、諸葛亮に率いられた蜀軍の進攻に悩まされていたのであって、この蜀軍にさらに西域諸国からの助兵が加わるならば、それは魏王朝にとって由々しき大事であった。それゆえ魏王朝は、おそらくはその商人などが来国したことを機会として、西域諸国の背後にある大月氏国の国王波調を親魏大月氏王に冊封し、これと提携することによって西域諸国が蜀に助兵することを牽制しようとしたものであろうと想定される」(二〇六頁)と推測したのである。ここにある「西域諸国」とは「中央アジア諸国」と言い換えることができよう。文中から察するに、とくに中央アジア東部、現在の中国新疆ウイグル(維吾爾)自治区に点在したオアシス都市国家群が念頭にあったものと思われる。しかし右の詔にあるのはあくまでも「涼州諸国」王であって、それ以外ではない。たしかに涼州に来往したソグド人がその後も出身地であるソグディアナとの結びつきを維持していたことはいわゆる「古代書簡」からも明らかである(関尾『三国志の考古学』第五章)。この点についてはあらためてふれるつもりだが、いずれにせよ、「西域諸国からの助兵」が「蜀軍」に加わるというような事態は起こりようがなかったと言うべきだろう。

このように考えることができるならば、曹魏がヴァースデーヴァを親魏大月氏王に冊封した理由も最初から考え直す必要があろう。しかしこの西嶋説はその後、さまざまな形で言及されて現在に至っている。そのことについては前稿で逐一例をあげてふれたが、それ以外にも、たとえば河内春人氏は「これまで大月氏と蜀の連携を想定し、それを阻害するために親魏大月氏王が授与され、倭への親魏倭王も同様に倭による呉への牽制を期待したという理解が一般的である」（同「三世紀の東アジア・概論」一一頁。傍点は引用者）と研究史を総括する。しかし西嶋氏が想定したのは、「西域諸国」が蜀漢に助力するのを牽制するために、曹魏がクシャン朝との提携を図ったことなのだから、河内氏のような理解は少なくとも一般的ではない。また渡邉義浩氏は「諸葛亮の北伐は、直接、長安・洛陽を攻めるものではなく、涼州を拠点として長安を目指すものでした。したがって、涼州の背後にあたる西域の異民族に、諸葛亮は積極的な外交攻勢をかけました。これに対して、諸葛亮と対峙していた曹真は、西域の背後にあたる中央アジアからインドを支配する大国の大月氏国を臣下とすることにより、西域諸国が蜀漢に味方することを難しくしました」（同『三国志 研究家の知られざる狂熱』二〇八頁以下）と述べている。諸葛亮が「西域の異民族」に積極的な外交攻勢をかけたという証拠はないし（「涼州諸国王」に「積極的な外交攻勢」をかけたということは考えうる）、曹真が対クシャン朝政策に関与したというのも渡邉氏の創作だが（関尾「「曹真残碑」の世界」／「曹真の官歴について」）、それ以外の部分は西嶋説を祖述したものである（もっとも「涼州を拠点として長安を目指す」というのはおよそ非現実的な案で、これも論理的な要請にすぎない）。

それではどうすればよいのだろうか。一つは曹魏の対中央アジア政策、そしてもう一つはクシャン朝をめぐる国際環境、この二つの問題が問われるべきだろう。しかしいずれも至難である。とくに後者についてはほとんど手がかりを欠いている。本節では前著（関尾『三国志の考古学』第六章「魏と中央アジア」）と一部重複することを覚悟して、とりあえず前者の問題から考えてみたい。ただやはりそのまえに後漢時代の大月氏（クシャン朝）について概観しておく必要があるだろう。

◈後漢時代の大月氏とクシャン朝

②大月氏国は藍氏城を居城とし、西は安息と（境を）接しており、四九日の行程である。東は（西域）長史の居所を去ること六五三七里、洛陽を去ること一万六三七〇里である。戸数は一〇万、口数は四〇万で、強力な兵士が一〇万人余り（いる）。初め、月氏は匈奴の滅ぼすところとなり、遂に大夏《バクトリア》（の地）に遷った。その国土を分かち、休密、双靡《そうび》、貴霜《クシャン》、肹頓《きつとん》、都密の計五部の翖侯《きゆうこう》（翕侯）（が分治すること）とした。その後、百年余りして、貴霜翖侯の丘就卻が（他の）四翖侯を攻め滅ぼし、自立して王と為り、国号を貴霜（とした）。安息《パルティア》に侵入し、高附《カーブル》（国の）地を奪取した。また濮達《パクチユイケ》と罽賓《ガンダーラ》を滅ぼし、悉くその国（土）を領有した。丘就卻は年八〇余で死没し、子の閻膏珍が代わって王と為った。復た天竺を滅ぼし、一人の

将を置いてこれ（天竺）を監領させた。月氏は此れより後、最も富み栄え、諸国はこれを称して皆、貴霜王と曰った。（しかし）漢では、その故の号に本づき、大月氏と言ったとのことである（大月氏国、居藍氏城、西接安息、四十九日行。東去長史居所六千五百三十七里、去洛陽万六千三百七十里。戸十万、口四十万、勝兵十余万人。初、月氏為匈奴所滅、遂遷於大夏、分其国為休密・双靡・貴霜・肹頓・都密、凡五部翖侯。後百余歳、貴霜翖侯丘就卻攻滅四翖侯、自立為王、国号貴霜。侵安息、取高附地。又滅濮達・罽賓、悉有其国。丘就卻年八十余死、子閻膏珍代為王。復滅天竺、置将一人監領之。月氏自此之後、最為富盛、諸国称之皆曰貴霜王。漢本其故号、言大月氏云）。

『後漢書』巻八八西域伝の大月氏国条である。これを最初にかかげたのには理由がある。これによれば、後漢時代（二五～二二〇年）にはすでに大月氏国から貴霜翕侯が自立し、周辺諸国からは「貴霜王」（クシャン王）と呼ばれていたようである。初代の王、丘就卻（クジュラ・カドフィセス）の即位年については諸説があり、敦煌郊外の懸泉置遺址から出土した懸泉漢簡を分析した桑山正進氏によると（同「貴霜丘就卻の歿年」）、即位は前三〇年前後、没年は後二六年を降らないということだが、荒川正晴氏はその在位期を後五〇年から九〇年という説を支持している（同「漢晋期の中央アジアと中華世界」）。桑山説に立つと、ヴァースデーヴァが親魏大月氏王号を授与されたのは、カドフィセスの死没からちょうど二世紀ほど後だったことになる。にもかかわらず、中国ではクシャン（朝）ではなく、大月氏という国号が引き続き用いられていたことになる。どうしてなのだろうか。この問題についても、桑山氏は「大夏にあって大月氏に羈縻されていた貴霜翕侯が他の翕侯を攻滅して自立したのであるから、大月氏国内の政変ともみられる。漢はこのように認識したのであろう」(一一八頁以下)とも、「漢がこれを大月氏の内訌と認識したとしても別に不思議ではない。内訌ゆえに漢は貴霜王が支配者になったあとも、その国を旧来どおり大月氏国と呼んだのは至極当然である」(一一九頁)とも述べる。ただどうだろうか。対外的には、とくに中国に対しては、クシャン朝側が自らの正統性を主張するためにあえて大月氏を称し続けた可能性はないのだろうか。もっとも西域伝は、冒頭にかかげたのが全文で、クシャン朝と後漢との交流を示す記述は見られない。しかし、『後漢書』巻四七班超伝によると、九〇(永元二)年に、クシャン副王の謝《シャー》(「月氏副王謝」。一説によると、「月氏王謝」。榎一雄「月氏の副王謝」)が西域長史だった班超を攻めて大敗を喫すると、「月氏は是れにより大いに震え上がり、歳ごとに貢献を奉じることになった(月氏由是大震、歳奉貢献)」というから、少なくとも一世紀末以降は、後漢に対して頻繁に使者を派遣することになったらしい。班超伝によれば、クシャン朝側から攻撃を仕掛けたのは、クシャン朝が「珍宝、符抜、師子」などを貢納して公主の降嫁を求めたのに対し、超が拒否してその使者を還してしまったことを恨んでの所業らしい。『後漢書』巻三章帝紀章和元(八七)年是歳条に、「是の歳、西域長史の班超は莎車を攻め、これを大いに破った。月氏国は使者を派遣して扶抜と師子を献上した(是歳、西域長史班超撃莎車、大破之。月氏国遣使献扶抜・師子)」とあるのが、これに相当しよう。西域南道のオアシス都市国家である莎車《ヤルカンド》はクシャン朝の勢力圏に近接していたため、後漢の影響力が西方に拡大してくるのを目の当たりにし、これと友好的な関係を構築することを企図したのかもしれない。しかし、公主の降嫁を匈奴や烏孫などに対する和親政策の一手段とした前漢とは異なり、後漢王朝はこのような方策を採用していなかったのである（藤野月子「漢魏晋南朝の時代における和蕃公主の降嫁」／佐々木満実「漢代和蕃公主考」）。

では、班超伝がこれ以後、後漢に対して頻繁に使者を派遣したと記すにもかかわらず、西域伝に記載がないのはなぜなのだろうか。たしかに後漢王朝の対中央アジア政策は一貫性を欠き、『後漢書』巻九八西域伝にも「建武年間（二五～五六年）より延光年間（一二二～一二五年）に至るまで、西域とは三度《みたび》通じて三度断絶した（自建武至于延光、西域三通三絶）」と書かれている（伊瀬仙太郎『中国西域経営史研究』第一章「漢代の西域経営」）。延光以降は羌大叛乱などにより、涼州の放棄案さえ出されるほどであったことを想起すれば（飯田祥子「後漢時代の辺境統治」／森本淳「後漢末の涼州の動向」）、クシャン朝からの遣使が順調にはいかなかった可能性も充分に考えられる。じっさい、遣使の記事が本紀に見られないことから、余太山氏はクシャン朝による遣使自体に懐疑的である（同『両漢魏晋南北朝与西域関係史研究』上編「東漢与西域」）。ただ使者の目的地を国都の洛陽ではなく、西域長史である班超の治所だった于闐《ホータン》か疏勒《カシュガル》、あるいは敦煌郡と解すれば問題は生じないだろう（巻三〇東夷伝序文によると、同じようなことは、曹魏と中央アジアの「地域大国」との間にもあったようだ）。

もっともこれはクシャン朝と後漢王朝との国家間の関係についての話であって、交易に従事するところの商人レベルの話ではない。国家間関係の消長が彼らの活動にも影響を与えたことは否めないが、つぎのような記事もある。

③太和年間（二二七〜二三三年）、（倉慈は）燉煌太守に遷った。（燉煌）郡は西端に位置していたため、喪乱によって（中央との交通が）隔絶してしまい、太守が（赴任できず）不在の時期が曠《ひさ》しく二〇年にも及んだ。……又常日頃から、西域の雑胡（さまざまな非漢族）がやって来て貢献することを欲したが、豪族たちがこれを待ち受けて（行く手を）さえぎってしまうことが多く、（そのため燉煌の豪族たちと）取引をするようになったが、欺《あざむ》かれたり詐《いつわ》られたりして侮《あなど》られ、はっきりと明らかにならないことが多かった。胡は（このことを）常々怨めしく思っていたが、慈は彼ら全員を労《ねぎら》った。（そして）洛陽まで詣ることを欲する者には、そのために（通行証である）過所をしたためた。（また燉煌）郡から還ることを欲する者には、官が（彼らの）ために公平な取引をし、そのたびに郡府にある現物を以て（彼らと）交易させ、人びとをして（その）道中を護送させた。これにより、民も夷（胡）もその徳と恩恵を翕《あつ》まりあって称えた（太和中、遷燉煌太守。郡在西陲、以喪乱隔絶、曠無太守二十歳。……又常日西域雑胡欲来貢献、而諸豪族多逆断絶、既与貿遷、欺詐侮易、多不得分明。胡常怨望、慈皆労之。欲詣洛者、為封過所、欲従郡還者、官為平取、輒以府見物与共交市、使吏民護送道路、由是民夷翕然称其徳恵）。

巻一六倉慈伝の一節だが、後漢末期、中央アジアへの門戸に位置する敦煌郡では長期にわたり太守が不在だったため、在地の有力者たちが、「貢献」という名目を掲げて西方からやって来た商人たちの交易活動に不当な介入を行なっていたことが綴られている。このような状況は、倉慈が敦煌太守に就任した二二〇年代後半まで続いていたようだ。この記事には倉慈の功績を大きく見せるための誇張も含まれているかもしれないが、その被害をこうむった「西域雑胡」のなかにソグド人やインド系(クシャン人)の人びとがいたことは認められるだろう。そしていよいよ後漢から曹魏への禅譲が目前に迫ると、中央アジア諸国からの使者が到来するようになったことが、『三国志』本紀の記事から読み取れるのである。

◈曹魏の対中央アジア政策

先にも少しふれたように、後漢末から曹魏初期にかけて涼州のうちでも、とくに中央アジアに接する河西地域では政治的な混乱が続いていた(関尾「漢魏交替期の河西」)。曹丕の魏王襲位にともなって、曹真が鎮西将軍・仮節都督雍涼二州諸軍事として長安に鎮守することになったが、このような混乱を収拾することも彼に委ねられた任務の一つであった(関尾「「曹真残碑」の世界」)。そんななか、二二〇(後漢・延康元)年三月に、焉耆《カラシャール》と于闐《ホータン》が使者を派遣して朝貢して来た(巻二文帝紀延康元年三月条。なおこの時、濊貊(高句麗)と扶餘(夫餘)も朝貢した)。そしてその二年後の二二二(黄初三)年二月にも、中央アジアからの使者の来訪が確認できる。

④二月、鄯善、亀茲《クチャ》、および于闐の王は各々使者を派遣して朝貢して来た。(そこで文帝が)詔して曰うには、西戎が秩叙(序)に即《したが》ったことや、氐や羌が王(のもと)に来朝したことについては、『詩経』や『書経』もこれを美《よみ》している。先頃、西域の外夷が塞(の門)を款《たた》いて内附して来た。其れ使者を遣わしてこれを撫労せよ、と。是の後、西域(への道)が遂に通じ、(西域)戊己校尉を置いた(二月、鄯善・亀茲・于闐王各遣使奉献。詔曰、西戎即叙、氐・羌来王、詩・書美之。頃者西域外夷款塞内附。其遣使者撫労之。是後西域遂通、置戊己校尉)。

この時期、河西の状況はなお安定していなかったと思われる。したがって二年前の使者も、そして今回の使者も国都の洛陽までは到達できず、敦煌郡に止まった可能性もあるが、本紀にあえて記されているからには、国都の洛陽まで到ったと考えるべきだろう。そしてこの後、ようやく中央アジアへの交通路が開通したとあるが、それには西域戊己校尉の設置が関わっていたということになる。曹魏初代の西域戊己校尉こそ敦煌出身の張恭であり、その子張就がこれを継ぎ、親子二代にわたり二〇年前後もの間、校尉府が置かれた高昌(新疆ウイグル自治区トゥルファン市カラホージャ地区)に駐在したのである(巻一八閻温伝)。そして④に続く中央アジアからの朝貢記事が「癸卯(の日)、大月氏王波調が使者を派遣して朝貢して来たので、調を以て親魏大月氏王と為した(癸卯、大月氏王波調遣使奉献、以調為親魏大月氏王)」と巻三明帝紀太和三(二二九)年十二月条にあるバースデーヴァの親魏大月氏王冊封に関するものにほかならない。しかし本紀にみえるこれ以後の朝貢記事は、二三九(景初三)年の「二月、西域(の国)が通訳を重ねて火浣布を献上して来た。(そこで)大将軍(の曹爽)と太尉(の司馬懿)に詔を発し、試験に臨ませて(そのさまを)百官に示した(二月、西域重訳献火浣布。詔大将軍・太尉臨試以示百寮)」(巻四斉王紀景初三年二月条)とあるのが唯一である。火浣布については諸説あり、裴松之もこの箇所に多くの佚書を引き、不燃性の布としている。「重訳」とあるので、その国のことばを直接漢語に翻訳できなかった、ようするにそれまであまり交渉がなかった遠方の国ということになるが、具体的な国名は不詳である。ただ巻三〇の裴注に引かれた『魏略』西戎伝(以下、「西戎伝」)には、大秦の産品として火浣布が見えているので、この「西域」も大秦すなわちローマ帝国のことであろう。であれば「重訳」もわかる。なお『晋書』にはこのほかにも、その翌二四〇(正始元)年の正月に、焉耆、危須の両国が朝貢して来たという記録が残っている(同巻一宣帝紀正始元年正月条)。危須国はさきの西戎伝に焉耆と臣属関係にあった国の一つとして名前があがっているので、この度の使者も同道したのであろう。焉耆が自らを「地域大国」として見せるために同道させたのかもしれない。

ところで、これらの事例はいずれも張恭と張就の父子が西域戊己校尉として高昌に駐在していた時期のことと考えられる。また後述するように、二二〇年代後半から二四〇(正始元)年までは、徐邈が涼州刺史であった。とすると、二二〇年代初頭の事例はともかく、それ以外の事例については、張恭・張就父子と徐邈とが中央アジア諸国(さらにはその西方の大秦国にまで)に対して曹魏への遣使と朝貢を積極的に働きかけた成果だったと考えることができよう。西戎伝だけに見えるつぎの事例も、張就と徐邈の在任時期のことであった可能性が高い（伊藤光成「魏文帝の国際秩序構想」は西域戊己校尉設置と同時期とする）。

⑤魏は其（車師後部）の王である壱多雑を魏の侍中（に仮任用し）、大都尉という称号と魏王の印を授けた（魏賜其王壱多雑守魏侍中、号大都尉、受魏王印）。

車師後部は西域戊己校尉が治所としていたトゥルファンとは天山山脈の支脈であるボグド・オーラ連山をはさんで南北の位置関係にあった（車師後部が北側でトゥルファンが南側）。そしてトゥルファン盆地にあった車師前部が定着農耕を営んでいたのに対し、後部は遊牧生活を営んでいたと推測されており、後漢王朝も前部は制圧できたが、後部の経略は思うように進まなかったという（嶋崎昌「匈奴の西域支配と両漢の車師経略」）。したがって、その後部の王が曹魏から王号を授与されたのは画期的なできごとと言えるのだが、その背後には西域戊己校尉だった張父子の積極的な働きかけがあったと見るのが自然であろう（にもかかわらず、本紀に記述を欠くのは、西域戊己校尉府を通じての官爵の授受だったからか）。

さてここまで名前をあげた中央アジア諸国には、危須国をべつにすると共通点が指摘できる。それは、西戎伝に、複数の国（大秦の場合は複数の王）が「属」する、つまりは本書で言う「地域大国」

として描かれている国なのである［表二］。中央アジア諸国は、複数の国を臣属させている「地域大国」と、その「地域大国」に臣属する国に二分されていることがわかる（なぜか西域戊己校尉府と同じトゥルファンで、ヤールホト地区にあった車師前部への言及がないが）。もっともこれは、西戎伝に固有の中央アジア観であり、かつ叙述の体例でもあると考えることもできるかもしれない。実際に『後漢書』巻八八西域伝は「西域内属諸国」という表現で、中央アジア諸国が後漢王朝に内属していたことをより重視する（余太山「《後漢書・西域伝》与《魏略・西戎伝》的関係」は両書の異同を述べる）。しかしながら、漢代以来、中央アジアの諸国間では、穀物の生産と供給をめぐる相互依存関係が成立していたことが山本光朗氏によって明らかにされている（同「「寄田仰穀」考」）。山本氏が依拠した『漢書』巻九六西域伝に見える国名と西戎伝の国名とは必ずしも一致しないが、おおよそのところでは、「地域大国」は穀物を生産し、それを供給する側に立っていた。おそらくこのような関係が「属」という文字には込められていたものと思われるが、あらためて［表二］を見ると、「地域大国」のなかで曹魏への朝貢の記録がないのは、№6の疏勒《カシュガル》と8の安息《パルティア》だけであることがわかる。大秦と安息についての西戎伝の叙述スタイルはそれ以外とはやや異なっており、この西方の両国は西域戊己校尉の管轄外にあったと考えることもできよう。また巻四斉王紀の「西域」が大秦であるとするならば、その中国世界への経路上にあり、交通の要衝であった疏勒（山本「「寄田仰穀」考」）が曹魏と没交渉だったとは思えない［図一］。これと同道した可能性もありえよう。

そしてもう一点、確認しておきたいことは、魏王印を授与された年次が不詳の車師後部王をベ

[表二]『魏略』西戎伝にみえる中央アジア諸国とその関係：著者作成。

No.	地域大国(表記)	「属」している国(王)	経路	朝貢年月	出典
1	鄯善(属)	且志国／小宛国／精絶国／楼蘭国	南道	二二二年二月	巻二文帝紀
2	于寘(属)	戎盧国／扞彌国／渠勒国／皮穴国	南道	二二〇年三月／二二二年二月	巻二文帝紀
3	大月氏(属)	罽賓国／大夏国／高附国／天竺国	南道	二二九年一二月	巻三明帝紀
4	焉耆(属)	尉犂国／危須国／山王国	中道	二二〇年三月／二四〇年正月	巻二文帝紀／『晋書』巻一宣帝紀
5	亀茲(属)	姑墨国／温宿国／尉頭国	中道	二二二年二月	
6	疏勒(属)	楨中国／莎車国／竭石国／渠沙国／西夜国／依耐国／蒲犂国／億若国／楡令国／捐毒国／休脩国／琴国	中道		
7	大秦(属)	沢散王／驢分王／且蘭王／賢督王／汜復王／於羅(王)	—	二三九年二月	巻四斉王紀
8	安息(属)	斯羅国	—		
9	車師後部王(属)	且彌国／単桓国／畢陸国／蒲陸国／烏貪国	北新道	年次未詳	『魏略』西戎伝

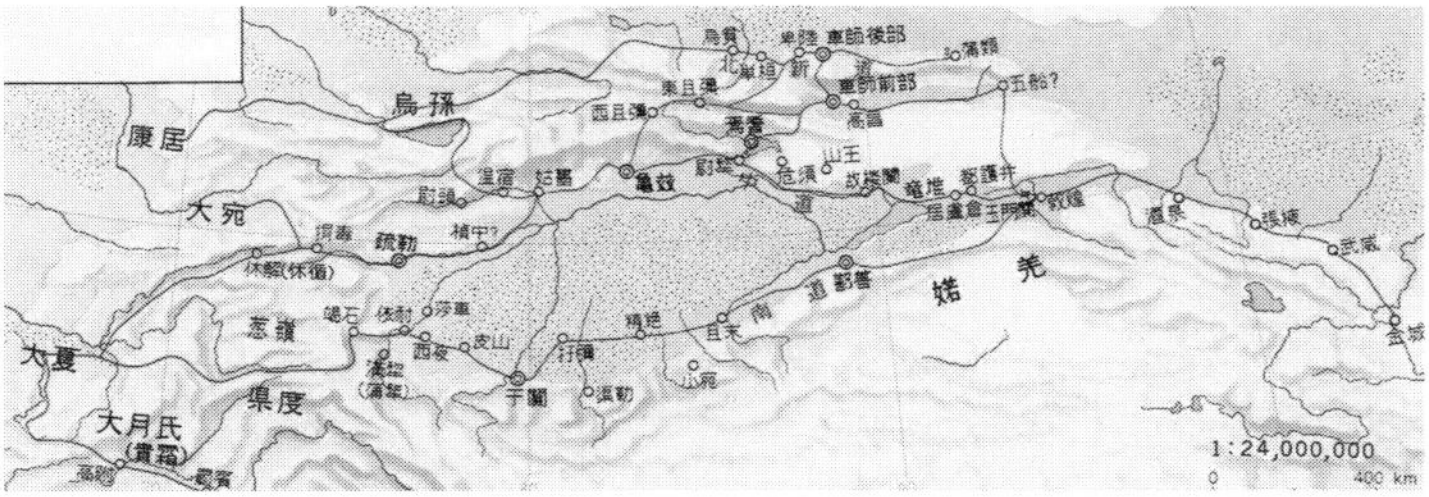

[図一]曹魏時代の中央アジア：
松田壽男他編『アジア歴史地図』104頁「魏略に見える西域」。

つにすれば、鄯善、于窴(于闐)、焉耆、および亀茲など他の「地域大国」はいずれもクシャン朝よりも早く、曹魏王朝の成立前後に使者を派遣しており、クシャン朝の遣使とそれに対する冊封は曹魏による中央アジア諸国との関係構築の掉尾を飾るできごとだったということである。曹魏の対中央アジア政策の集大成とでも言えようか。疏勒以外の中央アジアの「地域大国」(車師後部王は不詳だが)はすでに最低でも一度は遣使の実績を有していたのであり、そういった国ぐに(が蜀漢に助兵すること)への牽制を、最後に遣使してきたクシャン朝に期待できたであろうか、という疑問と、あえてそれをクシャン朝に期待する必要があっただろうか、という疑問が二つながら生じるのである。このような観点からも、西嶋説は成立しがたいと考えるのである。ではなぜ、曹魏はそのようなクシャン朝のヴァースデーヴァに親魏大月氏王なる王号を授与したのであろうか。

◈親魏大月氏王の意味

中央アジア諸国のなかでも「地域大国」と呼びうる国ぐにが曹魏に相次いで朝貢したのは、西域戊己校尉となった張恭・張就父子の功績だったとしても、クシャン朝のヴァースデーヴァに親魏大月氏王号が授与された理由については別途説明を要する。やはり①の「涼州諸国王」から考えてみる必要がありそうだ。それは涼州に来往したソグド人がその後も出身地であるソグディアナとの結びつきを維持していたことがいわゆる「古代書簡」から明らかだからである(関尾『三国志の考古学』第五章)。

前世紀初頭、オーレル・スタインが敦煌西方の遺跡で発見したソグド語の書簡群である「古代書簡」のなかには、西晋時代の三一三(西晋・建興元)年に書かれたと覚しき書簡が含まれているが、それはソグド人のナナイ・バンダクが、出身地であるサマルカンド(ウズベキスタン、サマルカンド市)の知人に宛てたもので、そのなかで彼は、サマルカンドに残した息子の将来を知人に託しているのである。交易に従事するために中国世界に来往したソグド人たちは出身地であるソグディアナの都市国家との関係を断ち切ってしまったわけではなく、家族や知人との関係を維持し続けていたことが、ここからわかる。このようなありようは、ソグド人のみならず、同じように(ある時はソグド人とも協働して)交易活動に従事していたインド系(クシャン人)の人びとにも当てはまるだろう。「月氏胡侯」や「康居胡侯」、さらにはその上位にあったと思われる「涼州諸国王」と謂われた人びとが、それぞれの本国すなわちクシャン朝やサマルカンド以下ソグディアナのオアシス都市国家となにがしかの関係を維持していたであろうことも容易に想像できる。であれば、すでにその前年、蜀漢の「北伐」は始まっていたが、クシャン王であるヴァースデーヴァを通じて、「涼州諸国王」やその配下にあった「月氏胡侯」が蜀漢と通じることを抑止するのが親魏大月氏王冊封の目的だったと考えることもできるかもしれない。

ところで③に掲げた倉慈が敦煌太守に任じられた頃、敦煌郡を管轄する涼州刺史として着任したのが徐邈である。巻二七の本伝には左のような記述がある。

⑦明帝は、涼州が(都から)遠く隔絶しており、(その)南側は蜀漢の侵寇にあいやすいので、(徐)邈を以て涼州刺史・使持節領護羌校尉に任じた。(邈が涼州に)至ると、(ちょうど)諸葛亮が祁山に出撃し、隴右の三郡が反く(という事態に)出くわした。邈は輒《すなわ》ち参軍や金城太守らをして(三郡のうち)南安の賊を撃たせ、これを破った(明帝以涼州絶遠、南接蜀寇、以邈為涼州刺史・使持節領護羌校尉。至、値諸葛亮出祁山、隴右三郡反、邈輒遣参軍及金城太守等撃南安賊、破之)。

これによると、徐邈が涼州刺史に任じられたのは蜀漢対策のためであり、第一次「北伐」の直前だった。曹魏に叛いて諸葛亮に呼応した南安、天水、および安定の三郡はいずれも雍州管下の郡だが、このうち南安郡の領域は涼州の金城郡(治所の楡中県は甘粛省蘭州市東方)に接しており、徐邈が金城太守を出撃させたのもそのためであろう。しかしそれよりも重要なのは、蜀漢の「北伐」(と呼べるとして)が間近に迫っていること、そしてそれが京兆郡や扶風郡など雍州の中心(長安とその近郊)ではなく、涼州に近い雍州の西部を狙っていたことなどを、曹魏がすでに把握していたと考えられることである。おそらくは、「涼州諸国王」による蜀漢への遣使も早い段階で曹魏側に察知されていたに違いない。とすれば、「涼州諸国王」と蜀漢との連携への対策も当然ながら立てられていたはずである。前著で推定したように(『三国志の考古学』第五章)、そもそも「涼州諸国王」の遣使の目的が交易活動の円滑化にあったとすれば、それを達成するためには、蜀漢だけではなく、(あるいはそれ以上に)曹魏との連携も必須だったはずである。中央アジアへの門戸とも言うべき涼州が曹魏の治下にあったからである。

徐邈は二四〇(正始元)年に転出するまでの一〇年以上もの間涼州にあったが、やはり本伝の「西域(諸国との間で)物資が流通し、遠方の戎(ども)が入貢するようになったのは、皆(徐)邈の勲功である(西域流通、荒戎入貢、皆邈勲也)」という短い一文は、彼が涼州刺史として、中央アジアのオアシス都市国家との関係構築にも力を尽くしたことを教えてくれる。もちろんそれは、同じ時期に敦煌太守をつとめた③の倉慈や西域戊己校尉として高昌に駐在していた張就らの協力があってこその成果であろう(年代から判断して、前述の大秦や焉耆と危須の入貢にも徐邈と張就が関与していたのだろう)。蜀漢と結ばんとしていた「涼州諸国王」を翻意させることに成功した可能性さえゼロではない。第一次「北伐」の翌年にあたる二二九(太和三)年にクシャン王ヴァースデーヴァの使者が入貢して親魏大月氏王に冊封されたのも、徐邈以下の策略によるところが大きかったと言えるのではないだろうか。曹魏にとって、このような対中央アジア政策と対蜀漢政策(なかんづく「北伐」対策)が密接不可分だったことは言うまでもない。

◈クシャン朝をめぐる国際環境

ここまで述べてきたのは、クシャン王ヴァースデーヴァを親魏大月氏王に冊封した曹魏の視座からの話である。逆にクシャン朝に視座を移すと、どういうことになるのだろうか。このような視座から最初にクシャン朝の遣使の理由について言及したのは榎一雄氏で、サーサーン朝ペルシアの興起とクシャン朝の衰亡についてふれ、「明帝本紀の記事をその通り受取るとすれば、(クシャン朝は)まだ滅びていなかったが、サーサーン朝の攻撃を予想して魏と結ぼうとして親善使節を派遣したとも考えられる。或いはこの時は既に滅びていたが、商人が魏からおおくの品物を貰うべく波調の朝貢使と称して来たとも言えよう」(同『邪馬台国』改訂増補版、一一頁)と述べている。また西嶋氏も榎氏と前後して、「当時、大月氏国王波調の権威失墜期であったから、その復興を求めて遠く魏朝に遣使してその助力を求めたのかもしれない」(同「「親魏倭王」冊封の背景」一一六頁)と推測する。

従来、アルダシール一世(~二四〇年)がサーサーン朝ペルシアを興したのはクシャン朝による曹魏への遣使の三年前、二二六年のこととされており、クシャン朝にペルシアの圧力が迫っていたと考えられてきた(定方晟「外来民族王朝の興亡」)。また小谷仲男『大月氏』はヴァースデーヴァ王の在位を二〇三~二四一年とし、その二四一年頃にサーサーン朝のシャープール一世が西北インドに進出し、以後クシャン朝は衰退したとする(一〇七頁表一〇、二三〇頁)。いっぽう最近の青木健『ペルシア帝国』は、ペルシア帝国(青木氏の「エーラーン帝国」)の成立を二二四年、クシャン朝の滅亡を二五一年としている(第二部第一章「サーサーン朝」)。すなわち、サーサーン朝(ないしはペルシア帝国)の成立年次やクシャン朝の滅亡時期などについてはなお諸説があるようだが(ミヒャエル・アルラム「サーサーン朝からフンへ」によると、アルダシール一世の時代、クシャン朝の治下で、サーサーン朝の貨幣の鋳造が始まっていたとする見解もある）、サーサーン朝の成立がクシャン朝による曹魏への遣使直前だったことは確かで、クシャン朝が新興勢力であるサーサーン朝から圧力を受けていた可能性は高いだろう。この問題については、現在進められている発掘調査の結果に期待したいところである（岩本篤志「大月氏・クシャーン朝の北部バクトリアと仏教遺跡に関する研究動向」）。

ただし曹魏とクシャン朝の位置関係を考えると、曹魏の政治的かつ軍事的な支援をクシャン朝の側がどの程度真剣に期待していたのか、また期待できたのか、疑問も残る。もちろん西域戊己校尉からの教唆があったとすれば、クシャン朝の側にそれを拒絶する理由もないわけで、二二九（太和三）年に遣使と冊封が実現されたというところだろうか（もっとも後漢時代と同じように、西域戊己校尉の治所である高昌にはこれ以前から遣使していた可能性はきわめて高い）。しかしそれから四半世紀を経ずしてクシャン朝は史上から姿を消すことになってしまった。西域戊己校尉の管轄下にあった中央アジアの「地域大国」が校尉の指示のもとでこれに助勢することはあったかもしれないが（ただし二五〇年には、すでに張就は校尉の地位を退いていたと考えられる）、曹魏本国からクシャン朝の助勢のために直々に軍隊が派遣されることなど、最初から望むべくもなかったであろう。すなわち親魏大月氏王なる爵号がもっていた具体的な有用性については、その有無も含めてわからないこと、疑わしいことが多いのである。もちろん虚号とは言えないまでも、大きな実利があったとも言えないだろう。

いささか歯切れが悪くなってしまったが、クシャン王ヴァースデーヴァが曹魏に遣使して親魏大月氏王に冊封された背景には、張恭と張就の父子二代にわたる西域戊己校尉による中央アジアの「地域大国」への積極的な働きかけ、そしてその基礎の上に行なわれたと考えられる、涼州刺史徐邈によるクシャン朝以下の「地域大国」の招致策（蜀漢の第一次「北伐」と対峙することになった徐邈にとっては、蜀漢と「涼州諸国王」の離間策でもあったろう）などがあった。いっぽうのクシャン朝の側には、新興のサーサーン朝による圧迫を少しでも緩和させることができたら、という思惑があったのではないだろうか。これが本節での検討結果だが、それでは倭と卑弥呼が授けられた親魏倭王号についてはどう考えればよいのだろうか。あらためて次節で考えてみよう。

二——倭

◈中央アジアと東シナ海

西嶋説には、空間的にも西は中央アジアから東は東シナ海（東中国海）に至るスケールの大きさがある。このうち西すなわち中央アジアについては前節でふれたところだが、東すなわち東シナ海というのは、巻三〇東夷伝倭人条（以下、「倭人条」）の「其の道程を計《かぞ》えると、当《まさ》に会稽（郡）東治（県。孫呉末期に建安郡侯官県と改称改編。福建省福州市鼓楼区）の東に在るべし（計其道里、当在会稽東冶之東）」という一文に着目し、「つまり著者の陳寿はもちろん、当時の人びとの知識では、邪馬台国は東冶県の東方の海中にあったのである。邪馬台国の位置がそこであるとすれば、それは宿敵呉国の背後にある国である。かつて呉の孫権が魏の背後に位置した遼東の公孫氏政権と結ぶことによって魏王朝を脅かしたごとく、呉の背後にある邪馬台国は魏王朝にとって連携すべき対象となる。このことが魏王朝が邪馬台国を評価する第一の理由であったと考えられよう」（同「親魏倭王冊封に至る東アジアの情勢」二〇七頁）と述べられているからである。

しかし前節で論じたように、中央アジア諸国（西嶋説では「西域諸国」）の動向は、クシャン朝ヴァースデーヴァの親魏大月氏王冊封とは直接には関係がなかったと考えられるのである。とするならば、卑弥呼の親魏倭王冊封に関しても、東シナ海という広大な空間を想定するまえに、中国世界の最東端（かつ曹魏領の最東端）である幽州やそれに隣接する朝鮮半島にあった諸勢力の動向にまずは眼を向ける必要があるのではないだろうか。

もちろん西嶋氏はこの点についても、「従来この問題（卑弥呼が親魏倭王に冊封されたこと）については、当時朝鮮半島南部において諸韓国の勢力が強かったために、魏王朝はその背後にある倭を優遇してこれを牽制しようとしたのではないかと考えられているようであるが」としつつ、「魏王朝が諸韓国との間に摩擦を起こして、その叛乱に対処し、帯方太守弓遵が戦死するのは、卑弥呼が親魏倭王に冊封されてから後のこと、すなわち魏の正始六（二四五）年以降のことであるから、これをその理由とすることはできない」（同「親魏倭王冊封に至る東アジアの情勢」二〇六頁）として強く斥けるのである。帯方太守弓遵の戦死は、第二章第二節「高句麗」に⑦ⓑとしてあげた巻三〇東夷伝韓条の記事に見えていた。しかし曹魏にとってみれば、半島南部の韓の国ぐに（西嶋氏の「諸韓国」）と北部の高句麗とを問わず、朝鮮半島の全域にわたる諸勢力を内属させることこそ、喫緊の課題だったのではないだろうか。「高句麗」での検討結果をふまえ、この点について、あらためて考えてみたい。

ただし倭に関しては周知のように、ほとんど唯一の史料とも言うべき、倭人条の記事の解釈をめぐって長い研究史があり、とくに帯方郡からの行程や位置関係をめぐる記述については、整合的かつ説得的な解釈は未だ行なわれていないというのが現状である。かく言う本書も新たな解釈を提示して、いわゆる邪馬台国論争に参入するための用意も力量も残念ながらない。そのことを最初にお断わりしておきたい。

◈公孫氏政権滅亡後の朝鮮半島情勢

第二章第二節「高句麗」で見たように、公孫氏政権滅亡後も、高句麗は沃沮と濊とを臣属させた「地域大国」のままだった。曹魏初期に、臣属していた掲婁が叛いたため、「地域大国」の地位を失い、洛陽への定期的な遣使を行なっていた夫餘とは対照的だったと言える。そして公孫氏政権や高句麗との関係構築を追求していた孫呉は公孫氏政権滅亡の翌二三九（呉・赤烏二／魏・景初三）年にも遼東に出兵して居民を虜掠した（巻四七呉主伝赤烏二年三月条）。呉主伝注引の『文士伝』が述べるように、公孫淵の救援が目的だったならば、黄海から廟東群島が点在する渤海海峡を越えて渤海、そして遼東湾という航路を進んだはずである（もちろん、渤海海峡を避けて、遼東半島の手前の西安平県（遼寧省丹東県附近）を目ざしたという可能性もゼロではない）。

ところで曹魏は公孫氏政権への総攻撃と同時に（あるいはその一環として）、並行して楽浪、帯方両郡の奪回を目論んでいた。

①景初年間（二三七～二三九年）、明帝は密かに帯方太守劉昕と楽浪太守鮮于嗣をして海上経路で二郡を平定させた。韓（馬韓、辰韓、弁韓）の国ぐにの臣智（有力な首長）には邑君の印綬を

加賜し、其の次(のクラスの首長)には邑長(の印綬)を与えた(景初中、明帝密遣帯方太守劉昕・楽浪太守鮮于嗣越海定二郡。諸韓国臣智加賜邑君印綬、其次与邑長)。

⑦ⓐとして「高句麗」にも掲げた東夷伝韓条の一節である。残念ながら詳細な年次がわからないが、そこでも述べたように、田中俊明氏は二三八(景初二)年とし、両郡の陥落は同年八月以前だった可能性を説いている(同「三世紀東北アジアの国際関係」/「三世紀の朝鮮半島」)。ほかにも、西嶋氏は「司馬懿による遼東攻撃とその時期を同じくしていたのであろう」(同「親魏倭王冊封に至る東アジアの情勢」二〇四頁)と推測しており、大庭脩氏も、「景初中」を景初二(二三八)年と特定している(同『親魏倭王』増補新版、二〇五頁)。また「密か」な出撃だったという点について、余昊奎氏は「魏が軍事的協力関係にあった高句麗を意識して秘密裏に軍事作戦を展開した可能性」(同「三世紀前半の東アジアの国際情勢と高句麗の対外政策」二二頁)を指摘するが、むしろ公孫氏政権に対する軍事行動を正当化するために頒下された明帝の「伐燕」詔には、太尉司馬懿が率いた本隊以外に別動隊を繰り出すことは述べられていなかったためであろう。その本隊は正月に進発したが、遼東に到達したのは六月になってからで、公孫淵以下その重臣たちを斬殺して滅亡に追い込むことができたのは八月だった。あるいは田中氏が言うように、本隊に先んじて別動隊が帯方、楽浪両郡の征圧に成功していたと考えることもできよう。

この記事の意義について、西嶋氏は「楽浪・帯方の二郡の攻略が別動隊によって行なわれたということに注目すべきであり、そこに魏王朝側の戦略として、この二郡に対する呉王朝側の蠢動を未然に制圧するという目的があったのではないか」(同「親魏倭王冊封に至る東アジアの情勢」二〇四頁)と推測する。いずれにせよ、孫呉の遼東出兵の時点ではすでに楽浪、帯方の両郡は曹魏の支配下に入っていたはずだが、その沖合の黄海を進む孫呉の軍船を捕捉できなかったことになる(もちろん擬装していたであろうが)。またこの一件は、卑弥呼の使者難升米らが統属先の帯方郡に到達した景初三(二三九)年六月の三か月前のことである。もっとも東夷伝倭人条は帯方郡到達を「景初二年六月」としており、これを一概に誤りとは決めがたいとする立場(仁藤敦史「卑弥呼の王権と朝貢」/「「邪馬台国」論争の現状と課題」)やむしろ「景初二年六月」こそ正しいとする立場(金文京『三国志の世界』三五三頁)などもあって判断はむつかしいが、本書では通説に従っておきたい。「景初二年六月」とした場合、同年一二月に卑弥呼を親魏倭王に冊封する詔が出され、さらにそれから一年以上の空白を経て、二四〇(正始元)年にようやく帯方太守弓遵が詔書と印綬を倭国に送達することになり、この空白の意味を説明できないからである(二三九(景初三)年正月に明帝曹叡が死去し、斉王曹芳が即位したが、服喪中だったためか)。それよりもむしろ、難升米らが倭を出立した時点で、公孫氏政権が滅亡した(倭の統属先である帯方郡が曹魏の支配下に移行した)という情報を得ていたのか否かという点と、また得ていたとして、出立当初から曹魏の国都洛陽まで至って皇帝に朝謁する計画があったのか否かという点が重要であろう。この二点については後述するとして、半島北部の高句麗に続き、南部の韓(馬韓、辰韓、弁辰)の国ぐにの動向についてもふれておこう。

最初に、第二章第二節「高句麗」に⑦ⓑ（⑦ⓐは先述したように、本節の①）として掲げた東夷伝韓条の記事を再掲しておく。

②（楽浪郡の担当の）従事だった呉林は、楽浪（郡）が本来は韓の国ぐにを統轄していたため、辰韓の（一二か国中の）八か国を分割し、以て楽浪（郡）に与《あ》わせようとしたが、（事に当たった）吏員や通訳たちの間でいろいろと（考えに）異同が有り、（そうこうしているうちに）臣智（たちが）韓（の人びと）の忿《いか》りを激しくさせ、帯方郡の崎離営を攻撃した。時（に当たって、帯方）太守の弓遵と楽浪太守の劉茂とが兵を興してこれを伐った。遵は戦死してしまったが、二郡は遂に韓（の国ぐに）を滅ぼした（部従事呉林以楽浪本統韓国、分割辰韓八国以与楽浪、吏訳転有異同、臣智激韓（宋版はこの四字を「臣幘沾韓」とする）忿、攻帯方郡崎離営。時太守弓遵・楽浪太守劉茂興兵伐之、遵戦死、二郡遂滅韓）。

これは確かに西嶋氏が指摘するように、卑弥呼が親魏倭王に冊封された後、二四五（正始六）年以降のことで、最後の「二郡遂滅韓」は、巻四斉王紀正始七（二四六）年五月条の「韓の那奚（国）など数十か国が各おの種族を率いて降伏して来た（韓那奚等数十国各率種落降）」という一文に対応すると考えられる（武田幸男「三韓社会における辰王と臣智」下）。では、①にある二三八（景初二）年の公孫氏政権滅亡から②の二四六（正始七）年までの間に、曹魏の韓支配は順調に進展していたのであろうか。

◈韓の国ぐにと辰王

そもそも韓とは、五五か国からなる馬韓（朝鮮半島中西部）、いずれも一二か国からなる辰韓（同・中東部）と弁辰（弁韓とも。同・南部）の総称で、そのため三韓とも呼ばれるが、それぞれの国ごとに

［図二］公孫氏政権滅亡後の朝鮮半島：李成市他編『世界歴史大系 朝鮮史』第一巻、四〇頁図四。

長帥(馬韓)や渠帥(辰韓、弁辰)といった首長がおり、各国の独立性が高く、これを統轄する上位の権力はなお未熟だったようである。しかしそのいっぽうで、「辰王」なる存在が韓条には見える。

③辰王の治所は(馬韓の)月支国である。(月支国の)臣智らの或る者たちは優呼(不詳)(馬韓の)臣雲(新国の)遣支報、(弁辰の)安邪(国の)踧支、(馬韓の)濆臣《ママ》(沽国の)離児不例、(弁辰の)拘(狗)邪(国の)秦師廉といった称号を加えられた。(また)其(辰王)の官職には、魏率善、邑君、帰義侯、中郎将、都尉、伯長などが有る(辰王治月支国。臣智或加優呼臣雲遣支報、安邪踧支、濆臣離児不例、拘邪秦師廉之号。其官有魏率善・邑君・帰義侯・中郎将・都尉・伯長)。

④其(辰韓と弁辰の二四か国のうち)の一二か国は辰王に属していた。辰王は常に馬韓の人間を用《もっ》てこれと作《な》し、世々相い継いだ。(しかし)辰王は自ら立って王と為ることはできなかった(其十二国属辰王。辰王常用馬韓人作之、世世相継。辰王不得自立為王)。

記述がわずかな上に、③はとりわけ難解で、武田幸男氏の「三韓社会における辰王と臣智」なくしては解釈もおぼつかない。③の「魏率善」「中郎将」は、難升米も授与された「魏率善中郎将」がもとになっているのだろうが、「帰義侯」は『続漢書』第二八百官志五の「四夷には国王、率衆王、帰義侯、邑君、邑長(が有る)。皆な丞がいて、郡や県に比《なぞら》えることができる(四夷国王、率衆王、帰義侯、邑君、邑長。皆有丞、比郡・県)」とあるように、漢代以来の官称号である。大小の首長に与えられる帰義侯、邑君、伯長と、首長の属僚に与えられる中郎将、都尉とが混在しており、誤脱の可能性を認めざるをえないが、武田氏が指摘するように、漢代以来の官称号と曹魏の官称号とが混じり合った序列になっている。武田氏は漢代以来の官称号に注目し、辰王という特異な権力が公孫氏政権と深い関わりを有していたとする。秋山進午氏によると（同「魏晋周辺民族官印制度の復元と『魏志倭人伝』印」）、「帰義侯」は曹魏以降も実例があるので、判断はむつかしいが、④に「世世相継」とある以上、辰王が公孫氏政権の滅亡後に出現したと考えることはできない。

辰王が治所とした月支国の正確な位置は不明だが、朝鮮半島中西部だったことは明らかで、③の臣雲新国、濆《マ》臣《マ》沽国（正しくは臣濆沽国。以上は馬韓）、安邪国、拘（狗）邪国（以上は弁辰）という四か国についても、武田氏は「朝鮮半島の西・南海岸に沿った沿岸部か、沿岸部に近い河川流域に位置したようである」（同「三韓社会における辰王と臣智」下、七頁）と推測し、これらを結ぶネット・ワークの先に倭の存在を想定する。周知のように、倭人条は「狗邪韓国」すなわち右の拘（狗）邪国から「一海」を渡って「対馬国」に至る航路を説いている。

「高句麗」でも述べたが、公孫氏政権の滅亡後、①にあるように、曹魏は楽浪、帯方両郡を通じて韓の国ぐにの首長に対して邑君や邑長などの称号を授与して内属化を図ったが（梶山勝「漢魏時代の蛮夷印の用法」や秋山「魏晋周辺民族官印制度の復元と『魏志倭人伝』印」などによると、「魏率善韓佰長」という刻文の銅印が出土しているので、称号は他にもあり、被授与者も多数に上った可能性がある）、②や先掲の巻四斉王紀正始七（二四六）年五月条の記事などからは、韓の国ぐにの全てが曹魏に対して直ちに帰服し、内属したわけではなかったことが推測される。また帰服して邑君や邑長といった称号を授与されたが、授与した曹魏の側からすれば、満足できるような段階には至っていなかったということもあったのではないだろうか。辰王の存在はそのことを裏づけていると言うことができよう。ただ田中俊明氏の辰王理解は武田氏のそれとは少しく異なり、辰王は月支国、臣雲新国、臣濆沽国、安邪国、および拘（狗）邪国の五か国によって「魏と交渉するような役割を期待されて」擁立された存在と解している（同「三世紀の朝鮮半島」三一一頁以下。以下も同じ。なお同「三世紀東北アジアの国際関係」も併照のこと）。田中氏も辰王が後漢時代から存在していた可能性を否定していないが、②の事件（五か国の一つでもある臣濆沽国（宋版の臣幘沾国）による帯方郡の崎離営攻撃）に「交渉の役割を期待されていたはず」の辰王が「表に出てこない」ので、すでにその「役割は終わっていた」と推測する。おそらくは、辰王は「三韓諸国間の利害関係の調整や、中国郡県との調停的な機能をはたすという性格をもった特殊な最高首長であ」り、「公孫氏から魏に代わっても魏の外臣たる首長を統率してい」て、「従来の機能を保ったままに存続していた」とする橋本繁氏の所説（同「三韓と辰王」四一頁）が、もっとも穏当な理解なのではないだろうか。すなわち公孫氏政権の滅亡後、韓の国ぐには、曹魏（直接には帯方郡）と辰王の二重権力状態に置かれていたと考えることができるのである。

ただいかんせん中国側の史料にある辰王に関する記事はわずかでかつ難解であるため（『後漢書』巻九五東夷伝韓条にも記されているが、「馬韓最大、共立其種為辰王、都目《ママ》支国、尽王三韓之地」としており、誇張や誤りが目立つ)、推測に頼らざるをえないのだが、公孫氏政権の滅亡後も辰王なる特異な権力が馬韓だけではなく、広く韓の国ぐにに影響力を保持していたことは疑いないのではあるまいか。それが、楽浪、帯方両郡が曹魏の支配下に入ったことを契機として低下したにせよ。

ところで韓条には、韓のなかの弁辰についてつぎのような記述がある。

⑤(その)国では鉄(鉄鉱石)が産出されるので、韓、濊、倭などは皆これから供給を仰いだ。諸《およ》そ物品を買う時には皆鉄(鉄素材)を用いるのであって、(そのさまは)中国で銭を用いるが如しである。又(この鉄鉱石は、楽浪、帯方の)二郡にも供給される(国出鉄、韓・濊・倭皆従取之。諸市買皆用鉄、如中国用銭。又以供給二郡)。

とあり、鉄鉱石の産出地として知られていた。それだけではなく、韓を中心として北は濊、南は倭に至る鉄(素材)流通圏が独自に形成されていたふしがある(東潮「鉄の交易」)。実際には、朝鮮半島南部から西日本にかけての広い一帯で、紀元前から中国の銭貨を用いた海上交易活動が行なわれていたことが指摘されているので(武末純一「三韓と倭の交流」)、⑤の記事の扱いには慎重さが求められるが、もし一定の事実を反映していたとするならば、曹魏としては鉄資源の確保のためにも、韓の全域を直近の帯方郡(と楽浪郡)の統属下に置きたかったのではないか。また武田氏が主張するように、③の臣雲新国、臣濆沽国(臣幘沾国)、安邪国、拘(狗)邪国という四か国が交通の要衝に立地しており、そのネット・ワークの先に倭が位置していたとするならば、辰王は、田中氏が推測しているようなたんなる「魏と交渉するような役割を期待されて」擁立された存在ではなく、鉄資源の分配や流通に関する権能を有していたのではないだろうか。これも橋本氏の「三韓諸国間の利害関係の調整」に含まれていたと考えるのは穿ちすぎであろうか。

また②にあるように、四か国の一つである臣濆沽国が帯方郡の崎離営を攻撃した事情は必ずしも明らかではないが、韓の国ぐにからすれば、曹魏への帰服と内属によって直近の帯方郡の統属下に一旦は入った（あるいは、入ることになっていた）にもかかわらず、統属先が帯方郡よりも遠距離にある楽浪郡に変更されることは、朝謁などにかかる負担が増大することは必定であり、「吏訳転有異同」というような単純な事務的なミスないしは意思疎通の欠如として看過できないものがあったに違いない（帯方郡の崎離営を攻撃したのが辰王と深い関係を築いていた臣濆沽国だったとすれば、この国と辰王との関係を分断せんとする楽浪、帯方両郡の深慮があったという可能性もゼロではないだろう）。②では、ⓐ臣濆沽国による帯方郡の崎離営攻撃という発端から、ⓑ楽浪、帯方両郡の太守の応戦、ⓒ帯方太守弓遵の戦死、そしてⓓ「二郡遂滅韓」という結末までが連続して継起したかのような書き方がされており、ⓑの一文が「時」字で導かれていることからもそれは確かである。このⓓ「二郡遂滅韓」が巻四斉王紀正始七（二四六）年五月条の「韓の那奚（国）など数十か国が各おの種族を率いて降伏して来た（韓那奚等数十国各率種落降）」という記事と同じ事実をさしているとすれば、弓遵も楽浪太守の劉茂も前年の（領東）濊「征討」後、ほとんど休みなく今度は韓の「征討」にあたったことになる。しかし韓「征討」だけが当初の計画にはなく、突発的な紛争に対処するための軍事行動だったとは思えないのである。曹魏にとって不穏な動きが従来から潜在しており、それが顕在化するのを俟って「征討」に踏み切ったというふうには考えられないのだろうか。倭国は二三九（景初三）年に続き、二四三（正始四）年にも大夫の伊声耆《いせいき》や掖邪狗《えきやく》らを使者として曹魏に派遣しており（貢献品〔二六九頁［表二］を参照〕からしても、本紀（巻四斉王紀同年十二月条）に記述があることからしても、洛陽に到ったのだろう）、曹魏としては介在する朝鮮半島の諸勢力を北部と南部とを問わず自己の勢力圏内に完全に組み込みたかったはずである。

いずれにせよ、これにより曹魏は半島の南部すなわち韓の全域をほぼ掌握するに至ったと考えられよう。その結果、特異な権力と権能を保持していた辰王は名実ともに存在を否定されることになったのではないか。

◈倭の遣使

卑弥呼の使者難升米らが帯方郡に至った二三九（景初三）年六月頃の朝鮮半島では、北部では依然として「地域大国」高句麗が沃沮と（領東）濊を臣属させており、南部では馬韓の月支国を治所とする辰王が公孫氏政権時代以来の特異な権力と権能をなお保持していた。武田氏によれば、辰王は倭ともつながるネット・ワークを掌握していたということだが、そのような環境のなかで卑弥呼の使者である難升米らは帯方郡に到達したことになる。韓条には辰韓と弁辰の国ぐにを一括して列挙するが、そのうち弁辰の最後に名があるのが（弁辰）瀆盧《とくろ》国である。おそらく弁辰のなかでは帯方郡治から最も遠方に位置していたためにこのような順番で記載されたのだろうが、この国については、さらに「其（弁辰）の瀆盧国は倭と界を接している（其瀆盧国与倭接界）」ともあり、弁辰の一国との関わりで倭の位置が示されている。

ただきさにもふれたように、倭によるこの度の遣使については、倭を出立した時点で、公孫氏政権が滅亡した（倭の統属先である帯方郡が曹魏の支配下に移行した）という情報を得ていたのか否かという点と、また得ていたとして、出立当初から曹魏の国都洛陽まで上って皇帝に謁見する意図なり計画なりがあったのか否かという点が重要なのではないだろうか。この二点についても、金文京氏や仁藤敦史氏らがすでに論じているが（金『三国志の世界』三五六頁／仁藤「「邪馬台国」論争の現状と課題」）、これを参照しながら、あらためて考えておきたい。つぎもやはり韓条の記事である。

⑥桓帝と霊帝の治世（一四六～一六七年／一六七～一八九年）の末年には、韓と濊が強盛になって、郡県が制御できなくなったので、（楽浪郡の）人びとは多くが韓国に流入してしまった。（そこで）建安年間（一九六～二二〇年）に、公孫康が（楽浪郡の）屯有県以南の荒れ地を分けて帯方郡を為《つく》り、公孫模や張敞らに遺《のこ》った人びとを収集させ、軍を出して韓と濊を伐ったので、旧民（かつて楽浪郡にいた人びと）も稍《ようや》く戻って来た。是れ以後、倭と韓は遂に帯方郡に属することになった（桓・霊之末、韓・濊彊盛、郡県不能制、民多流入韓国。建安中、公孫康分屯有県

以南荒地為帯方郡、遣公孫模・張敞等収集遺民、興兵伐韓・濊、旧民稍出。是後、倭・韓遂属帯方)。

このうち最後の一文「是後、倭・韓遂属帯方」については、第二章第二節「高句麗」でもふれたように、西嶋氏の「「倭韓これに属す」の解」を軸として解釈が分かれているようだが、直近の郡に統属されるということは、やはり同節に高句麗の例を示しておいたように、本来は定期的に郡府に至る必要があった。後漢時代にさかのぼるが、韓についても、『後漢書』巻八五東夷伝韓条につぎのような記事がある。

⑦建武二十(四四)年、韓の廉斯国の蘇馬諟らが楽浪(郡府)に詣《いた》って貢物を献上した。光武(帝)は蘇馬諟を冊封して漢の廉斯邑君とし、楽浪郡に属させ、四時(四季)ごとに朝謁させることにした(建武二十年、韓人廉斯人蘇馬諟等楽浪貢献。光武封蘇馬諟為漢廉斯邑君、使属楽浪郡、四時朝謁)。

窪添慶文氏はここから、「四時朝謁」こそが「属楽浪郡」の内容であり、ここに言う「朝謁」とは国都の洛陽に至ることではなく、郡府に出向けばよかったのだと解する(同「楽浪郡と帯方郡の推移」)。この「朝謁」や「朝見」をあくまでも皇帝への拝謁と解釈するむきもあるが(佐伯有清『魏志倭人伝を読む』上、三〇頁)、直近の郡ならいざしらず、国都の洛陽まで年に四回も朝見のために赴くことはおよそ非現実的であろうから（その都度貢物も用意する必要もあったであろうし、中国王朝の側でも使者の接待に追われることになっただろう）、窪添氏の解釈は首肯できる。高句麗の場合はそれさえも遵守されなかったようなので、これはあくまでも原則であって、実際にはさまざまなケースがあったと考えるべきだろう。ただ帯方郡が公孫康によって新設されたのは、彼が父の公孫度を継いだ二〇四（建安九）年以降のことだから、少なくともそれから暫くの間は、倭も定期的に帯方郡府に出向いていた可能性はある。倭人条冒頭に「（倭人は）旧《もと》は百か国余（あって、このなかには）漢の時代に朝見した者も有るが、今は使訳（使者や通訳）が（中国に）通じる所は三〇か国（である）（旧百余国、漢時有朝見者、今使訳所通三十国）」とあるので、倭王のみならず、倭人条に列記されている各国ごとに使者を帯方郡に送っていたということになる。韓が馬韓、辰韓、弁辰を合わせると全部で八十か国近くに上り、これに倭人の三十か国を加えると百か国を上回ることになるので、これらの国ぐにが年四回季節ごとに帯方郡府に使者を派遣するというのも、その応対だけで郡務が停滞してしまうであろうから、これまた現実的ではない。三〇か国の全てが恒常的かつ定期的に朝貢したわけではないだろう。もちろんこれは韓の国ぐにも同じである。ただ⑥に述べられていることがある程度実践されていたとすれば、卑弥呼の使者が帯方郡府に至ったのもけっして珍しいことではなく、極言すれば、ごくありふれたルーティンの一環だったと言えないこともない。だからこそ、先述したように、難升米らが倭を出立した時点で、公孫氏政権が滅亡した（倭の統属先である帯方郡が曹魏の支配下に移行した）という情報を得ていたのか否かという点や、また得ていたとして、出立当初から曹魏の国都洛陽まで至って皇帝に謁見する意図や計画があったのか否かという点が問題になるのである。「景初二年六月」を是とする金氏は、この年月は「ちょうど劉昕と鮮于輔が楽浪、帯方を平定した時に当たっている。三〇年にもおよぶ公孫氏の支配が終わり、魏というあらたな支配者がやってきたのであるから、倭が様子をうかがいに使節を送っても不思議はない」（同『三国志の世界』三五六頁）と述べるが、この時点で劉昕らが楽浪、帯方両郡を平定できていたかどうかはわからないし、できていたとして、その情報が倭にまで届いていたかどうかも時間的に微妙である。いっぽう「景初三年六月」説の場合、明帝曹叡の死去と新皇帝斉王曹芳の即位についてもどのような情報を持っていたのか。確かに倭人条には、「景初二《ママ》年六月、倭の女王が派遣した大夫の難升米らが（帯方）郡に詣り、天子（のもと）に詣って朝献することを求めたので、太守の劉夏は（部下の）吏に（彼らを）将いて送らせ、京都に詣った（景初二年六月、倭女王遣大夫難升米等詣郡、求詣天子朝献、太守劉夏遣吏将送詣京都）」とあり、倭の側から国都における皇帝への謁見を希望したように記されている。また遣使自体が曹芳の即位への祝意を示すためだったとする見方もある（佐伯『魏志倭人伝を読む』下、六八頁）。

　残念ながら、これらの疑問に明快な解答を与えることはできない。今は、今後の課題として指摘しておくにとどめざるをえない。ただ、倭人条によるかぎり、難升米らが曹魏の王廷に献上したのは生口（奴隷）一〇人（男性四人と女性六人）と二匹二丈（約二四メートルほど）ほどの班布（縞模様の綿布）にすぎず、皇帝へじきじき献上する品目としてはあまりに貧弱だというのは、仁藤氏の指摘するとおりである。そのことは、二四三（正始四）年や二四八（同九）年頃の使者がもたらした献上品と比べれば明らかだが、さらに『後漢書』巻九五東夷伝倭人条に見える、後漢時代の一〇七（永初元）年に倭国王帥升らが献上した生口一六〇人と比べてもはるかに見劣りがする数ではある（門田誠一「倭の生口に対する検討」はこの生口数の減少について、「漢から三国にかけての中国の生口の社会的・経済的相対的位置の変容と連動している」（八二頁）と推測する）［表二］。卑弥呼が難升米らを派遣した時期、倭には班布くらいしか産品がなかったというわけではないだろう。当初、統属されていた帯方郡を最終目的地としていたにもかかわらず、到着先の帯方郡府で急遽計画を変更して（変更させられて）洛陽まで上ることになったとは考えられないだろうか。それが献上品の貧弱さとなってあらわれたとするのが整合的であり、この点に関しては、金、仁藤両氏の解釈を支持したい。

◈親魏倭王の背景

本節では、「在会稽東冶之東」という倭の所在をめぐる倭人条の記述をあえて考慮の外におき、公孫氏政権滅亡直後の朝鮮半島情勢について先行研究に導かれながら検討してきた。北部では、高句麗が沃沮や濊を臣属させた「地域大国」としての地位を保っており、また韓の国ぐにが分立していた南部でも辰王が公孫氏政権の時代から引き続き特異な権力と権能を保持していた。倭は韓の国ぐにのうちでも弁辰の瀆盧国と「接界」する存在として位置づけられていたが、武田氏が言うごとく、倭ともつながるネット・ワークを辰王が掌握していたとすれば、そのことが倭と帯方郡との交通に対して具体的にいかなる作用を及ぼしたのだろうか。かかる基本的な問いに対しても、残念ながら解答の準備がないのだが、卑弥呼の使者が帯方郡に至ったことは、帯方郡のみならず、曹魏の中央政府にとってみても慶賀すべきできごとであったことは疑いない。その直前には孫呉の軍船が楽浪、帯方両郡の鼻先に拡がる黄海を北上して遼東郡に侵入し、居民を虜掠するという事件も起きており、公孫氏政権を滅亡に追い込むことはできたものの、曹魏の「東方経略」が成功裡に完了したわけではなかったからである。

しかし、だからと言って、そのことが卑弥呼を親魏倭王に冊封するだけの価値を有していたかと問われれば、即答はむつかしい。また「在会稽東冶之東」という倭の所在をめぐる記述に孕まれている問題点が解明されたわけでもない。ではこの記述について、どのように考えればよいのだろうか。私たちの地理観からすれば、「弁辰の瀆盧国と「接界」する東夷の一つとしての倭」と「「当在会稽東冶之東」とされる倭」とは明らかに矛盾する。少なくともそう見える。ここでは、

［表二］年代別の倭国貢献品目：著者作成。

No.	年次	貢献者	貢献品目	出典
1	後漢永初元（一〇七）年	帥升ら	生口一六〇人	『後漢書』巻九五
2	曹魏景初三（二三九）年	卑弥呼	生口一〇人／班布二匹二丈	『三国志』巻三〇
3	曹魏正始四（二四三）年	卑弥呼	生口／倭錦／絳青縑／緜衣／帛布／丹／木猾／短弓矢	
4	曹魏正始九（二四八）年頃	壱　与	生口三〇人／白珠五千孔／青大句珠二枚／異文雑錦二〇匹	

この問題についてわかる範囲で私見を述べておきたい。
東夷伝とともに巻三〇を構成する烏丸鮮卑伝の序文には、左のような一文がある。

> ⑧秦・漢以来、匈奴が久しい間、辺境に害を及ぼしていた。(前漢の)孝武(帝)は対外的には四夷(東夷、西戎、南蛮、北狄)(対策)を事とし、**東方では両越(南越と閩越・東甌)と朝鮮を平定、**西方では弐師(城に拠った)大宛を討ち、(また)邛笮《きょうざく》(莋)や夜郎へ(通じる)道も開拓したけれど、(これらの勢力は)皆荒服(五服のうちで王畿から最遠の地)の外側に在ったので、中国にいかなる影響も与えるものではなかった(秦・漢以来、匈奴久為辺害。孝武雖外事四夷、**東平両越・朝鮮**、西討弐師大宛、開邛苲・夜郎之道、然皆在荒服之外、不能為中国軽重)。

すなわちここでは、両越も朝鮮も中国世界からすれば等しく「東」なのである(第三章第三節「西南夷」で言及した邛莋や夜郎もここでは「西」である)。高句麗や倭だけではなく、現在の浙江、福建両省一帯(そこには「会稽東冶」も含まれる)を居住域としていた越族の人びとも等しく東方の非漢族だったことになる。彼ら東方の非漢族の居住域はそれこそ西方の非漢族(中央アジアから雲南省に達する)のそれにも匹敵するような広大な範囲に及んでいたのである。とすれば、倭は「両越」と「朝鮮」の間に位置する存在であって、「帯方(郡)東南の大海の中に在(在帯方東南大海之中)」ると同時に、「当に会稽(郡)東冶(県)の東に在るべ」きだったのである。そして重要なのは、このような東夷観は、『三国志』に限られるわけではないということである。たとえば一〇世紀、北宋時代に成った一大類書、李昉他編『太平御覧』の四夷部には東夷、南蛮、西戎、北狄の順で、多種多様な典籍からそれぞれに所縁ある一文が引かれているが、その東夷条（巻七八〇〜七八四）は「叙東夷」から始まり、朝鮮半島の諸種族、諸国家から倭・日本、高句驪、流求（台湾のこと）と続く。しかも冒頭の「叙東夷」には、第一章第二節「山越」で紹介した『臨海水土志』が引かれている（私たちは、これによって散佚してしまったこの書の内容を知ることできるのだが）。言うまでもなく、そこには夷州すな

［表三］類書の「東夷」：著者作成。

No.	書名	成書年代	篇名	巻数	収録された種族・国家（／は巻の区切り）
1	通典	唐八〇一（貞元一七）年	辺防典・東夷	巻一八五、一八六	「序略」、朝鮮、濊、馬韓、辰韓、弁辰、百済、新羅、倭、夫餘、蝦夷／高句麗、東沃沮、挹婁、勿吉（靺鞨）、扶桑、女国、文身、大漢、流求、閩越
2	太平御覧	北宋九八三（太平興国八）年頃	四夷部・東夷	巻七八〇〜七八四	「叙東夷」、朝鮮、獩狛、三韓、辰韓、弁韓／百済、夫餘、新羅／倭、日本、紵嶼人、蝦夷国／高句驪／豆莫婁、沃沮、粛慎、勿吉、扶桑、女国、文身、大漢、流求
3	冊府元亀	北宋一〇一三（大中祥符六）年	外臣部・国邑・東邑（東夷）	巻九五七	朝鮮、濊貊国、夫餘国、豆莫婁、高句麗、句麗、東沃沮、北沃沮、馬韓、辰韓、弁辰、倭国、日本国、東鯷人、裨離国、養雲国、寇莫汗国、一群国、百済国、治国、新羅国、靺鞨、文身国、大漢国、扶桑国、女国、琉球国

＊『冊府元亀』には、巻九五七以外にも、たとえば巻九五六外臣部・種族や巻九五九外臣部・土風などに東夷に関する記述があるが、後続の南蛮との境界が明記されていないので、省略する。

わち台湾海峡を挟んで「会稽東冶」の対岸にあった台湾に関する記述も含まれているのであって、ここも東夷の人びとが居住する地だったのである。同じようなことは、九世紀初頭になった杜佑撰『通典』(辺防典東夷)や、一一世紀初頭に編纂された王欽若他編『冊府元亀』(外臣部国邑)などにも指摘できる(関尾「類書の「東夷」観」)[表三]。つまり、朝鮮半島や日本列島だけが「東夷」の居住域だったわけではないし、さらにこれは古代限定の認識だったわけでもないのである。そもそも東夷伝の序文はその冒頭に、「東は海に漸《つう》じ、西は流沙に被《およ》ぶ(東漸于海、西被于流沙)」という『尚書』禹貢の一文を引いており、「東」は「海」と分かちがたく結びついていたのである。

右のように考えることができるとすれば、倭の所在について「当在会稽東冶之東」としたのは陳寿の創見ではないことだけは確実である。ただこの点については、巻三〇烏丸鮮卑東夷伝も含め、『三国志』魏書全三〇巻には、陳寿が依拠ないし参照した先行の史書があったのか否か、あったとすればそれは王沈『魏書』なのか、あるいは魚豢『魏略』なのか、という古くて新しい問題が残っている。最新の小林敏男『邪馬台国再考』は「『魏志』が魚豢『魏略』にもとづいて撰述されていることは通説になっている」(四〇頁)と書くが、近年の成果(津田資久「『魏略』の基礎的研究」/「書評:平野邦雄編『古代を考える・邪馬台国』」/満田剛「王沈『魏書』研究」/「中国仏教文献所引王沈『魏書』佚文について」/河内春人「『晋書』に見る魏と倭の関係」)によると、そうとばかりも言えない。佚文から判断するかぎり、『魏略』と東夷条の記述が多くの点で一致することは疑いないが(佐伯『魏志倭人伝を読む』下、二〇〇頁)、これは魚豢『魏略』も『三国志』魏書も等しく王沈『魏書』に多くを依拠していたという解釈を斥けるものではないからである。したがって断定はできないけれども、「(計其道里、)当在会稽東冶之東」という一文は、倭人条の帯方郡から邪馬台国に至る行程に関する記事などともに、先行の二書にすでにあったと考えるべきだろう。渡邉義浩氏はこの点に関わって、「「魏志倭人伝」の行程記事は、邪馬台国を西方の大国大月氏国《ママ》に匹敵する、孫呉の背後に位置する大国として描かねばならない、という理由により理念化された記録なのです」(同『三国志研究家の知られざる狂熱』二〇八頁)と述べるが、もちろん支持することはできない。

　ただこのように書くと、倭国が孫呉の背後に位置していることが曹魏に評価され、卑弥呼の親魏倭王冊封という結果につながったとする西嶋説に結局は回帰するのではないかと思われかねない。しかし「当在会稽東冶之東」という認識が中国世界にあったにせよ、それが曹魏の政権内部で公的に共有されていて、かつ政策に落とし込まれたのか否かは全くべつの問題である。この点について、山尾幸久『新版 魏志倭人伝』は「ひとり陳寿の考証のみではない。魏朝の認識そのものだといってよい」(一四八頁。傍点は引用者)とするが、どうだろうか。前述したように、倭王以下、各国が使者を帯方郡に派遣していたのであれば、各国と帯方郡との間の行程や位置関係などのデータが曹魏側に集積されていたと考えられ、さらに卑弥呼や彼女を嗣いだ壱与が派遣した使者や、倭国に至った梯儁以下曹魏側の使者などによって最新かつ詳細な情報がもたらされたはずである。もちろん彼らが曹魏の朝廷にもたらした情報が正確無比だったというわけではないだろうし、自らの功績を過大に装うことも珍しくなかったかもしれない。むしろその可能性は小さくなかったとさえ思われるが、だからと言って、それによって「当在会稽東治之東」という認識が山尾氏が言うような「魏朝の認識」と一体化したと考えることには無理があろう。では、なぜ、どのようにして倭人伝の行程記事が生まれたのだろうか。この点については、先行する史書との継承関係も含め、さらになお検討すべき課題が山積していることだけを本書ではとりあえず指摘しておきたい。

おわりに

本章では、親魏大月氏王に冊封されたヴァースデーヴァのクシャン朝と親魏倭王に冊封された卑弥呼の倭について、冊封した曹魏の対外政策なかんづく対中央アジア政策と対朝鮮半島政策を中心に整理を試みた。しかし冊封を受けたクシャン朝や倭の側の事情についてはなお検討の余地を残す結果になってしまった。ただ倭については、二三九（景初三）年の帯方郡府への遣使が先述したように、もしルーティンの一環だったとすれば、特段の問題とはならないかもしれない。あるいは卑弥弓呼を王にいただく狗奴国との対立抗争がすでに激化していた可能性もあるが、これもまた、推測の域を出るものではない。

曹魏にとって、孫呉を挟撃できるような位置に倭があったために卑弥呼を親魏倭王に冊封したという見方は、蜀漢と連携する危険がある中央アジア諸国の背後にクシャン朝があったためにヴァースデーヴァを親魏大月氏王に冊封したという理解を前提としている、ないし密接不可分であると言えるが、後者の理解が成立しない以上、前者にも見直しが必要であるという考え方が私見の基底にはある。

親魏大月氏王冊封と親魏倭王冊封の背景にはそれぞれに固有の具体的な国際情勢があったとい

うことになるが、それではなぜクシャン朝と倭に対して同じ「「親魏」＋国名（種族名）＋「王」」号という王爵が授けられたのか、という問題が浮上してくるだろう。本章の「はじめに」で述べたように、この問題に関しては、〈1〉をべつとすれば、〈2〉に限っても⒜、⒝、⒞という三つの立場があった。このうち⒞の立場が成立しがたいことは前稿「クシャン朝と倭研究史をふりかえる」ですでに明らかにし、本書でもそれを補ったわけだが、三者択一ではないとも書いておいた。今後、⒜と⒝（本書ではこれに大きな修正をほどこしたわけだが）の双方を尊重しながら、あらためて検討を進めていく必要があるのではないだろうか（もちろん〈1〉の可能性もゼロではないが、実証できる範囲を超えている）。それが現時点での私の覚悟のようなものである。

終章

非漢族にとっての三国時代

本書では四章にわたり、曹魏、孫呉、蜀漢の三国鼎立という政治状況の意味を周縁の諸勢力の側に視座をすえて考えてきた。諸勢力のうち、烏桓と山越（越人諸部族）は三国時代の幕開け前夜からそれぞれ曹操や孫策・孫権父子の攻撃にさらされ、政治勢力としての存続にも関わるような打撃を受けることになった。また鮮卑と高句麗は曹魏と直接対峙することになったが、それがために鮮卑（軻比能）は蜀漢から、高句麗は孫呉から、それぞれその軍事力をはじめとする諸力に期待を寄せられることになる。それもあって曹魏からは標的にされる結果となり、やはり深刻な打撃をこうむることになった。また氐と西南夷は、それぞれ蜀漢と曹魏、蜀漢と孫呉の交界地帯を居住域としていた。同じような勢力にはほかにも羌や蛮があったが、氐と西南夷は生命線とも言うべき交通路、交易路の確保のため、蜀漢にとってはその居住域を確保することが国家的な大事であった。またヴァースデーヴァが親魏大月氏王に冊封されたクシャン朝と、同じように卑弥呼が親魏倭王に冊封された倭についても、冊封した曹魏の対外政策を中心に整理を試みた。冊封を受けたクシャン朝や倭の側の事情についてはなお検討の余地を残しているが、前者については中央アジアの情勢を、また後者については朝鮮半島の情勢をそれぞれ注視すべきことを確認した。しかしながら、クシャン朝はその後四半世紀にも満たないうちに新興のサーサーン朝に滅ぼされてしまった。倭のその後がこれと対照的だったことは説明を要さないだろう。

序章でも述べたように、西嶋定生氏は三国時代に始まる魏晋南北朝時代こそ「「東アジア世界」の存在が顕在化」した時代であり、「「東アジア世界」が政治的世界として完成」した時代としてとらえた（同「序説」二〇、二一頁）。中国世界の政治的分裂は周縁にあった諸勢力の動向をも規定することになったのだが、分裂が固定化、長期化するにしたがい、この傾向はさらに顕著になっていったと言うべきであろう。

金子修一氏から「終生東アジア世界に関心を持ち続けた数少ない中国史研究者の一人」（同「古代東アジア世界論とその課題」六六頁）と評された堀敏一氏（一九二四～二〇〇七年）には、『東アジア世界の形成』という著書がある。全六章のうち五章までは、前漢から南北朝までの時代の中国王朝と非漢族との関係が論じられているが、そのうち第三章では「異民族支配からみた三国時代の位置」という表題のもと、本書で取り上げた諸種族への曹魏、孫呉、蜀漢の対策について詳述されている。しかし「異民族支配」という表題からも明らかなように、その視座は本書の対極にある。したがって、「中国と異民族との交渉という観点からみると、三国時代は魏・呉・蜀いずれにおいても、中国側の勢力が異民族の勢力を圧倒し、あるいはその地にむかって拡大していった」（九五頁）という結論に帰着するのだが、なぜ、そしてどのようにして「拡大」していったのか、という点については必ずしも明瞭ではない。堀氏が説く「三国の辺境・海外への発展」（同九六頁）を真逆の視座から概述したのが本書ということになる。

その金子氏にも「二～三世紀の東アジア世界」という論稿がある。後漢末期の政治過程から説き起こし、三世紀前半に焦点をあてて後漢や三国と周縁諸勢力との関係が概述されている。そしてそこでは、「毋丘倹の高句麗遠征」、「諸葛孔明の西南夷遠征」、および「孫権の交州の土豪士氏の制圧」などはいずれも「三国の後背地の安定を図る作戦の一つ」(一三二頁)という位置づけがなされている。大局的には誤りではないだろうが、とくに前二者については、それぞれに固有の目的があったことは本書で詳述したとおりである。もちろんそれは「孫権の交州の土豪士氏の制圧」も同じであり、その事後措置も含めて多様であったと言うべきだろう。本書ではその多様性に注目したということになろうか。

ところで、堀氏も金子氏も「東アジア世界」を掲げながら、それがどのように形成され、成立に至ったのかという点については、必ずしも明瞭に叙述されているわけではない。むしろ所与の前提になっているかの如くである。本書でもこの点に関する詳細な説明は省いたが、中国世界の政治的分裂が諸王朝、諸政権の周縁諸勢力に対する依存度を高め、これとの政治的な関係(群)が構築されていくのである。もちろん周縁諸勢力の主体性を軽視したり無視したりすることは許されないが、本書で取り上げた勢力はクシャン朝と倭をのぞくと、中国王朝の郡県制の枠内や、枠外だが境界附近にあったがために、諸力で圧倒的に優勢を誇る曹魏(烏桓、鮮卑、高句麗、氐)、孫呉(山越)、蜀漢(西南夷)に屈服を強いられることになった。中国世界の政治的な分裂がこのような結果を招来することは不可避だったのであって、そのことを示すことができたのであれば、本書の目的は達成されたことになる。

あとがき

一九八五年四月に赴任した新潟大学人文学部での私の教育科目は「東洋文化史」だった。担当の授業科目には、「東洋史概説」や「東洋文化演習」などとともに「東アジア文化圏論」という科目があった。前任者の西嶋定生先生のために設けられたような科目である。もちろん「東アジア世界」論を知らないわけではなかったが、いざ自分がこのような科目を担当するとなると、どのような内容の講義をすればよいのか、しばらく思い悩んだ記憶がある。当時は、新疆ウイグル（維吾爾）自治区トゥルファン（吐魯番）市の郊外に位置するアスターナ（阿斯塔那）・カラホージャ（哈拉和卓）墓群から出土した四～八世紀の漢文文書、すなわちトゥルファン出土漢文文書（トゥルファン文書）の研究に手を染め始めたところだった。そこで講義でも麴氏高昌国時代（五〇一～六四〇年）のトゥルファン文書を取り上げることにした。漢族である麴氏の出身者を王に戴いたこの国は、東方の中国王朝（北朝、隋、唐）と北方の遊牧勢力（柔然、東西突厥、鉄勒）への両属を余儀なくされ、最後は唐によって滅ぼされ、史上から姿を消すことになる。しかしこの小国ではすでにその四半世紀前、ちょうど隋、唐両王朝の交替期に王位をめぐる内紛が起き、現国王は逃亡し（あるいは追放され）、数年後復辟を果たすという政変が起きていた（関尾「「義和政変」前史」／「「義和政変」新釈」／「「冠帯之国」拾遺」）。これは簒奪者の定めた元号に因んで「義和政変」と呼ばれているが、中国での王朝交替をめぐる混乱がこの国の政治にも大きな影響を及ぼしたことは疑いようがない。そしてこの国の滅亡も、即位後、各地に割拠していた群雄を制圧して中国世界の再統一を実現した唐の太宗李世民が、一転して積極的な（侵略的な、と言うべきか）対中央アジア政策を推し進めた結果と言うことができる。

トゥルファン文書研究が端緒となり、王朝の交替や統一・分裂といった純粋に中国国内の政治的な変動が周縁の諸国家や諸種族の動向にも深刻かつ複雑な影響を与えずにはおかなかったという事実を図らずも教えられることになった。

かくして中国史の研究者でありながら、周縁の諸国家や諸種族の側にも視座を据えるようになった。とは言え、本書を構成する各節はほとんど基礎となる論稿をもっていない。わずかに第一章第二節の「山越」だけは、「曹魏政権と山越」（「別稿」）における論証を基礎にしている。その初稿は、中国魏晋南北朝史学会第四届年会暨国際学術研討会（一九九二年九月、於中国・西安市陝西師範大学）に提出したペーパー「曹魏政権与山越」なので、「義和政変」を論じた右の諸論稿と同時期になったものである。もっともこちらは在京時代にメンバーだった『三国志』呉書の講読会における成果である。その日本語原稿を補訂して西嶋先生の追悼論文集に寄せたのが別稿だが、当時はまだ本書の序章に書いたような課題をはっきりと意識していたわけではなかった。ただ本書の構想も、前著『三国志の考古学』のそれと相前後して生まれたものである。

今回、本書を執筆するにあたり、国内を中心として最近の研究成果を吸収するべく、多くの論稿に目を通した。近年、三国時代の「国際秩序」や「対外政策」を論じた論稿は国内だけに限っても増加の一途をたどっているようだが、しかしなぜ現在《いま》、「国際秩序」そして「対外政策」なのか、また「東アジア世界」論とどう切り結ぼうとしているのか、私にはよくわからなかったというのが正直なところである。西嶋「東アジア世界」論は、李成市氏が力説しているように（同「東アジア世界論と日本史」）、当時の現実的な課題と向き合うなかで提唱されたのであって、このことを考えると、どうしても複雑な思いが去来してしまう。本書は学術書ではなく一般書だが、私なりに現在を意識しながら、「東アジア世界」論を批判的に継承せんとしたささやかな試みでもある。

ただ本書には、考古学の成果がほとんど反映されていない。とくに第二章第二節「高句麗」や第四章第二節「倭」に関しては、考古学の成果が最大限尊重されなければならないことは重重承知しているつもりだが、本書ではあえて文字史料を徹底的に読み込むことを自分に課した。「徹底的に読み込むこと」は「想像をたくましくすること」と同義ではないことも自覚しているつもりだが、結果として過度に「想像をたくましく」してしまった箇所もあるやもしれない。本書を手にされた方がたのご叱正を切望する所以である。

なお前著『三国志の考古学』と本書に関連する新旧の小文については、『三国志拾遺正——史料・地域・対外関係』および『三国志拾遺続——文献と文物の間』の二書に収録し、自分のサイトであるNakazato Labo (https://note.com/nakazato211/) からＰＤＦで刊行済みである。そのうちの数篇は本書でも引用したので、関心のある方は右の二書を参照願いたい。また本書の執筆中に新たに見つかった問題についても、『三国志拾遺補——東アジア・石刻ほか』として一書にまとめることができた。そのほか、本書執筆中に生まれた疑問や先行研究に対する感想などについては、備忘の意味も込めてほぼ毎日のように自分のブログ (https://sekio516/exblog.jp/) に書き込んでおいた。内幕暴露的な記事もなくはないが、これについても関心のある方にはアクセスしていただきたい。

本書の執筆にあたったのは二〇二一年の秋から二〇二二年の夏にかけての一年弱の時期だが、新型コロナウィルス感染症 (COVID-19) は一向に終熄する気配が見えず、新潟から横須賀への転居は果たしたものの、自由自在に都心の図書館に通うこともままならない状況が続いていた。そのため、今回も文献の入手には板橋暁子氏（東京大学東洋文化研究所）、永木敦子氏（新潟大学人文学部）、および峰雪幸人氏（日本学術振興会特別研究員ＰＤ）を煩わせることになってしまった。また研究会仲間である満田剛氏（創価高等学校教諭）には貴重なアドバイスをいただいた。さらに、大学院生の時分から兄事している窪添慶文先生（東洋文庫研究員）には草稿に目を通していただき、貴重なご意見を頂戴することができた。

本書も前著と同じように、東方書店コンテンツ事業部の家本奈都さんにすっかりお世話になった。また探書については同社営業部の伊藤みのりさんの慫慂に与ったことも、これまた前著と同じである。皆さんに感謝しつつ。

引用史料

『史記』：中華書局点校本、一九五九年版。

『漢書』：中華書局点校本、一九六二年版。

『晋書』：中華書局点校本、一九七四年版。

『宋書』：中華書局点校本、一九七四年版。

『梁書』：中華書局点校本、一九七三年版。

『魏書』：中華書局点校本、一九七四年版。

『資治通鑑』：中華書局点校本、一九五六年版。

『通典』：中華書局点校本、一九八八年版。

『高僧伝』：中華書局点校本（中国仏教典籍選刊）、一九九二年版。

『読史方輿紀要』：中華書局点校本（中国古代地理総志叢刊）、二〇〇五年版。

『冊府元亀』：中華書局影印本、一九六〇年。

『太平御覧』：商務印書館影印本、一九三五年（台湾商務印書館複印、一九七四年）。

『三国史記』：学習院大学東洋文化研究所影印本、一九六四年。

『華陽国志』：劉　琳校注『華陽国志新校注』四川大学出版社、二〇一五年。

『臨海水土異物志』：張崇根『臨海水土異物志輯校』農業出版社・中国農書叢刊綜合之部、一九八一年。

『陽羨風土記』：守屋美都雄『中国古歳時記の研究―資料復元を中心として―』帝国書院、一九六三年。

『翰苑』：湯浅幸孫『翰苑校釈』国書刊行会、一九八三年（一九七八年初出）。

『十六国春秋』／『秦書』／『秦記』：五胡の会編『五胡十六国覇史輯佚』燎原書店、二〇一二年。

『隷釈』：『石刻史料新編』第一輯、新文豊出版公司複印本、一九七七年、第九冊。

『定襄金石攷』：『石刻史料新編』第二輯、新文豊出版公司複印本、一九七九年、第一三冊。

参考文献

【日本語】（五十音順）

会田大輔『南北朝時代――五胡十六国から隋の統一まで』中央公論新社・中公新書、二〇二一年。

青木　健『ペルシア帝国』講談社・現代新書、二〇二〇年。

秋山進午「魏晋周辺民族官印制度の復元と『魏志倭人伝』印」『史林』第九三巻第四号、二〇一〇年。

東　　潮「鉄の交易――弁辰の鉄と南北市糴」、同『倭と加耶の国際環境』吉川弘文館、二〇〇六年。

荒川正晴「漢晋期の中央アジアと中華世界」『岩波講座世界歴史』第五巻（中華世界の盛衰）、岩波書店、二〇二一年。

井波律子訳『正史三国志』第五冊（蜀書）、筑摩書房・ちくま学芸文庫、一九九三年（一九八二年初版）。

井上直樹「高句麗の対北魏外交と朝鮮半島情勢」、同『高句麗の史的展開過程と東アジア』塙書房、二〇二一年（二〇〇〇年初出）。

井上直樹「六世紀前半の華北情勢と高句麗―『韓曁墓誌』の分析を中心に―」、同、前掲『高句麗の史的展開過程と東アジア』（二〇〇一年初出）。

井上秀雄訳注『三国史記』二、平凡社・東洋文庫、一九八三年。

伊瀬仙太郎『中国西域経営史研究』巌南堂書店、一九六八年（一九五五年初版）。

伊藤敏雄「中国古代における蛮夷支配の系譜―税役を中心として―」、『中国古代の国家と民衆』編集委員会編『堀敏一

先生古稀記念中国古代の国家と民衆』汲古書院、一九九五年。

伊藤敏雄「長沙呉簡中の生口売買と「估銭」徴収をめぐって—「白」文書木牘の一例として—」『歴史研究』第五〇号、二〇一三年。

伊藤光成「三国呉の孫権による対外政策についての考察—馬匹獲得戦略を中心に—」『史観』第一七七冊、二〇一七年。

伊藤光成「魏文帝の国際秩序構想—「漢代の国際秩序」の継承—」『東洋学報』第一〇二巻第三号、二〇二〇年。

飯田祥子「後漢時代の辺境統治—放棄撤退と再建確保の政策をめぐって—」、同『漢新時代の地域統治と政権交替』汲古書院・汲古叢書、二〇二二年（二〇〇六年初出）。

飯田祥子「後漢後期・末期の西北辺境漢族社会—韓遂の生涯を手がかりに—」、同、前掲『漢新時代の地域統治と政権交替』（二〇一九年初出）。

石井　仁「軍師考」『日本文化研究所研究報告』第二七集、一九九一年。

石井　仁「呉・蜀の都督制度とその周辺」『三国志研究』第一号、二〇〇六年。

石井　仁「「地方分権化」と都督制」『三国志研究』第四号、二〇〇九年。

石黒富男「鮮卑遊牧国家の領域」『北大史学』第四号、一九五七年。

石黒ひさ子「雲南石寨山文化の世界」、氣賀澤保規編『雲南の歴史と文化とその風土』勉誠出版・明治大学人文科学研究所叢書、二〇一七年。

稲葉弘高「南朝に於ける雍州の地位」『集刊東洋学』第三四号、一九七五年。

岩本篤志「大月氏・クシャーン朝の北部バクトリアと仏教遺跡に関する研究動向—二〇一〇年代の発掘・研究の紹介を中心に—」『立正史学』第一二八・一二九号、二〇二一年。

上田早苗「後漢末期の襄陽の豪族」『東洋史研究』第二八巻第四号、一九七〇年。

内田吟風「烏桓鮮卑の源流と初期社会構成―古代北アジア遊牧民族の生活―」、同『北アジア史研究』鮮卑柔然突厥篇、東洋史研究会・東洋史研究叢刊、一九七五年（一九四三年初出）。

榎　一雄「月氏の副王謝―クシャン王朝年代論に関する一臆説―」、同『榎一雄著作集』第一巻（中央アジア史Ⅰ）、汲古書院、一九九二年（一九六八年初出）。

榎　一雄『邪馬台国』改訂増補版、同『榎一雄著作集』第八巻（邪馬台国）、汲古書院、一九九二年（一九七八年初出）。

小谷仲男『大月氏――中央アジアに謎の民族を尋ねて』東方書店・東方選書、二〇一四年（一九九九年初版）。

小野　響「烏桓における単于の導入―三郡烏桓王権の変化と非漢族への単于授与―」『立命館東洋史学』第四三号、二〇二〇年。

大川富士夫「六朝前期の呉興郡の豪族―とくに武康の沈氏をめぐって―」、同『六朝江南の豪族社会』雄山閣出版、一九八七年（一九七七年初出）。

大澤勝茂「秦・漢より三国に至る西南夷の世界―漢人豪族社会の発展と少数民族支配―」『アジア文化研究』第八号、二〇〇一年。

大西康裕・関尾史郎「「西涼建初四年秀才対策文」に関する一考察」『東アジア―歴史と文化―』第四号、一九九五年。

大庭　脩「三・四世紀における遼東地域の動向」、同『古代中世における日中関係史の研究』同朋舎出版、一九九六年（一九六七年初出）。

大庭　脩「漢の中郎将・校尉と魏の率善中郎将・率善校尉」、同『秦漢法制史の研究』創文社、一九八二年（一九七一年初出）。

大庭　脩『親魏倭王』増補新版、学生社、二〇〇一年。

岡崎文夫『魏晋南北朝通史内編』全二巻、平凡社・東洋文庫、一九八九年（弘文堂書房、一九三二年初版）。

柿沼陽平「蜀漢の軍事最優先型経済体制」、同『中国古代貨幣経済の持続と転換』汲古書院・汲古叢書、二〇一八年

（二〇一二年初出）。

柿沼陽平「三国時代の西南夷社会とその秩序」、同、前掲『中国古代貨幣経済の持続と転換』（二〇一五、二〇一六年初出）。

柿沼陽平『劉備と諸葛亮　カネ勘定の『三国志』』文藝春秋・文春新書、二〇一八年。

梶山　勝「漢魏時代の蛮夷印の用法―西南夷の印を中心として―」、大谷光男編『金印研究論文集成』新人物往来社、一九九四年（一九八九年初出）。

片山智士・王海濱監修／王綿厚・王海萍主編『遼寧省博物館蔵墓誌精粋』中教出版、一九九九年。

金子修一「二～三世紀の東アジア世界」、同『古代東アジア世界史論考―改訂増補　隋唐の国際秩序と東アジア―』八木書店、二〇一九年（一九九八年初出）。

金子修一「『魏志』倭人伝の字数―卑弥呼の時代と三国―」、同、前掲『古代東アジア世界史論考』（二〇〇七年初出）。

金子修一「古代東アジア世界論とその課題」『メトロポリタン史学』第六号、二〇一〇年。

兼平充明「氏族苻氏・呂氏に関する石刻史料」、氣賀澤保規編『中国石刻資料とその社会―北朝隋唐期を中心に―』明治大学東アジア石刻文物研究所／汲古書院・明治大学東洋史資料叢刊、二〇〇七年。

川勝　守「西羌王国の興亡と漢帝国―東アジア世界における倭国の対極―」、同『チベット諸族の歴史と東アジア世界』刀水書房、二〇一〇年。

川勝義雄「貨幣経済の進展と侯景の乱」、同『六朝貴族制社会の研究』岩波書店、一九八二年（一九六二年初出）。

川勝義雄「孫呉政権と江南の開発領主制」、同、前掲『六朝貴族制社会の研究』（一九七〇年初出）。

川手翔生「嶺南士氏の勢力形成をめぐって」『史観』第一六七冊、二〇一二年。

川手翔生「嶺南士氏交易考」『史滴』第三四号、二〇一二年。

川本芳昭「六朝における蛮の理解についての一考察―山越・蛮漢融合の問題を中心としてみた―」、同『魏晋南北朝時

代の民族問題』汲古書院・汲古叢書、一九九八年（一九八六年初出）。

川本芳昭「山越再論」『佐賀大学教養部研究紀要』第二三巻、一九九一年。

神田喜一郎・田中親美監修『書道全集中国篇』第三巻（三国・西晋・十六国）、平凡社、一九五九年。

魏書研究会編『魏書語彙索引』汲古書院、一九九九年。

菊地　大「孫呉の南方展開とその影響」、竹内洋介・大室智人編『華陽国志』の世界―巴、蜀、そして南方へのまなざし―』東洋大学アジア文化研究所、二〇一八年。

金文京『中国の歴史四三国志の世界後漢・三国時代』講談社・講談社学術文庫、二〇二〇年（二〇〇五年初版）。

久保靖彦「後漢初頭の烏桓について―護烏桓校尉に関する一考察―」『史苑』第二四巻第一号、一九六三年。

工藤元男「蜀布と邛竹杖」『早稲田大学長江流域文化研究所年報』創刊号、二〇〇二年。

工藤元男「東アジア世界の形成と百越世界―前漢と閩越・南越の関係を中心に―」、早稲田大学アジア地域文化エンハンシング研究センター編『アジア地域文化学の発展―二一世紀COEプログラム研究集成―』雄山閣・アジア地域文化学叢書、二〇〇六年。

窪添慶文「楽浪郡と帯方郡の推移」、『東アジア世界における日本古代史講座』第三巻（倭国の形成と古文献）、学生社、一九八一年。

栗原朋信「文献にあらわれたる秦漢璽印の研究」、同『秦漢史の研究』吉川弘文館、一九六〇年（補訂版：一九六九年）。

桑田六郎「南洋上代史雑考」、同『南海東西交通史論考』汲古書院、一九九三年（一九五四年初出）。

桑山正進「貴霜丘就卻の歿年」『東方学報』京都第九二冊、二〇一七年。

小林　聡「漢時代における中国周辺民族の内属について」『東方学』第八二輯、一九九一年。

小林敏男『邪馬台国再考――女王国・邪馬台国・ヤマト政権』筑摩書房・ちくま新書、二〇二二年。

後藤均平「反乱の記事を追う――二世紀の闘争」、同『ベトナム救国抗争史――ベトナム・中国・日本』新人物往来社、一九七五年（一九六七年初出）。

後藤均平「士燮政権――三世紀の闘争」、同、前掲『ベトナム救国抗争史』（一九七二年初出）。

河内春人『晋書』に見る魏と倭の関係」『ヒストリア』第二三三号、二〇一二年。

河内春人「三世紀の東アジア・概論」『歴史評論』第七六九号、二〇一四年。

佐伯有清『魏志倭人伝を読む』上冊（邪馬台国への道）、吉川弘文館・歴史文化ライブラリー、二〇〇〇年。

佐伯有清『魏志倭人伝を読む』下冊（卑弥呼と倭国内乱）、吉川弘文館・歴史文化ライブラリー、二〇〇〇年。

佐久間吉也「曹魏時代の漕運路形成」、同『魏晋南北朝水利史研究』開明書院、一九八〇年（一九七六年初出）。

佐々木満実「漢代和蕃公主考―「和親」との関係を中心に―」『お茶の水史学』第五四号、二〇一一年。

佐藤　長「漢代における羌族の活動」、同『チベット歴史地理研究』岩波書店、一九七八年。

佐原康夫「漢代の官衙と属吏」、同『漢代都市機構の研究』汲古書院・汲古叢書、二〇〇二年（一九八九年初出）。

定方　晟「外来民族王朝の興亡」、山崎元一・小西正捷編『世界歴史大系 南アジア史』第一巻（先史・古代）、山川出版社、二〇〇七年。

柴田聡子「姜維の北伐と蜀漢後期の政権構造」『三国志研究』第四号、二〇〇九年。

嶋崎　昌「匈奴の西域支配と両漢の車師経略」、同『隋唐時代の東トゥルキスタン研究 高昌国史研究を中心として』、東京大学出版会、一九七七年（一九七一年初出）。

関尾史郎「六朝期江南の社会」、歴史学研究会編『東アジア世界の再編と民衆意識―一九八三年度歴史学研究会大会報告―』青木書店、一九八三年。

関尾史郎「山越の「漢化」についての覚書―川本芳昭「六朝における蛮の理解についての一考察」を読む―」、同『中里日帖 壱』Nakazato Labo、二〇二三年五月刊行予定（一九八九年初出）。

関尾史郎「「義和政変」前史—高昌国王麴伯雅の改革を中心として—」『東洋史研究』第五二巻第二号、一九九三年。

関尾史郎「「義和政変」新釈—隋・唐交替期の高昌国・遊牧勢力・中国王朝—」『集刊東洋学』第七〇号、一九九三年。

関尾史郎「「冠帯之国」拾遺—突厥の衣冠制導入を中心として—」『環日本海研究年報』第二号、一九九五年。

関尾史郎「古代中国における移動と東アジア」『岩波講座 世界歴史』第一九巻（移動と移民——地域を結ぶダイナミズム）、岩波書店、一九九九年。

関尾史郎「「呉嘉禾六（二三七）年四月都市史唐玉白収送中外估具銭事」試釈」『東洋学報』第九五巻第一号、二〇一三年。

関尾史郎『三国志の考古学出土資料からみた三国志と三国時代』東方書店・東方選書、二〇一九年。

関尾史郎「〝涼州諸国王〟と蜀地方」『東洋学術研究』第五九巻第二号、二〇二〇年。

関尾史郎「曹魏政権と山越」、同『三国志拾遺正——史料・地域・対外関係』Nakazato Labo (https://note.com/nakazato211/n/neabfc305757a)、二〇二一年（二〇二三年二刷）（二〇〇〇年初出）。

関尾史郎「漢魏交替期の河西」、同、前掲『三国志拾遺正』（二〇〇三年初出）。

関尾史郎「「張純の乱」始末」、同、前掲『三国志拾遺正』。

関尾史郎「山越とその居住域」、同、前掲『三国志拾遺正』。

関尾史郎「「曹真残碑」の世界——張進と諸葛亮」、同、前掲『三国志拾遺正』。

関尾史郎「曹真の官歴について」、同、前掲『三国志拾遺正』。

関尾史郎「クシャン朝と倭 研究史をふりかえる」、同、前掲『三国志拾遺正』。

関尾史郎「「後漢桂陽太守周憬功勲銘碑陰」について」Nakazato Labo (https://note.com/nakazato211/n/nb7dc81db914a)、二〇二一年。

関尾史郎「走馬楼呉簡にみえる烏桓について」、同『三国志拾遺続——文献と文物の間』Nakazato Labo (https://note.com/

nakazato211/n/n81806e6228d4)、二〇二二年。

関尾史郎「三国時代の墓券とその位置——金石」、同、前掲『三国志拾遺続』。

関尾史郎「塔梁子崖墓の胡人画像について」、同、前掲『三国志拾遺続』。

関尾史郎「『後漢書』『三国志』所見「内属」試論」、同『三国志拾遺補——東アジア・石刻ほか』Nakazato Labo (https://note.com/nakazato211/n/n97b89caeb34c)、二〇二三年。

関尾史郎「類書の「東夷」観」、同、前掲『三国志拾遺補』。

関尾史郎「中江塔梁子三号崖墓壁画題銘試釈」、同、前掲『三国志拾遺補』。

関尾史郎「所謂「毌丘倹紀功碑」新釈」、同、前掲『三国志拾遺補』。

田中俊明「高句麗の興起と玄菟郡」『朝鮮文化研究』第一号、一九九四年。

田中俊明「高句麗の山城」、森　浩一監修／東　潮・田中編『高句麗の歴史と遺跡』中央公論社、一九九五年。

田中俊明「魏の東方経略をめぐる問題点」『古代武器研究』第九号、二〇〇八年。

田中俊明「『魏志』東夷伝訳註初稿」一、『国立歴史民俗博物館研究報告』第一五一集、二〇〇九年。

田中俊明「三世紀東北アジアの国際関係」『朝鮮学報』第二三〇輯、二〇一四年。

田中俊明「三世紀の朝鮮半島」『歴史評論』第七六九号、二〇一四年。

武末純一「三韓と倭の交流海村の視点から」『国立歴史民俗博物館研究報告』第一五一集、二〇〇九年。

武田幸男「魏志東夷伝にみえる下戸問題」、旗田　巍・井上秀雄編『古代の朝鮮』学生社、一九八四年（一九六七年初出）。

武田幸男「丸都・国内城の史的位置—所在論から歴史論への試み—」、同『高句麗史と東アジア—「広開土王碑」研究序説—』岩波書店、一九八九年。

武田幸男「三韓社会における辰王と臣智」上・下、『朝鮮文化研究』第二、三号、一九九五、九六年。

谷川道雄「後漢末・魏晋時代の遼西と遼東―時代の転換と辺境社会―」、同『谷川道雄中国史論集』上巻、汲古書院、二〇一七年（一九八九年初出）。

谷口房男「晋代の氏族楊氏について」『東洋大学文学部紀要』第三〇集、一九七六年。

谷口房男「諸葛孔明の異民族対策」、同『華南民族史研究』緑蔭書房、一九九七年（一九九一年初出）。

陳　波「日本における中国古印の研究附：日本収蔵中国古印図録」、大庭　脩編『漢簡の基礎的研究』思文閣出版、一九九九年。

津田資久「『魏略』の基礎的研究」『史朋』第三一号、一九九八年。

津田資久「書評：平野邦雄編『古代を考える・邪馬台国』」『北大史学』第三八号、一九九八年。

津田資久「書評：関尾史郎著『三国志の考古学 出土資料からみた三国志と三国時代』」『日本秦漢史研究』第二三号、二〇二二年。

手塚隆義「『親魏倭王考』」『史苑』第二三巻第二号、一九六三年。

東京国立博物館・九州国立博物館・ＮＨＫ・ＮＨＫプロモーション・朝日新聞社編『特別展「三国志」』美術出版社、二〇一九年。

東北亜歴史財団編／田中俊明監訳／篠原啓方訳『高句麗の政治と社会』明石書店、二〇一二年。

中林史朗「東漢時代における益州について―『後漢書』を中心として―」、同『中国中世四川地方史論集』勉誠出版、二〇一五年（一九七八年初出）。

中林史朗『華陽国志』明徳出版社・中国古典新書続編、一九九五年。

並木淳哉「曹魏の関隴領有と諸葛亮の第一次「北伐」」『駒沢史学』第八七号、二〇一六年。

仁藤敦史「卑弥呼の王権と朝貢 公孫氏政権と魏王朝」『国立歴史民俗博物館研究報告』第一五一集、二〇〇九年。

仁藤敦史「「邪馬台国」論争の現状と課題」『歴史評論』第七六九号、二〇一四年。

新津健一郎「二―三世紀「東ユーラシア」の中の嶺南・北中部ベトナム地域―士燮・孫呉時期の交州地域史―」『古代東ユーラシア研究センター年報』第五号、二〇一九年。

西嶋定生「序説―東アジア世界の形成―」、同／李成市編『古代東アジア世界と日本』岩波書店・岩波現代文庫、二〇〇〇年（一九七〇年初出）。

西嶋定生「親魏倭王冊封に至る東アジアの情勢―公孫氏政権の興亡を中心として―」、同『西嶋定生東アジア古代史論集』第三巻（東アジア世界と冊封体制）、岩波書店、二〇〇二年（一九七八年初出）。

西嶋定生「「親魏倭王」冊封の背景―三世紀の東アジア―」、同『邪馬台国と倭国 古代日本と東アジア』吉川弘文館、一九九四年（一九八四年初出）。

西嶋定生「「倭韓これに属す」の解」、同『倭国の出現――東アジア世界のなかの日本』東京大学出版会、一九九九年（一九九四年初出）。

西村昌也「ルンケー城の研究―初期歴史時代前・中期の中心城郭〝龍編〟の実態―」、同『ベトナムの考古・古代学』同成社、二〇一一年（二〇〇一年初出）。

野中　敬「鄧艾伐蜀の背景をめぐって―西晋王朝成立史の一側面―」『史滴』第三六号、二〇一四年。

野中　敬「鄧艾の鮮卑徙住をめぐって―続・西晋王朝成立史の一側面―」『史観』第一七九冊、二〇一八年。

橋本　繁「三韓と辰王」、李成市・宮嶋博史・糟谷憲一編『世界歴史大系 朝鮮史』第一巻（先史〜朝鮮王朝）、山川出版社、二〇一七年。

浜口重圀「晋書武帝紀に見えたる部曲将・部曲督と質任」、同『唐王朝の賤人制度』東洋史研究会・東洋史研究叢刊、一九六六年（一九四〇年初出）。

林　俊雄「鮮卑・柔然における農耕と城塞」『古代オリエント博物館紀要』第五号、一九八三年。

久村　因「史記西南夷列伝集解稿」一〜四、『名古屋大学教養部紀要』（人文科学・社会科学）第一四〜一六、一八輯、一九七〇～七二、七四年。

福井重雅「前漢対策文書再探―董仲舒の対策の予備的考察―」、同『陸賈『新語』の研究』汲古書院、二〇〇二年（一九九五年初出）。

福本雅一「臨海水土志訳注稿」『帝塚山学院短期大学研究年報』第二三号、一九七四年。

藤野月子「漢魏晋南朝の時代における和蕃公主の降嫁」、同『王昭君から文成公主へ―中国古代の国際結婚―』九州大学出版会・九州大学人文学叢書、二〇一二年（二〇〇八年初出）。

船木勝馬「鮮卑史序説」『白山史学』第一〇号、一九六四年。

船木勝馬「後漢後期の鮮卑について―檀石槐時代を中心として―」『東洋大学紀要』文学部篇第一九集、一九六五年。

船木勝馬「三国時代の鮮卑について」『中央大学文学部紀要』第八〇号、一九七六年。

船木勝馬「匈奴・烏桓・鮮卑の大人について」、内田吟風博士頌寿記念会編『内田吟風博士頌寿記念 東洋史論集』同朋舎、一九七八年。

船木勝馬『古代遊牧騎馬民の国―草原から中原へ―』誠文堂新光社、一九八九年。

古畑　徹『渤海国とは何か』吉川弘文館・歴史文化ライブラリー、二〇一八年。

堀　敏一「異民族支配からみた三国時代の位置」、同『東アジア世界の形成―中国と周辺国家―』汲古書院・汲古叢書、二〇〇六年。

前田正名「四世紀の仇池国」『立正大学教養部紀要』創刊号、一九六七年。

松田　徹「遼東公孫氏政権と流入人士」『麗澤大学紀要』第四一巻、一九八六年。

松田壽男「大人考」、同『松田壽男著作集』第二巻（遊牧民の歴史）、六興出版、一九八六年（一九五八年初出）。

松田壽男「東西絹貿易」、同『松田壽男著作集』第三巻（東西文化の交流Ⅰ）、六興出版、一九八七年（一九六六年初出）。

松田壽男・森　鹿三編『アジア歴史地図』平凡社、一九六六年。

ミヒャエル・アルラム／宮本亮一訳「サーサーン朝からフンへ―ヒンドゥークシュ南北で発見された新出貨幣資料―」、宮治　昭編『アジア仏教美術論集』中央アジアⅠ（ガンダーラ〜東西トルキスタン）、中央公論美術出版、二〇一七年。

三﨑良章「北魏の対外政策と高句麗」『朝鮮学報』第一〇二輯、一九八二年。

三﨑良章「高句麗の対北魏外交」『早稲田大学大学院文学研究科紀要』別冊第九集、一九八三年。

三﨑良章「後漢の破鮮卑中郎将」、同『五胡十六国の基礎的研究』汲古書院、二〇〇六年（一九九二年初出）。

三﨑良章『五胡十六国中国史上の民族大移動』新訂版、東方書店・東方選書、二〇一二年。

三﨑良章「三燕と烏桓」『教育と研究』（早稲田大学本庄高等学院）第三〇号、二〇一二年。

三津間弘彦「『後漢書』南蛮伝の領域性とその史的背景―交阯部と荊州南部の関係から―」『大東文化大学漢学会誌』第五三号、二〇一四年。

満田　剛「王沈『魏書』研究」『創価大学大学院紀要』第二〇号、一九九九年。

満田　剛「韋昭『呉書』について」『創価大学人文論集』第一六号、二〇〇四年。

満田　剛『三国志正史と小説の狭間』白帝社、二〇〇六年。

満田　剛「蜀漢・蔣琬政権の北伐計画について」『創価大学人文論集』第一八号、二〇〇六年。

満田　剛「劉表政権について―漢魏交替期の荊州と交州―」『創価大学人文論集』第二〇号、二〇〇八年。

満田　剛「中国仏教文献所引王沈『魏書』佚文について――附論：所謂『魏志』倭人伝の史料批判に関する一考察」『シルクロード研究』第七号、二〇一二年。

宮川尚志『三国志』明徳出版社・中国古典新書、一九七〇年。

村田哲也「孫呉政権の軍事力形成と山越討伐の一考察」『東洋史苑』第四七号、一九九六年。

籾山　明『漢帝国と辺境社会 長城の風景』中央公論社・中公新書、一九九九年（増補新版：志学社・志学社選書、二〇二一年）。

籾山　明「もうひとつの三国志」『東方』第四六四号、二〇一九年。

守屋美都雄『中国古歳時記の研究―資料復元を中心として―』帝国書院、一九六三年。

森本　淳「後漢末の涼州の動向」、同『三国軍制と長沙呉簡』汲古書院、二〇一二年。

門田誠一「倭の生口に対する検討」、同『魏志倭人伝と東アジア考古学』吉川弘文館、二〇二一年（二〇一九年初出）。

山尾幸久『新版 魏志倭人伝』講談社・現代新書、一九八六年。

山本光朗「「寄田仰穀」考」『史林』第六七巻第六号、一九八四年。

余昊奎／井上直樹訳「三世紀前半の東アジアの国際情勢と高句麗の対外政策」『朝鮮学報』第二一七輯、二〇一三年。

横山廣子「中国雲南省のチノー族における社会変動と民族文化」『コミュニケーション科学』第三三号、二〇一一年。

吉本道雅「濊貊考」『京都大学文学部研究紀要』第四八号、二〇〇九年。

吉本道雅「烏桓史研究序説」『京都大学文学部研究紀要』第四九号、二〇一〇年。

李成市「穢族の生業と民族」、同『古代東アジアの民族と国家』岩波書店、一九九八年（一九九七年初出）。

李成市「東アジア世界論と日本史」、同『闘争の場としての古代史――東アジア史のゆくえ』岩波書店、二〇一八年（二〇一六年初出）。

梁満倉／伊藤晋太郎・李屋幸明訳「軍師中郎将諸葛亮の荊州時代」、三国志学会編『狩野直禎先生追悼三国志論集』三国志学会、二〇一九年。

早稲田大学長江流域文化研究所「『後漢書』南蛮西南夷列伝訳注」一～三、『早稲田大学長江流域文化研究所年報』創刊、第二、第三号、二〇〇二、二〇〇三、二〇〇五年。

渡辺信一郎「天下観念と中国における古典的国制の成立」、同『中国古代の王権と天下秩序――日中比較史の視点か

ら』校倉書房、二〇〇三年（二〇〇二年初出）。

渡辺信一郎『中国の歴史① 中華の成立 唐代まで』岩波書店・岩波新書、二〇一九年。

渡邉義浩「諸葛亮の外交政策」、同『三国志よりみた邪馬台国―国際関係と文化を中心として―』汲古書院、二〇一六年（二〇一三年初出）。

渡邉義浩「後漢の匈奴・烏桓政策と袁紹」、同、前掲『三国志よりみた邪馬台国』（二〇一五年初出）。

渡邉義浩「後漢の羌・鮮卑政策と董卓」、同、前掲『三国志よりみた邪馬台国』（二〇一五年初出）。

渡邉義浩『三国志研究家の知られざる狂熱』ワニブックス・ＰＬＵＳ新書、二〇二〇年。

渡邉義浩・仙石知子編『全訳三国志』第六冊（蜀書）、汲古書院、二〇一九年。

渡部　武「朱應・康泰の扶南見聞録輯本稿――三国呉の遣カンボジア使節の記録の復原」『東海大学紀要』文学部第四三輯、一九八五年。

【中国語】（画数順）

三﨑良章「北魏政権下的烏桓」、楼　勁主編『魏晋南北朝史的新探索――中国魏晋南北朝史学会第十一届年会曁国際学術研討会論文集』中国社会科学出版社、二〇一五年。

内蒙古文物工作隊・内蒙古博物館「和林格爾発現一座重要的東漢壁画墓」『文物』一九七四年第一期。

内蒙古自治区博物館文物工作隊編『和林格爾漢墓壁画』文物出版社、一九七八年。

方北辰「三郡烏丸考」、中国魏晋南北朝史学会・四川大学歴史文化学院編『魏晋南北朝史論文集』巴蜀書社、二〇〇六年。

方国瑜「試論漢・晋時期的〝南中大姓〟」、同『滇史論叢』第一輯、上海人民出版社、一九八二年（一九六二年初出）。

王綿厚「曹操北征三郡烏桓之始末」、同『秦漢東北史』遼寧人民出版社・歴代東北史叢書、一九九四年。

王綿厚「漢代的東北交通与四鄰」、同、前掲『秦漢東北史』。
四川省文物考古研究院・徳陽市文物考古研究所・中江県文物保護管理所編『中江塔梁子崖墓』文物出版社、二〇〇八年。
甘粛省文物局編『甘粛文物菁華』文物出版社、二〇〇六年。
田余慶「蜀史四題——蜀国新旧糾葛的歴史追溯」、同『秦漢魏晋史探微』(重訂本)、中華書局・中華学術精品、二〇〇四年(一九九二年初出)。
田余慶「東三郡与蜀魏歴史」、同、前掲『秦漢魏晋史探微』(重訂本)(一九九三年初出)。
田明偉「建国以来山越研究綜述」『許昌学院学報』二〇一〇年第三期。
白翠琴「論蜀漢〝西和諸戎、南撫夷越〟之策」、同『白翠琴民族史探微集——以此追憶従事民族研究五十春秋』中国社会科学出版社、二〇一五年(二〇〇二年初出)。
成都武侯祠博物館編『図説 諸葛南征』科学出版社、二〇一四年。
朱　雷「東晋十六国時期姑臧・長安・襄陽的〝互市〟」、同『敦煌吐魯番文書研究』浙江大学出版社・浙江学者絲路敦煌学術書系、二〇一六年(一九八八年初出)。
余太山「匈奴・鮮卑与西域関係述考」、同『塞種史研究』中国社会科学出版社、一九九二年。
余太山『両漢魏晋南北朝与西域関係史研究』商務印書館、二〇一一年(一九九五年初版)。
余太山「《後漢書・西域伝》与《魏略・西戎伝》的関係」、同『両漢魏晋南北朝正史西域伝研究』中華書局、二〇〇三年。
呉玉貴「涼州粟特胡人安氏家族研究」、栄新江主編『唐研究』第三巻、北京大学出版社、一九九七年。
呉栄曽「和林格爾漢墓壁画中反映的東漢社会生活」、同『先秦両漢史研究』中華書局、一九九五年(一九七四年初出)。
呉栄曽「《後漢書》中的越方」、同『読史叢考』中華書局、二〇一四年(一九九六年初出)。
宋　傑「漢中対蜀魏戦争的重要影響」、同『三国兵争要地与攻守戦略研究』下冊、中華書局・国家社科基金後期資助項目、二〇一九年。
忻州市文物管理処・浙江大学文化遺産研究院・定襄県文物管理所「山西定襄居士山摩崖碑為西晋胡奮重陽登高紀功碑」『文物』二〇一七年第五期。
李明暁『両漢魏晋南北朝石刻法律文献整理与研究』人民出版社・出土文献綜合研究叢刊、二〇一六年。
李祖桓『仇池国志』書目文献出版社、一九八六年。
国家文物局主編/山西省文物局編制『中国文物地図集 山西分冊』上・中・下冊、中国地図出版社、二〇〇六年。
国家文物局主編/吉林省文化庁編制『中国文物地図集 吉林分冊』中国地図出版社、一九九三年。
国家文物局主編/遼寧省文化庁編制『中国文物地図集 遼寧分冊』上・下冊、西安地図出版社、二〇〇九年。
祁慶富『西南夷』吉林教育出版社・中国少数民族文庫、一九九〇年。
金維諾「和林格爾東漢壁画墓年代的探索」、同『中国美術史論集』上篇、南天書局、一九九五年(一九七四年初出)。
単敏捷「漢末幽州士人与烏桓的政治影響」、武漢大学中国三至九世紀研究所編『魏晋南北朝隋唐史資料』第四二輯、上海古籍出版社、二〇二〇年。
姜維東・鄭春穎・高 娜『正史高句麗伝校注』吉林人民出版社・東北史地研究叢書、二〇〇六年。
姜維恭「歴代漢族移民対高句麗経済的影響」、同『高句麗歴史研究初編』吉林大学出版社、二〇〇五年。
施光明「山越非山民・宗部解」『民族研究』一九八四年第一期。
栄新江「北朝隋唐粟特人之遷徙及其聚落」、同『中古中国与外来文明』生活・読書・新知三聯書店・三聯・哈佛燕京学術叢書、二〇〇一年(一九九九年初出)。
栄新江「魏晋南北朝隋唐時期流寓南方的粟特人」、同『中古中国与粟特文明』生活・読書・新知三聯書店、二〇一四年(二〇〇七年初出)。
段麗波『中国西南氐羌民族源流史』人民出版社・雲南大学中国辺疆研究叢書、二〇一一年。

胡守為「山越与宗部」、《学術研究》編輯部編『史学論文集』広東人民出版社、一九八〇年。
胡阿祥「孫呉疆域的開拓与保持」、同『六朝疆域与政区研究』増訂本、学苑出版社、二〇〇五年。
胡阿祥・孔祥軍・徐　成『中国行政区画通史三国両晋南朝巻』上・下冊、復旦大学出版社、二〇一四年。
胡暁明「三定交州与孫呉国運」、李洪天主編『回望如夢的六朝——六朝文史論集』鳳凰出版社、二〇〇九年。
凌文超「吐魯番出土《秀才対策文》与西涼立国之策」『西域研究』二〇一七年第一期。
孫啓祥「隴南古道与蜀道中遺」、同『蜀道三国史研究』巴蜀書社、二〇一七年（二〇一三年初出）。
唐長孺「孫呉建国及漢末江南的宗部与山越」、同『唐長孺文集』第一冊（魏晋南北朝論叢）、中華書局、二〇一一年（一九五五年初出）。
殷　憲「山西定襄居士山曹魏監并州諸軍事冠軍将軍碑考略」、同『平城史稿』科学出版社、二〇一二年（二〇〇八年初出）。
郭沫若主編『中国史稿地図集』上冊、地図出版社、一九七九年。
馬大正・李大龍・耿鉄華・権赫秀『古代中国高句麗歴史続論』中国社会科学出版社・東北辺疆研究、二〇〇三年。
馬長寿『氐与羌』上海人民出版社、一九八四年。
馬植傑『三国史』人民出版社、一九九三年。
張朝陽「長沙五一広場東漢簡所見交阯——長沙商道」、王　捷主編『出土文献与法律史研究』第六輯、法律出版社、二〇一七年。
張朝陽「東漢臨湘県交阯来客案例詳考——兼論早期南方貿易網絡」『中山大学学報』二〇一九年第一期。
菊地　大「前期孫呉政権与荊州・交州」、中国魏晋南北朝史学会・武漢大学中国三至九世紀研究所編『魏晋南北朝史研究：回顧与探索——中国魏晋南北朝史学会第九届年会論文集』湖北教育出版社、二〇〇九年。
陳可畏「東越・山越的来源和発展」、中国科学院歴史研究所編『歴史論叢』第一輯、中華書局、一九六四年。

陳良偉『絲綢之路河南道』中国社会科学出版社、二〇〇二年。
黄　烈「氏族的来源・形成和融合」、同『中国古代民族史研究』人民出版社、一九八七年。
黄　烈「《徙戎論》与関中氐羌和并州匈奴」、同、前掲『中国古代民族史研究』。
程凌雷「建国以来山越研究述評」『中国史研究動態』二〇一一年第二期。
楊　銘『氐族史』吉林教育出版社・中国少数民族文庫、一九九一年。
寧　超「諸葛亮〝南征〟的若干問題」、雲南省社会科学院歴史研究所編『雲南地方民族史論叢』雲南人民出版社、一九八六年。
関尾史郎「曹魏政権与山越」『文史哲』一九九三年第三期。
黎　虎「六朝時期江左与東北地区的交通」、同『魏晋南北朝史論』学苑出版社、一九九九年（一九八九年初出）。
黎　虎「六朝時期江左政権的馬匹来源」、同、前掲『魏晋南北朝史論』（一九九一年初出）。
黎　虎「孫権対遼東的経略」、同、前掲『魏晋南北朝史論』（一九九四年初出）。
霍　巍・趙徳雲『戦国秦漢時期中国西南的対外文化交流』巴蜀書社・西南区域考古系列、二〇〇七年。
羅宗真「江蘇宜興晋墓発掘報告―兼論出土的青瓷器―」『考古学報』一九五七年第四期。
羅福頤主編／故宮博物院研究室璽印組編『秦漢南北朝官印徴存』文物出版社、一九八七年。

東方選書 60

周縁《しゅうえん》の三国志《さんごくし》
非漢族《ひかんぞく》にとっての三国時代《さんごくじだい》

二〇二三年五月三一日　初版第一刷発行

著者…………関尾史郎
発行者………間宮伸典
発行所………株式会社東方書店
東京都千代田区神田神保町一―三　〒一〇一―〇〇五一
電話（〇三）三二九四―一〇〇一
営業電話（〇三）三九三七―〇三〇〇
ブックデザイン…鈴木一誌・吉見友希
組版…………三協美術
印刷・製本………（株）シナノパブリッシングプレス

定価はカバーに表示してあります

ISBN 978-4-497-22307-4 C0322

東方選書